BAEDEKER

L

LANZAROTE

»

Auf Lanzarote zu leben, ist ein unbezahlbares Privileg.

«

Literatur-Nobelpreisträger José Saramago

baedeker.com

DAS IST LANZAROTE

TOUREN

LEGENDE

Baedeker Wissen
● Textspecial, Infografik & 3D

Baedeker-Sterneziele
★★ Top-Reisezielen
★ Herausragende Reiseziele

ZIELE VON A BIS Z

HINTERGRUND

ERLEBEN & GENIESSEN

PRAKTISCHE INFORMATIONEN

ANHANG

PREISKATEGORIEN

Restaurants
Preiskategorien
für ein Hauptgericht

€€€€	über 20 €
€€€	10 – 20 €
€€	8 – 15 €
€	bis 8 €

Hotels
Preiskategorien
für ein Doppelzimmer

€€€€	über 150 €
€€€	100 – 150 €
€€	50 – 100 €
€	unter 50 €

MAGISCHE MOMENTE

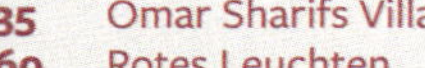

ÜBERRASCHENDES

Eine rote Felskrabbe kurz vor dem Sprung ins kühle Nass.

D

DAS IST …

Lanzarote

Die großen Themen
rund um die Feuerinsel.
Lassen Sie sich inspirieren!

Im Nationalpark Timanfaya fühlt man sich fast wie auf dem Mond, wäre da nicht das Grün, das sich langsam einen Weg an die Oberfläche erkämpft. ►

DER PRÄGENDE KÜNSTLER

Nirgends in Europa prallen die vier Elemente, Feuer, Wasser, Erde und Luft, schöner und intensiver aufeinander. Nirgendwo wirkt eine so karge Insel faszinierender. Da hat Mutter Erde ganze Arbeit geleistet. Und César Manrique hat ihr bei ein paar letzten Details geholfen und Lanzarote vor den oft verheerenden Auswirkungen des Massentourismus bewahrt.

Im Jardín de Cactus wachsen diese riesigen Kakteen, die despektierlich »Schwiegermuttersitze« genannt werden ►.

MANRIQUE war Maler, Bildhauer, Architekt, aber auch Umweltschützer und vor allem Visionär. Durch ihn besitzt Lanzarote, als eine der wenigen Inseln in Europa, ein echtes Alleinstellungsmerkmal: Wer hat schon einen so bekannten und bestimmenden Künstler?

Omnipräsenz

Der in Arrecife geborene Manrique ist mit seinen Werken fast überall auf der Insel präsent. Und dass aus dem Armenhaus Lanzarote eine touristische Marke wurde, ist durchaus dem 1992 verstorbenen Künstler zu verdanken. Er gestaltete Lavatunnel und Wohnhöhlen, einen Kakteengarten und abstrakte Windspiele. Seine Kunst und seine **Vision** traf den Geschmack der 1990er-Jahre. Früh genug, um Lanzarote vom Massentourismus von Teneriffa oder Gran Canaria abzuheben, gigantische und hohe Urlaubskomplexe per Gesetz verhindern zu lassen und der Insel einen bis heute gebliebenen Öko- und Schöngeist-Touch zu verleihen.

Visionäre Bauwerke, traumhafter Landschaftsbau

In Tahíche gehört die **Fundacíon César Manrique,** das stilprägende Wohnhaus des Künstlers (bis 1987), zu den Must-Sees. Dort finden Architektur und Natur in genialer Weise zusammen. Auch seinen letzten Wohnort entwarf Manrique selbst. Die häusliche Umgebung und die Werkstatt zeigen sowohl den privaten als auch den künstlerischen Aspekt. Mit den **Jameos del Agua** baute Manrique einen Lavatunnel mit unterirdischer Lagune, um zwei lichtdurchflutete Grotten zu verbinden. Traumhaft ist die Atmosphäre bei den **Noche de Jameos** mit Jazz- und Nova-Konzerten. Seine Windspiele, wie das von Tahíche oder das am Kreisverkehr bei San Bartolomé sind sogar zu Wahrzeichen der Insel geworden. Das überdimensionale Windspiel von San Bartolomé ist als **Monumento al Campesino** eine Hommage an die geplagten Inselbauern. Und in Guatiza findet sich noch ein Manrique-Vermächtnis: Der **Jardín de Cactus** ist des Künstlers letztes touristisch relevantes Werk. Etwa 10 000 Kakteen sind in dem wunderschön angelegten Garten zu bewundern.

Stadtplanerische Weitsicht

Sogar die heute zweitgrößte touristische Agglomeration der Insel an der Costa Teguise, nördlich der Hauptstadt, wurde unter Federführung von César Manrique auf dem Reißbrett entworfen. Dort zeigte er, wie man große Hotelanlagen mit maximal palmgroßen Gebäuden in die Natur integrieren kann. Trotzdem kam es an einigen Stellen zu Bausünden. Manrique bemerkte dazu nur martialisch:

»Wenn es nach mir geht: Dynamit nehmen und in die Luft sprengen.«

Ruhe unter Palmen

Natürlich ist Manrique auf seiner Insel begraben. Seine letzte Ruhestätte entdeckt man sofort. Mit einer Palme auf der Stirnseite und einem mächtigen Kaktus am Fuß des Grabs ist es unübersehbar. Und es ist ohne Zweifel auch das schönste auf dem **Friedhof in Haría** im Norden Lanzarotes.

UNGLAUBLICHE AKKUSTIK

Schon mal ein Jazz-Konzert in einer Lavahöhle besucht? Die Jameos del Agua befinden sich in einem natürlich entstandenen Höhlen- und Tunnelsystem im Lavagestein. In den 60er-Jahren wurden die Höhlen nach Plänen Manriques befestigt und zu einem Kultur- und Veranstaltungszentrum ausgebaut. In einer der Grotten gibt es einen Konzertsaal mit 600 Sitzplätzen – eine traumhafte Kulisse, vor allem bei den Jazz- und Nova-Konzerten der Noche de Jameos.

▶ **S. 60**

DIE GANZE KRAFT DER NATUR

In hundert Kilometern Meerestiefe brodelte einst die Erde: Getrieben von der gewaltigen Kraft explosiver Gase türmt sich aus einem Vulkanschlot soviel Magma auf, bis irgendwann eine Spitze aus der Wasseroberfläche tritt. Unmengen glühender Lava ließen so vor 20 Millionen Jahren Lanzarote entstehen, die, nach Fuerteventura, zweitälteste der sieben Inselschwestern.

◄ Die imposante Vulkanlandschaft erstreckt sich kiolmeterweit.

DIE Unterwasseraktivitäten, so schätzen Tektoniker, hätten mehr als hundert Millionen Jahre gedauert. Und so kommt es, dass selbst strikte Anti-Esoteriker auf dieser Insel enorme Energien spüren, wo an magisch anmutenden Orten wie im Nationalpark Timanfaya oder in El Golfo an der Küste Zeit und Raum verfliegen. Wo die Vulkanberge und -landschaften wie Kunstwerke erscheinen, sanft und anmutig von der Ferne, schroff und abweisend von der Nähe. Wo man eine dramatische Endzeitstimmung spüren und wo man gleichzeitig eine unglaubliche Ruhe finden kann. Die geheimnisvoll Feurige war weltweit das erste Eiland, das vollständig zu einem Biosphärenreservat erklärt wurde. Der Literatur-Nobelpreisträger José Saramago fand dort seine »innere Landschaft«.

Die Erde zittert noch

Die letzten heftigen Vulkanausbrüche gab es zwischen 1730 und 1736, als auf einer Länge von 18 km 32 neue Vulkane entstanden. Zahlreiche Dörfer wurden verschüttet und nach diesen sechs Jahren war die Hälfte von Lanzarote unter einer Lavaschicht begraben. Den letzten Vulkanausbruch gab es dann 1824 östlich des Nationalparks Timanfaya. Doch damit ist die Entstehung Lanzarotes nicht abgeschlossen. Die Erde wird sich im Laufe der Jahrhunderte, vielleicht Jahrtausende oder sogar Jahrmillionen wieder öffnen, Teile der Insel verschütten und die Insel wahrscheinlich auch vergrößern. Wann das genau passieren wird, wissen nicht einmal die Wissenschaftler: »Wenn die Erde ein wenig zittert und der Berg ein bisschen grollt oder sogar kleinere Eruptionen hat, dann sind wir zufrieden: Denn wenn der aktive Vulkan stetig Dampf ablässt, dann explodiert er nicht …«, lautet ihr Credo. Schließlich gilt die Insel als hoch aktiv. Im **Nationalpark Timanfaya** werden während der Führungen Strohbüschel in eine Felsspalte gehalten, die sofort in Flammen aufgehen. An anderer Stelle wird Wasser über ein Rohr in den Boden eingelassen, welches kurz darauf als mehrere Meter hohe Dampffontäne in den Himmel schießt.

SCHIFFSCHAUKEL

Es schaukelt wie auf hoher See. Und die Szenerie erinnert an »Lawrence von Arabien« oder andere Wüsten- und Abenteuerfilme. Der Nationalpark Timanfaya und die Montañas del Fuego, die 30 Feuerberge mit Kratern, Kegeln und Lavafeldern, gehören zu den schönsten Plätzen auf der Insel. Entstanden durch die Vulkanausbrüche zwischen 1730 und 1736 sowie 1824. Eine Rundfahrt ist nur mit dem Bus möglich, individuelle Touren, sogar mit dem Fahrrad, sind verboten. Deshalb ist ein Dromedar-Ritt definitiv der beste Weg durch diese mondähnliche Landschaft. (► S. 117, 194)

Bizarre Felsformationen in bunten Lavawüsten

Im Timanfaya-Nationalpark kann man an den schwarz-roten Lavafeldern verschiedene Eruptionen ablesen und in den **Montañas del Fuego** staunt jeder, ob der tiefen Krater, idealtypischen Kegel und bizarren Lavaformationen. Das ist Lanzarote pur, eine wunderbare Wüste aus Lavastein: 200 Quadratkilometer Lavafelder, die zu den weitläufigsten auf unserem Planeten gehören. Ein Viertel der Inselfläche! Wahrscheinlich sind auch deshalb die vier Elemente Feuer, Wasser, Erde und Luft so nah, so greifbar. Denn die Naturgewalten treffen direkt aufeinander: Am schönsten bei **Los Hervideros,** unweit der Feuerberge, wo der Wind die Wellen an die schwarze, schroff zerklüftete, unwirklich anmutende Vulkanküste peitscht.

Ein Strohballen zeigt: Im Nationalpark Timanfaya brodelt es unter der Oberfläche.

Am besten, wenn auch am schaukeligsten lässt sich Lanzarotes Vulkanlandschaft auf dem Rücken eines Dromedars erkunden.

WEIN, WIE ER SONST NIRGENDS WÄCHST

In den 1960er-Jahren erklärte das Museum of Modern Art in New York es zu einem Gesamtkunstwerk, seit 1993 ist es Unesco-Weltkulturerbe: Das Weinanbaugebiet La Geria befindet sich also in illustrer Gesellschaft: mit dem Burgund und der Champagne. Aber keines dieser Gebiete hat einen so hohen künstlerischen Wert wie La Geria, auch wenn es im Burgund sicher den besseren Wein gibt ...

In La Geria wächst der Wein anders. ▶

ARTESANIA
LA GERIA
ARTESANIA
LA GERIA

JAHRHUNDERTELANG mussten die Menschen auf Lanzarote ganz schön erfinderisch sein, um überleben zu können. Damit Wein angebaut werden konte, gruben die Bauern Kuhlen in die schwarzen Lavafelder und bauten um jede einzelne eine halbrunde Mauer aus Natursteinen, welche die zum Teil mikrigen Weinstöcke vor dem scharfen Nordwind schützten. Alle Arbeiten mussten und müssen wegen der Mauern und der Schicht aus Vulkansand manuell ausgeführt werden. Und jede Ernte ist deshalb bis heute eine Schinderei.

Jeder Wassertropfen zählt

Bei den letzten Vulkanausbrüchen auf der Insel in den Jahren 1730 bis 1736 kam es zu schweren Niederschlägen von Vulkanasche. Dabei sind die zwei Meter dicken, sogenannten Lapilli-Schichten entstanden. Um wieder fruchtbaren Boden zu bekommen, gruben die Weinbauern in diese erstarrten Schichten jene **trichterförmigen Vertiefungen** und setzten jeweils nur einen einzigen Weinstock hinein. Ein Zoco, die halbrunde Steinmauer aus Lavagesteinsbrocken, schützt die Pflanze zudem gegen die austrocknenden Passatwinde. Der Kontrast zwischen dieser schwarzen Lava und den grünen Reben und die Formgebung der halbrunden Mauern und trichterförmigen Minikrater bringt Landschaftsästheten und Touristen ebenso zum Staunen wie Winzer, die so eine Art der speziellen Trockenanbaumethode noch nirgendwo anders gesehen haben. Die ständige Wasserknappheit durch die geringen Niederschläge, sowie der Wind haben die La-Geria-Bauern zu dieser fantasievollen und mühevollen Arbeit veranlasst. Die **Krater** übernehmen die Funktion eines Trichters, in dem das wenige Wasser bestmöglich der Pflanze zugutekommt. Bei maximal 200 Millimeter Niederschlag pro Jahr ist schließlich jeder Tropfen wichtig. Die poröse, wie ein Schwamm wirkende Lapilli-Schicht speichert zusätzlich nachts Tauwasser und hindert den Boden am Austrocknen. Weiteres dringend benötigtes Wasser wird über die Luft gewonnen. Durch die tiefer gesetzten Weinstöcke wird die Luftfeuchtigkeit von den Pflanzen besser aufgenommen.

Den Winzerbetrieb »El Grifo« gibt es seit 1775.

Fast 250 Jahre Kanarenwein

Benannt ist das Gebiet nach dem Dorf La Geria, das selbst sehr klein ist und lediglich aus ein paar Häusern besteht. In **La Geria,** im geographischen Zentrum von Lanzarote gelegen, werden bevorzugt die beiden Rebsorten **Malvasía,** ein schwerer, aber süffiger gelblicher Weißwein, und der Süßwein **Moscatel** gekeltert, die sich an das für Trauben nicht gerade einfache Klima angepasst haben. Auch die älteste Weinkellerei der Kanarischen Inseln, **»El Grifo«,** ein Familienunternehmen seit 1775, liegt im Gebiet La Geria. Sie macht aus 600 000 Kilogramm Trauben pro Jahr immerhin 500 000 Flaschen Wein.

FÜR GENIESSER

Den Wein dort trinken, wo er angebaut wird, ist eine wunderbare Erfahrung: Den Boden riechen und die Reben sehen, macht jeden Tropfen zum Genuss. Doch wenn der Weinbauer auch noch zum Künstler wird, wie auf Lanzarote in La Geria, dann hat alles zusammen etwas Erhabenes. Umso größer ist die Freude durch ein Glas Wein ein wenig auch Teil dieses Gesamtkunstwerks zu sein. Denn bei mehreren Weingütern darf probiert und kann eingekauft werden. Eine Flasche kostet meist um fünf bis sieben Euro. (▶ S. 98)

INSEL DER UNGEAHNTEN SPORTMÖGLICHKEITEN

Die Fahrradfahrer haben Lanzarote längst für sich entdeckt. Schließlich ist Lanzarote die einzige Kanaren-Insel, auf der sogar Radwege angelegt wurden. Die beste Strecke findet sich im Süden und endet am schönsten Strand der Insel.

Nicht nur Lanzarote kann man mit dem Fahrrad umrunden, schneller geht es auf der Nachbarinsel La Graciosa. ▶

Keine Angst Sie müssen nicht zum Ringer werden (oben), um auf den Kanarischen Inseln sportlich aktiv sein. Gehen Sie doch wandern oder setzen Sie sich aufs Rad (unten).

NEBEN dem ganzjährig beständigen Klima und den guten Straßen ist ja die fantastische Landschaft das dicke Plus auf Lanzarote. Vielleicht nicht für die Ironman-Fahrer, die auf ihren 180 km Radstrecke mehr als 2500 Höhenmeter absolvieren und wohl keinen Kopf für schöne Vulkane und liebliche Pflänzchen am Wegesrand haben. Sport für jeden gibt es trotzdem, denn der **Club La Santa** (▶ S. 225) ist für alle gewappnet: Olympische Spiele für den Dreijährigen, der richtige Trainer für den Triathleten und beste Trainingsbedingungen für den Weltmeister, Bundes- und Bezirksligisten. Allein La Santa bietet 40 Sportarten, die Anlagen, Geräte und Trainer dazu. Im Angebot fehlt eigentlich nur La Lucha Canaria, der kanarische Ringkampf ...

Lucha Canaria

Doch selbst diesem traditionellen Inselsport kann man zumindest passiv näher kommen: Tausende Einwohner Lanzarotes schauen bei den Kämpfen begeistert zu. Viele der Dörfer und Städte haben ihre eigenen Teams, die gegeneinander antreten. Dabei stehen sich **zwei Ringer** gegenüber und versuchen den Gegner zu Boden zu zwingen. Auch während regionaler Fiestas gehört der Lucha Canaria meist zum Festtagsprogramm.

Sport, Sport, Sport ...

Neben La Santa gibt es noch zahlreiche weitere Ferienclubs mit Sportangeboten von Aerobic und Pilates über Basketball und Volleyball, Golf und Tennis bis Tauchen und Yoga. Für Wassersportler wird Surfen und Kiten in allen Schwierigkeitsgraden angeboten; einer der besten Spots ist die **Playa Famara** im Nordwesten. Beim Bootsverleih ist vom Motorboot bis zur Segeljacht jedes Kaliber zu mieten. Und auch in Sachen Wandern gilt Lanzarote als Spitze: Das Angebot an geführten Touren und Ausflügen ist reichhaltig. Mit im Schnitt nur 15 Regentagen im Jahr bietet Lanzarote zudem besonders während der deutschen Winterzeit viel Sonne und milde Temperaturen. Das freut auch die Reiter, denn seit kurzem bietet Lanzarote ein Reitwegenetz an. Und selbst die Lüfte sind nicht sicher vor Sportlern: Ein Gleitschirmflug über Lanzarote gehört sicherlich zu den Höhepunkten – im Wortsinn ...

INSELERKUNDUNG

Es geht steil bergauf. Sehr steil, aber es ist das einzige Stück mit größerem Gefälle, so dass der Aufstieg bei El Golfo nur ein schwerer Kilometer ist, dem rund 20 wunderbare Kilometer folgen. Schließlich warten zum erfrischenden Finale die schönsten Strände der Insel, die Playas del Papagayo, wo man sich aller Textilien entledigen darf, denn FKK wird dort toleriert. Das Praktische an Lanzarote als Fahrraddestination: Jedes Ziel lässt sich von fast jedem Ort der Insel an einem Tag erreichen. Nur für eine komplette Inselumrundung sollte man sehr gut trainiert sein.

UNTERWASSERWELT ZUM NACHDENKEN

Der Journalist sitzt einsam am Schreibtisch. Und 26 Menschen bilden Hand in Hand einen Kreis, den Blick in die Ferne gerichtet. Alles Kunstobjekte, nicht in irgendeinem Museum ausgestellt, sondern unter dem Meeresspiegel vor der karibischen Küste Grenadas. Dort installierte Jason de Caires Taylor 2007 den weltweit ersten Unterwasserskulpturenpark. In Europa gibt es nun ebenfalls einen ...

Lanzarotes Museo Atlántico

2017 hat Jason Taylor auch den ersten europäischen Unterwasserskulpturenpark ins Leben gerufen, in der Bucht Las Coloradas in der Nähe von **Playa Blanca.** Taylor reiht sich damit ein in die Künstlerriege, die Lanzarote eine besondere Note gaben und geben: wie der Maler und Bildhauer César Manrique, der Filmemacher Pedro Almodóvar oder der Literatur-Nobelpreisträger José Saramago.

Gut für die Umwelt

Zwölf Meter unter Wasser sieht man vor Lanzarote auf 2500 Quadratmetern zweierlei: Banales wie ein Pärchen beim Selfie-Schießen und Provozierendes wie ein Floß voller Flüchtlinge, genannt La Balsa de Lampedusa. Doch das Banale ist gar nicht so banal, wie es der erste Eindruck vermittelt: Denn das Selfie-Paar steht nicht nur für das Thema neue Technologien und moderne Selbstbezogenheit. Es befindet sich direkt neben dem Floß nach Lampedusa, das durch das Selfie zu einem schnöden Hintergrund-Ereignis degradiert wird ... Taylor will so zum einen zum Nachdenken anregen und zum anderen hat er einen **Ort am Grund des Atlantik** geschaffen, an dem neue Lebensräume erschlossen werden, denn das gesamte Museumsprojekt wirkt wie ein großes künstliches Riff, das aus einer Reihe von pH-neutralen Zementskulpturen besteht, die im Laufe der Zeit der marinen Biomasse helfen, zu gedeihen und so die Fortpflanzung diverser Spezies der Insel erleichtern. So wurde ein rechteckiger Spiegel installiert, genannt das Portal, in dem sich die bewegende Oberfläche des Ozeans spiegelt, um Kraken, Seeigel und Fischbruten anzulocken. Die Unterwassergalerie wird so zu einer **neuen Unterwasserwelt.** Auch Engelhaie, Schwärme von Barrakudas und Sardinen, Kraken, Schwämme sowie Schmetterlingsrochen werden von den Skulpturen auf einer Fläche von 50 mal 50 Metern des zuvor unbewohnten Meeresbodens angelockt.

Kein Strandspaziergang

Der Besuch im Museo Atlántico ist vergleichbar mit dem in einem herkömmlichen Museum, wenn man von Taucher-

KULTUR UNTER WASSER

Die Playa Las Coloradas gehört zu den ruhigen Stränden rund um das trubelige Playa Blanca. Da fällt einem schon auf, wenn sich eine Gruppe Taucher per Schiff aufmacht. »Alles bereit für den Museumsbesuch?«, fragt der Bootsführer. Die Gruppe lacht. Und tatsächlich fahren sie nicht nur zum Fische gucken, sondern zum ersten Unterwassermuseum Europas, dem Museo Atlántico, wo der englische Künstler Jason Taylor in zwölf Metern Tiefe zwölf Installationen eingerichtet hat. (► S. 131)

Erschreckend und faszinierend zugleich: Das Museum schockiert und lässt einen nachdenklich zurück.

anzug und Sauerstoffflaschen absieht: Der ganztägige Tauchausflug mit zwei Tauchgängen zu je ca. 45 Minuten führt zu allen Exponaten und endet an einem Ausgang. Zwölf Installationen mit rund 300 lebensgroßen Skulpturen, allesamt Nachbildungen realer Personen, die zum Reflektieren über die heutige Zeit anregen und Fragen über das Meer, die Nutzung natürlicher Ressourcen oder die Flüchtlingskrise aufwerfen. Die letzte Installation im Museo ist ein Wirbel aus Menschen, der aus 200 lebensgroßen Skulpturen besteht, die eine große runde Formation darstellt. Sie bildet ein Riff, das **von marinen Lebewesen bewohnt** werden kann und verabschiedet die Besucher.

T

TOUREN

Durchdacht, inspirierend, entspannt

Mit unseren Tourenvorschlägen lernen Sie Lanzarotes beste Seiten kennen.

Der Norden der Insel ist geprägt von einer faszinierenden Vulkanlandschaft.

UNTERWEGS AUF LANZAROTE

Lanzarote ist eine relativ überschaubare Insel. Die Straßen sind gut ausgebaut, schon auf zwei oder drei Tagesrundfahrten können Sie die eindrucksvollsten Landschaften und wichtigsten Sehenswürdigkeiten kennen lernen. Starten Sie auf alle Fälle schon am frühen Morgen, damit genug Zeit bleibt unterwegs irgendwo in einem Landgasthof oder Fischlokal gemütlich einzukehren.

Das richtige Verkehrsmittel

Das öffentliche Busnetz ist im Wesentlichen auf Berufstätige ausgerichtet. Von Arrecife aus sind lediglich die Touristenorte Costa Teguise, Puerto del Carmen und Playa Blanca gut angebunden. Abgelegene Orte erreicht man mit den Öffentlichen nur nach guter Planung. Für Touren auf eigene Faust empfiehlt sich von daher ein Mietwagen. Da dies sehr viele Feriengäste machen, hat die Verkehrsdichte vor allem in der Region zwischen Puerto del Carmen und Arrecife spürbar zugenommen. Ansonsten verteilt sich der Verkehr ganz gut bzw. konzentriert sich vornehmlich auf die touristischen Anlaufpunkte (lange Schlangen bilden sich oft am Eingang zum Nationalpark Timanfaya). Radfahrer müssen besonders im Nordteil der Insel mit erheblichen Steigungen rechnen und außerdem auf Autofahrer achten, die mitunter nicht immer gegenüber Radlern die notwendige Vorsicht walten lassen.

Ob auf dem Wasser oder auf dem Land: Lanzarote lässt sich per Schiff, Bus oder Auto erkunden.

Routenvorschläge

Alle vorgeschlagenen Ausflüge beginnen in der zentral gelegenen Hauptstadt Arrecife. Bei den Kilometerangaben sind die meist nur kurzen Abstecher nicht eingerechnet. Bei allen Touren haben Sie genügend Zeit, die eine oder Sehenswürdigkeit auch ausführlicher zu besichtigen. Für die Nordtour sollten Sie allerdings eine Auswahl treffen.

DIE HIGHLIGHTS IM NORDEN

Start und Ziel: Arrecife | **Länge:** ca. 90 km

Tour 1

Im Norden von Lanzarote erwarten Sie etliche hochkarätige Sehenswürdigkeiten. Vor allem, wenn Sie auf den Spuren des Künstlers César Manrique unterwegs sind, werden Sie mit den Lavagrotten von Jameos del Agua, dem Mirador del Río und den beiden als Museen zugänglichen ehemaligen Wohnhäusern des Künstlers bestens bedient. Zwischendurch sollten Sie einen kurzen Badestopp in einer der kleinen Strandbuchten vor Órzola einplanen, für die Mittagspause empfiehlt sich das beschauliche Landstädtchen Haría.

Aus der Stadt

Man verlässt ❶ ★ **Arrecife** in Höhe des Puerto de los Mármoles auf der Straße Richtung Costa Teguise. Am Küstenstreifen zwischen Arrecife und Costa Teguise fährt man zunächst noch an Hafen- und Industrieanlagen vorbei, nach wenigen Kilometern beginnt dann die Urbanización Costa Teguise.

Touristenzentrum

Die Straße führt an zahlreichen Bungalow- und Apartmentanlagen vorbei ins Zentrum von ❷ **Costa Teguise,** ein Touristenort, der in den 1970er-Jahren entstanden ist und bis heute erweitert wird. Sehenswert sind das Luxushotel Meliá Salinas und das Pueblo Marinero. Man verlässt Costa Teguise in Richtung Guatiza. Bei dem von César Manrique gestalteten Einfahrtstor der Urbanización, das inmitten der kargen Landschaft steht, biegt man auf die Hauptstraße nach Norden ab.

Kakteen und Höhlen

Nach 6 km erreicht man ❸ ★ **Guatiza.** Am nördlichen Ortsausgang fällt die riesige, grüne Kaktus-Plastik auf, die den Eingang zum ★ **Jardín de Cactus** markiert. Die Straße führt weiter nach **Mala.** Links und rechts ziehen sich weite Felder hin, auf denen Opuntien angebaut werden.
Kurz hinter dem kleinen Ort wird die Landschaft wieder karger. Nach 4 km erreicht man das hübsche Fischerdorf ❹ ★ ★ **Arrieta.** Am nördlichen Ortsrand zweigt die Straße Richtung Órzola ab. Diese Straße umgeht den Ort **Punta de Mujeres,** der Abstecher in das ruhige Küstendorf lohnt sich aber! Etwa 2 km hinter Punta de Mujeres liegen die Höhlen ❺ ★ ★ **Jameos del Agua** (rechts der Straße) und ❻ ★ ★ **Cueva de los Verdes** (links der Straße). Beide Höhlensysteme sind sehr attraktiv. Sofern Sie wenig Zeit haben und nur eines davon besuchen möchten, sollten Sie Jameos del Agua den Vorzug geben.

Isla Graciosa
Caleta del Sebo
El Río
Punta Fariones
Playa de la Canteria
Órzola
Bajo de los Sables
Playa de la Cocina
Playa Francesca
Mirador del Río
Batería 479m
Playa del Risco
Punta Prieta
Casas La Breña
Malpaís de la Corona
Las Rosita
Yé
Guinate
Punta de Lomo Blanco
Monte Corona 609m
Los Molinos
Casas Las Escamas
Parque Natural del Archipiélago Chinjio
Cueva de los Verdes
Los Helechos 581m
Punta Escamas
Máguez
Jameos del Agua
Las Cuevas
Atalaya
Boca Tiesto
Punta Ganada
El Palmar
Punta Usaje
El Canto
Montaña Ganada 585m
Punta de Mujeres
Haría
Punta Guerra
Las Bajas
Arrieta
Playa de San Juán
Playa de Famara
Valle de Temisa
Tabayesco
Playa de la Garita
Risco de Famara
La Caleta
Peñas del Chache 671m
Urbanización Famara
Casa del Molino
Ermita de las Nieves
El Cangrejo
Peña del Silvo 394m
Mala
Playa del Seifío
Urbanización Vista Graciosa
Los Valles
LosArrabales
Las Laderas
El Jable
Teguise (Villa de Teguise)
Guatiza
El Mojón
Tinamala 323m
Playa del Tío Joaquin
Teseguite
Urbanización Oasis de Nazaret
Nazaret
Las Honduras
OCÉANO ATLÁNTICO
Urbanización Las Cabreras
Las Mesetas
Montaña Corona 235m
Montaña Ubique 308m
Punta de Tierra Negra
Tahiche
Tahiche 321m
El Rostro
Montaña de Zonzamas 328m
Punta de la Corvina
El Charco
San Bartolomé
Fundación César Manrique
Costa Teguise
Playa de las Cucharas
Granados
Playa Bastián
Argana Alta
5 km
Punta de Lomo Gordo
Argana Baja
Volcán de Tahiche
Punta Grande
© BAEDEKER
Playa de la Arena
Arrecife
Isla del Frances
LZ1 LZ2 LZ3 LZ10 LZ18 LZ20 LZ30 LZ201 LZ202 LZ203 LZ204 LZ205 LZ206 LZ207 LZ301 LZ402 LZ404 LZ406 LZ408
Entfernungsangaben in km

Durch karges Land

Anschließend führt die Straße direkt an der Küste entlang durch das unbebaute, geradezu leblos erscheinende **Malpaís de la Corona.** Nur einige Sukkulenten gedeihen hier. Die Region ist seit dem Vulkanausbruch des La Corona vor mehreren Jahrtausenden mit Lavagestein überzogen. Überraschend sind in der schwarz-braunen Umgebung kleine Strandbuchten mit hellem feinen Sand – die schönste ist die **Bajo de los Sables,** an der die Straße unmittelbar vorbeiführt.

Gute Aussichten

Dann tauchen schon die ersten Häuser von ❼ **Órzola** auf. In dem kleinen Hafen starten die Fähren zu der Insel La Graciosa. Man verlässt Órzola in südlicher Richtung und biegt nach gut 6 km auf die kurvenreiche Straße zum ★ **Mirador del Río** ab. Die Böden hier oben werden teilweise landwirtschaftlich genutzt, ab und zu sieht man Feigen und kleine Felder mit Wein, Opuntien und Mais. Wer nicht in die Anlage des Mirador del Río gehen möchte, hat von der Straße aus, die direkt am Aussichtspunkt in einer spitzen Kurve nach Südwesten abbiegt, ebenfalls einen imposanten Blick über die Inseln La Graciosa, Montaña Clara und Alegranza. Diese schmale Straße führt in gut 400 m Höhe am Rand der Steilküste entlang, passiert am Fuß des Vulkans La Corona das Dorf **Guinate** und senkt sich allmählich in das Tal von Máguez.

Grüne Ebene

Etwa 1 km hinter **Máguez** kommt man nach ❽ ★ **Haría.** Die Region wirkt vergleichsweise fruchtbar und grün. Haría ist eingebettet in eine Palmenlandschaft – als das »Tal der tausend Palmen« wird die weite Senke um das Städtchen herum bezeichnet. Für Haría sollte man sich ein wenig Zeit nehmen und sich den Ortskern mit seinen hübschen Villen und Herrenhäusern ansehen, darunter das ★ ★ **Wohnhaus von César Manrique,** in dem er seine letzten Lebensjahre verbrachte.

In die Berge

Vom südlichen Ortsausgang von Haría windet sich ein serpentinenreiches schmales Bergsträßchen den **Risco de Famara** hinauf. Man kommt am **Mirador de Haría** vorbei und kann von hier aus noch einmal einen Blick auf den Ort und das palmenbestandene Tal werfen. Außerdem sieht man durch das weite Valle de Temisa hinab bis zur Küste nach Arrieta. Die Hauptstraße führt östlich an Lanzarotes höchstem Berg, Peñas del Chache, vorbei und weiter in Richtung Süden durch ein Gebiet, in dem etwas Gemüseanbau betrieben wird. Hier bietet sich ein kurzer Abstecher zur **Ermita de las Nieves** an. Eine etwas holprige, schmale Asphaltstraße biegt rechts von der Hauptstraße ab und steigt allmählich an – in der Ferne sieht man bereits die Kapelle einsam auf einer Anhöhe liegen. Ein paar Schritte von dem Kirchlein entfernt bricht das Land jäh ab – von hier haben Sie eine hervorragende Aussicht auf die sichelförmige Playa de Famara und die Feuerberge in der Ferne. Mitunter können allerdings Passatwolken die Sicht beeinträchtigen.

Wieder auf der Hauptstraße werden nun linker Hand die Windmühlen des Parque Eólico passiert. Wenig später senkt sich die Straße nach 9 **Los Valles** ab. Nach dem wunderschön terrassierten Tal erreichen Sie schließlich 10 ★★ **Teguise.** Die ausgesprochen reizvolle Altstadt mit sehenswerten Adelspalästen, Kirchen und Klöstern lohnt einen ausgiebigen Besuch. Falls Sie die ehemalige Inselhauptstadt aus der Vogelperspektive genießen möchten: Fahren Sie kurz vor dem Ortseingang zum unübersehbar auf einem Hügel thronenden Kastell Santa Barbara hinauf.

Die alte Hauptstadt Teguise

Nach Teguise bietet sich ein Abstecher nach **Oasis de Nazaret** ins ★ **Museo Lagomar** an – die einst dem Filmschauspieler Omar Sharif gehörige Villa ist wildromantisch in einen ehemaligen Steinbruch ein-

Außergewöhnliche Wohnkultur

OMAR SHARIFS VILLA

Schnell mal eine Million am Kartentisch verlieren! Omar Sharif (»Doktor Schiwago«) war so ein Typ, dem es aufs Geld nicht ankam. Im Örtchen Nazaret gehörte dem Hollywoodstar für wenige Stunden eine wildromantisch in den Steilhang eines Steinbruchs gebaute Villa. Bis zu dem besagten Kartenspiel, mit dem er sie wieder verlor – den Kartentisch können Sie zwar noch besichtigen, aber keine Sorge, Geld oder Villen verlieren Sie hier nicht mehr. (► S. 161)

gepasst. Eine weitere Villa erwartet Sie schließlich in ⓫ ★★ **Tahíche** in der ★★ **Fundación César Manrique,** wo der Künstler es verstand sich inmitten von Lava paradiesisch einzurichten. Nach der Besichtigung seines Wohnhauses kommen Sie von dort nach wenigen Fahrminuten wieder nach ★ **Arrecife** zurück.

AUF DER WEINSTRASSE IN DEN INSELSÜDEN

Start und Ziel: Arrecife | **Länge:** ca. 90 km

Tour 2

Trotz einladender Bodegas, in denen der lokale Wein verkostet werden kann, sollte angesichts der etwas schmalen Straßen zumindest der Fahrer einen klaren Kopf behalten. Schwer zu sagen, ob nun die imposante Reblandschaft oder der Halbkrater von El Golfo der Tageshöhepunkt sind – entscheiden Sie selbst! Ausklingen lassen können Sie die Rundfahrt mit einem Bummel auf der autofreien Uferpromenade von Playa Blanca – oder in einem der schönsten Strandreviere der Kanarischen Inseln.

Weinbau in den Lavafeldern

Von ❶ ★ **Arrecife** aus fährt man die Schnellstraße in Richtung Nordwesten nach ❷ ★ **San Bartolomé.** Im Ortszentrum bietet sich das Museo Etnográfico Tanit für eine Besichtigung an. Einen erneuten Zwischenstopp lohnt gut 1 km hinter San Bartolomé das weithin sichtbare, weiß gestrichene ★ **Monumento al Campesino.** Von hier aus führt eine Straße über Masdache in das Weinanbaugebiet von ★★ **La Geria** hinein. In dieser Gegend wird ein Großteil des lanzarotenischen Weins produziert. Von der streckenweise sehr schmalen Straße aus ist die besondere Anbaumethode gut zu sehen: Inmitten von weiten Lavafeldern sind Mulden eingegraben und die Reben in den unter dem Lavagestein liegenden fruchtbaren Boden gesetzt worden. Das poröse Lavagranulat (Lapilli) um die Pflanzen herum, sorgen dafür, dass der nächtliche Tau gespeichert wird. Tagsüber geben die Steine das Nass dann an den Boden ab. Links und rechts wird die Straße duch La Geria von verschiedenen Bodegas gesäumt, die teilweise zu besichtigen sind und in denen man Wein verkosten und erwerben kann.

Durch den Nationaplark

Der kleine Ort ❸ **Uga** am Ende der Straße durch La Geria ist das Domizil der Dromedare, die tagsüber die Touristen durch den Timanfaya-Park tragen. Hier biegt man auf die Hauptstraße Richtung

4 ★ **Yaiza** ein, das als eines der schönsten Städtchen auf Lanzarote gilt. Kurz hinter Yaiza folgt man an einem großen Kreisel der Straße nach El Golfo.

Auf dieser Straße sind es etwa 5 km durch die riesigen Lavafelder des Timanfaya-Nationalparks. Danach biegt man rechts nach 5 ★ **El Golfo** ab. Nach 1 km liegt linker Hand am Ortseingang ein Parkplatz, von dem aus man zu einem Aussichtspunkt oberhalb des Charco de los Clicos gehen kann. Anschließend bietet sich ein Bummel durch das Dorf El Golfo an, das für seine zahlreichen direkt am Meer gelegenen Fischlokale bekannt ist.

Lanzarotes »Salzküste«

Fahren Sie von El Golfo auf der vom Hinweg bekannten Straße 1 km zurück und biegen Sie dann in Richtung Salinas de Janubio ab. Die Straße führt zunächst an ★ **Los Hervidos** vorbei. Dort können Sie von einem Parkplatz in ein paar Schritten zu einem Aussichtsbalkon über der bizarren Steilküste hinab steigen. Kurz darauf lohnen die 6 ★ **Salinas de Janubio** einen kurzen Halt – diese waren einst die größte Meersalzgewinnungsanlage der Kanaren. Einen schönen Überblick über die akkurat angeordneten Salzbecken ergibt sich vom Restaurant Mirador Las Salinas.

Badespaß in Playa Blanca

Nach den Salinen führen zwei parallel verlaufende Straßen fast kerzengerade durch die Ebene von El Rubicón nach 7 ★★ **Playa Blanca.** Das expandierende Touristenzentrum im Inselsüden zeigt sich von seiner schönsten Seite bei einem Spaziergang auf der langen Strandpromenade, der je nach Gusto am neuen Jachthafen **Marina Rubicón** vorbei bis zum Castillo de las Coloradas gefolgt werden kann. Noch ein gutes Stück weiter östlich erstrecken sich die viel gepriesenen ★★ **Playas de Papagayo,** die man im Rahmen dieses Ausflugs jedoch am Besten mit dem Wagen anfährt. Für die zügige Rückfahrt nach ★ **Arrecife** empfiehlt sich die gut ausgebaute Schnellstraße über Yaiza, Uga und Tías.

IN DIE FEUERBERGE

Start und Ziel: Arrecife | **Länge:** ca. 115 km

Tour 3

Diese attraktive Rundfahrt lebt nicht zuletzt von den landschaftlichen Kontrasten. Lassen Sie sich am Strand von Famara von einer aus hellem Flugsand aufgeworfenen Dünenlandschaft überraschen. Nur ein paar Kilometer davon entfernt baut sich die Silhouette der rötlich bis anthrazitfarbenen Montañas del Fuego auf. Nirgendwo sonst auf Lanzarote können Sie die vulkanische Kraft deutlicher spüren als in den Feuerbergen. Für die Besichtigung des Nationalparks sollten Sie ausreichend Zeit einplanen, vor allem in der Hauptsaison ist der Andrang groß.

Lanzarotes helle Seite

Von 1 ★ **Arrecife** aus fährt man zunächst nach 2 ★★ **Teguise** und biegt dort links in die Straße nach Mozaga ein. 3 km hinter Teguise zweigt eine Straße ab, über die man durch die weite Sandebene von El Jable nach 3 **La Caleta** kommt. Diese für Lanzarote ungewöhnlich helle Landschaft hat einen ganz eigenen Reiz. An einigen Stellen wird trotz aller Kargheit Landwirtschaft betrieben, hin und wieder kommt man an Anpflanzungen oder gepflügten Feldern vorbei. Nordöstlich von La Caleta zieht sich über mehrere Kilometer der Strand von Famara unter der hohen Steilküste des **Risco de Famara** hin. Von La Caleta aus führt eine Straße nach Westen in Richtung Sóo und weiter über Muñique nach 4 ★ **Tiagua.** Hier bietet sich ein Besuch des landwirtschaftlichen Museums El Patio an.

Abstecher für Sportler

Weiter geht es Richtung Westen nach 5 **Tinajo** über eine von Palmen gesäumte Straße. Von Tinajo aus kann man einen Abstecher nach 6 **La Santa** unternehmen, wo ein großes Sporthotel mit einem breiten Angebot an Aktivitäten Amateure und Profis aus ganz Europa anzieht.

Ansonsten verlässt man Tinajo in der entgegengesetzten Richtung und fährt durch die Dörfer Tajaste, Guiguan und Mancha Blanca, die sich hintereinander reihen. In 7 **Mancha Blanca** biegt man an der Kreuzung bei der Kirche rechts ein. Diese Straße passiert nach rund 3 km das **Centro de Visitantes,** das Besucherzentrum des lohnenswerten ★★ **Parque Nacional de Timanfaya.** Links und rechts liegen weite Felder von Lavaschollen, die von zahlreichen Kratern überragt werden. Schwarz, Rot und Braun bestimmen das Landschaftsbild.

Ins Herz der Vulkane

OBEN: Im Bergdorf Femés geht es oft beschaulich zu. In Ruhe kann man dort die Aussicht genießen.

UNTEN: Ziegen sind auch in Femés keine Seltenheit.

Nach weiteren 3 km ist rechts der Straße die Zufahrt in das Zentrum des Nationalparks beschildert. Die Besichtigung ist nur zu den Öffnungszeiten möglich und kostet Eintritt. Oben am Krater **Islote de Hilario** liegt das Restaurant El Diablo mitten in dieser bizarren Landschaft. Am Parkplatz des Restaurants kann man das Auto abstellen und sich einer Busrundfahrt durch den zentralen Teil des Timanfaya-Parks anschließen (Ticket ist im Eintrittspreis inbegriffen). Alternativ besteht die Möglichkeit, das Gebiet in einer Dromedarkarawane zu erkunden. Der Startplatz der Tiere befindet sich wenige Kilometer weiter an der Straße nach Yaiza. Bis kurz vor 8 ★ **Yaiza** zieht sich die Vulkanlandschaft hin. Man stößt in Yaiza auf die Hauptstraße, biegt links ein und fährt an Uga vorbei Richtung Arrecife.

In die Berge

Etwa 1 km hinter Uga zweigt eine Straße in das gut 5 km entfernte 9 ★ **Femés** ab. Ein Abstecher in dieses hübsche Bergdorf, das am Rand eines lang gestreckten Hochtals liegt, lohnt sich allein wegen der hervorragenden Aussicht vom Kirchenvorplatz über die Ebene von El Rubicón und an klaren Tagen bis Fuerteventura.

Zur Küste

Von der viel befahrenen LZ 2, die Uga mit Arrecife verbindet, zweigt 6 km hinter Uga eine Straße nach 10 **Puerto Calero** ab. Rund um den noblen Jachthafen wurde eine hübsche Promenade angelegt, an der zahlreiche Restaurants und Bars zum Verweilen einladen. Eine neue, in Küstennähe verlaufende Straße führt von Puerto Calero nach 11 **Puerto del Carmen,** dem größten Touristenzentrum der Insel. Mit etwas Glück können Sie in der Nähe des Hafens im alten Ortskern einen Parkplatz ergattern. Von dort erreichen Sie in wenigen Gehminuten die Avenida de las Playas, die Lebensader des lebhaften Badeortes. Diese wird von zahllosen Geschäften und Restaurants gesäumt. Unterhalb von der Uferstraße gibt es mit der feinsandigen **Playa Grande** einen hervorragenden Stadtstrand. Schön ist, dass die Avenida de las Playas zu einer Einbahnstraße rückgebaut wurde und so nicht mehr eine viel befahrene Durchgangsstraße ist. Dies ist auch der Grund dafür, dass vom Hafenviertel aus der Ort in Richtung Macher bzw. Tías verlassen werden muss. Von dort kommen Sie auf der Schnellstraße nach Arrecife zurück.

Z
ZIELE

Magisch, aufregend, einfach schön

Alle Reiseziele sind alphabetisch geordnet. Sie haben die Freiheit der Reiseplanung.

Vom Inselkünstler César Manrique geschaffen: Der Jardín de Cactus, wo die Kakteen in den Himmel wachsen. ►

ARRECIFE

Höhe: 30 m ü. d. M. | **Einwohnerzahl:** 58 500

Lange Zeit als »hässliches Entlein« und nüchternes Verwaltungszentrum verschrien, ist die Inselmetropole zwar nach wie vor keine ausgesprochene Schönheit, doch links liegen lassen sollten Sie Arrecife auf keinen Fall. Nach einem Bummel durch die wochentags recht geschäftige Haupteinkaufsstraße lädt die fast schon romantische Atmosphäre um den ehemaligen Fischerhafen zu einer beschaulichen Stunde ein – passenderweise gibt es dort auch nette Lokale zum Einkehren.

Rasanter Aufstieg

Hauptanziehungspunkte der Hafenstadt sind zwei als Museum zugängliche Burgen. Zumindest eines der historischen Gemäuer spielte einst eine wichtige Rolle bei der Abwehr von Piraten. Stolz ist man heute zudem auf die neue Marina. Ob sich das zugehörige moderne Einkaufszentrum allerdings rechnet, bleibt abzuwarten.
Arrecife stand lange im Schatten von Teguise, der Hauptstadt von Lanzarote bis 1852. Dank des **Hafens** gewann die Stadt aber an Bedeutung. In einer Beschreibung aus dem Jahr 1766 ist zu lesen:

> »Der Hafen [von Arrecife], der früher sehr klein war mit gerade einmal 15 oder 20 Einwohnern, ist sehr schnell angewachsen und rühmt sich nun, etwa 72 Einwohner und eine dem Bischof San Ginés gewidmete Kapelle zu haben. Außerdem gibt es ein paar neue Werkstätten, Häuser und große Weinkeller sowie andere Läden und Destillen.«

1802 hatte Arrecife immerhin schon knapp 1400 Einwohner. Heute lebt gut ein Drittel der gesamten Bevölkerung von Lanzarote in der Hauptstadt – seit den 1960er-Jahren hat sich die Einwohnerzahl auf heute fast 60 000 mehr als verdreifacht.

Vom Tourismus verschont

Stadtzentrum

Arrecife hat eine lebendige Innenstadt mit Fußgängerzone, Geschäften, Einkaufszentren und einem Kaufhaus. Es gibt Kinos, Kneipen, Cafés und Restaurants – und trotz der vierspurigen Stadtumgehung noch reichlich Verkehr in der **Innenstadt.** Die kleine Metropole ist bislang kaum vom Tourismus geprägt, und das unterscheidet sie atmosphärisch von den anderen größeren Orten auf der Insel. Zwar haben sich auch hier Hotels und Pensionen angesiedelt und natürlich besuchen viele Urlauber und Kreuzfahrer Lanzarotes Hauptstadt, aber das spielt im lebendigen Alltag von Arrecife eher eine Nebenrolle. Wer also etwas **urbanes Leben** schnuppern, einen Einkaufsbummel unternehmen oder in einem der Cafés trinken möchte, kommt hier auf seine Kosten.

ARRECIFE ERLEBEN

OFICINA DE INFORMACIÓN

Parque José Ramirez Cerdá s/n
(Kiosco de la Música)
Mo.–Fr. 9.30–17, Sa. 10–13 Uhr
Tel. 928 81 31 74
www.turismolanzarote.com

CALLE LEÓN Y CASTILLO

Die Haupteinkaufsstraße – Obst und Gemüse werden an den Marktständen La Recova, Fisch gegenüber in der Pescadería Municipal verkauft (Av. Vargas/Ecke Liebre). Lebhaft ist das Treiben auf dem samstagvormittags stattfindenden Wochenmarkt (Plaza de Las Palmas): Kunsthandwerker, Bio-Bauern und Schmuckhersteller verkaufen dort ihre Ware.

EL MERCADILLO

Das Warenangebot in dem kleinen Einkaufszentrum in der Calle León y Castillo 14 mag vielleicht nicht jeden Geschmack treffen, doch originell ist das kleine Kaufhaus auf jeden Fall. Um einen Innenhof, in dem eine Cafeteria Platz gefunden hat, gruppieren sich auf zwei Ebenen kleine Läden mit Schmuck, Souvenirs und Spielzeug.

CHILL-OUT BIS ZUM NACHMITTAG

Die Calle José Antonio ist die Straße der Nacht: Hier haben sich Bars, Pubs und Clubs angesiedelt. Frühestens ab 22 Uhr startet man ins Nachtleben, so richtig los geht es dann ab 3 Uhr morgens – z. B. im Tsunami (Hausnummer 59). Der kultige Chill-out-Laden macht zwar um 4 Uhr seine Pforten dicht, aber wer drin ist, ist eben drin. Und das geht dann locker bis zum nächsten Nachmittag.

❶ QUÉ MUAC €€€

Von den Ausstellungssälen des Kunstmuseums kommen Sie auf einer typischen »Manrique-Treppe« in das ebenfalls vom Künstler eingerichtete Lokal in der unteren Ebene des Kastells (wer nur ins Restaurant möchte, erreicht links von der Zugbrücke auf dem mit Flusskieseln gepflasterten Weg den Eingang). Selbst die Tische und Stühle wurden von Manrique entworfen. Die großzügigen Panoramafenster erlauben eine Aussicht auf die Mole der Kreuzfahrtschiffe. Und die Küche kann sich ebenfalls sehen lassen, probieren Sie doch einmal die knusprigen Enten-Canneloni auf Steinpilzpüree mit roter Mojosauce.
Castillo de San José
So. Ruhetag
Tel. 928 81 23 21

❷ LILIUM €€€-€€€€

»Kreative neue kanarische Küche« nennen Sandra und Orlando Ortegas ihre außergewöhnlichen Rezeptideen in dem modern gestylten Lokal am Jachthafen. Mittlerweile haben es die beiden damit in viele einschlägige Gourmetführer gebracht. Das Lamm

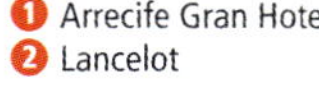

1 Arrecife Gran Hotel
2 Lancelot

1 Qué Muac
2 Lilium
3 Star City u. Altamar

4 Tabla
5 La Puntilla
6 Tasca La Raspa
7 El Principe

kommt mit Süßkartoffelpüree auf den Tisch und die hausgemachten Bananenkroketten bekommen durch eine Minze-Majo ihre besondere Note. Der Gast darf durch die gläserne Schauküche am Kochprozess teilhaben. Auf der Weinkarte überrascht ein deutscher Riesling von der Mosel, den Sie auch glasweise kosten können.
Avenida Olof Palme
(Centro Comercial La Marina)
So. Ruhetag
Tel. 928 52 49 78

❸ STAR CITY UND ALTAMAR €€€-€€€€

Höher über den Dächern der Hauptstadt können Sie nirgendwo einen Drink nehmen: Hinter der Rezeption des Gran Hotels bringt Sie ein gläserner Aufzug auf 75 m ü. d. M. in den 17. Stock des Hochhauses hinauf. Falls man es nicht bei einem gar nicht so teuren Snack in der auch tagsüber geöffneten Cafeteria belassen möchte, kann nebenan im Restaurant Altamar auch richtig groß getafelt werden (ab 19 Uhr).
Parque Islas Canarias s/n
(im Arrecife Gran Hotel)
Tel. 928 80 00 00
www.aghotelspa.com

❹ TABLA €€

In dem Lokal gegenüber vom Club Náutico trifft sich ein überwiegend junges Publikum, das es sich bei Burgern (auch vegan) mit Süßkartoffel-Pommes und Caesar-Salat gut gehen lässt. Über Mittag sind die Tische auf dem breiten Bürgersteig meist bis auf den letzten Platz belegt.
Calle Doctor Ruperto González Negrín 6
Tel. 928 07 03 62

❺ LA PUNTILLA €€-€€€

Bei einem Spaziergang auf der autofreien Promenade rund um den Charco de San Ginés hat man die Wahl zwischen mehreren Lokalen. Zu den besten gehört La Puntilla am Südufer der Lagune. Für den kleinen Hunger serviert Küchenchef José Rodriguez verschiedene Tapas, etwa Fischkroketten oder Tintenfisch. Von der Menükarte sind Fisch und Meeresfrüchte die erste Wahl. Meist sitzt man hier sehr ruhig auf der Promenade, ein Windschutz hält den mitunter frischen Seewind außen vor.
Avenida César Manrique 52
So. Ruhetag
Tel. 928 81 60 42
www.lapuntillacomidas.es

❻ TASCA LA RASPA €€

Ebenfalls am Charco de San Ginés liegt die auch tagsüber immer gut besuchte Weinbar. Zu einem Glas Wein oder Sangria nimmt man frittierte Sardinen oder gegrillten Thunfisch.
Avenida César Manrique 20
Tel. 928 80 84 05

❼ EL PRINCIPE CAFÉ €

Die Cafeteria gegenüber der Pfarrkirche liegt zwar in der zweiten Reihe, doch von den einfachen Plastiktischchen aus kann man durch eine Baulücke aufs Meer schauen. Geboten werden Pasta, Pizza und gute Bocadillos.
Avenida César Manrique 52
So. Ruhetag

❶ ARRECIFE GRAN HOTEL €€€

Vom Schandfleck der Stadt zum Wahrzeichen Arrecifes: Jahrelang stand die Hochhausruine des Gran Hotels trotz der tollen Lage am Stadtstrand leer. 2004 wurde der 17 Stockwerke hohe Bau schließlich von Grund auf saniert und für ein Fünfsternehotel schick gemacht. Von den meisten Zimmern hat man einen großartigen Blick auf das Meer und die halbe Insel. Große Suiten, Marmorbäder und ein mit allen Finessen ausgestattetes, aber gebührenpflichtiges Spa-Center sorgen fürs Wohlbefinden.

Parque Islas Canarias s/n
Tel. 928 80 00 00
www.aghotelspa.com

❷ LANCELOT €€
Nur die Uferstraße trennt das zentral gelegene Stadthotel von der attraktiven Playa del Reducto. Sofern Sie den Ausblick auf diesen genießen möchten: unbedingt nach einem Balkonzimmer mit Meerblick fragen, da die übrigen Zimmer keine große Aussicht versprechen. Der Strand liegt wie gesagt vor der Haustür, da darf der Dachpool ruhig bescheiden ausfallen.
Avenida Mancomunidad 9
Tel. 928 80 50 99
www.hotellancelot.com

Wohin in Arrecife?

Erster Eindruck

Rundgang

Einen Rundgang durch Arrecife kann man im **Westen** der Innenstadt am Parque Islas Canarias beginnen. Es geht dann zunächst am Ufer entlang bis zum Castillo de San Gabriel, dann in die Calle León y Castillo hinein, zum Charco de San Ginés, ein Stück zurück zur Iglesia de San Ginés und schließlich wieder zur Uferpromende. Etwas abseits dieser Route liegen das Kulturzentrum »El Almacén« in der Calle José Betancort sowie das Castillo San José im Nordosten am Puerto de los Mármoles.

Ein Platz für Fiestas

Parque Islas Canarias

Der kleine Parque Islas Canarias an der Mancomunidad Dr. Rafael González Negrín ist 1970 nach Plänen von César Manrique (▶ S. 8) entstanden. Auf einer Bühne an der Seite des Club Náutico werden hin und wieder **Open-Air-Konzerte** veranstaltet, wie überhaupt fast alle Feste, die Arrecife unter freiem Himmel feiert, hier stattfinden – sei es Karneval, (▶ S. 234) der Dreikönigstag oder im August die **Fiestas de San Ginés** zu Ehren des Schutzheiligen der Stadt. Am westlichen Ende der Parkanlagen steht das Arrecife Gran Hotel, eines der markantesten Bauwerke der Insel. Das mit 17 Stockwerken einzige Hochhaus auf Lanzarote war zehn Jahre unbenutzt, bevor es schließlich 2004 als Luxushotel neu eröffnet wurde. Jenseits des Hotels liegt Arrecifes **Stadtstrand** El Reducto, der im Sommer das beliebteste Naherholungsziel der Hauptstädter ist. Im Winter hat man diesen schönen Strand hingegen nicht selten fast für sich alleine. Flach abfallend füllt er eine feinsandige Bucht aus. Er ist durch ein vorgelagertes Riff ganz gut geschützt und erlaubt so auch Kindern ein gefahrloses Badevergnügen.

Ein Pavillon für Touristen

Parque Municipal

Wie die Mancomunidad Dr. Rafael González Negrín ist auch die Avenida de la Marina nur auf einer Seite bebaut und zum Wasser hin als Parque Municipal angelegt. Hier kann man mit Blick aufs Wasser und auf das Castillo de San Gabriel in verschiedenen Cafés Platz nehmen. In einem restaurierten Musikpavillon ist die Touristeninformation zu finden.

Das Castillo de San Gabriel hielt vielen Angriffen stand..

Am Westrand des Parks steht seit 1995 ein Denkmal für den 1879 auf Lanzarote geborenen **Physiker Blas Cabrera Felípe.** Blas Cabrera starb 1945 in Mexiko. Zu seinem 50. Todestag wurde das **Denkmal,** das von **Bildhauer Andrés Lasanta** geschaffen wurde, hier aufgestellt. Auf der anderen Straßenseite sind ein paar **schöne Bürgerhäuser** sehenswert. In einem dieser alten Stadtpaläste, in der Casa de la Cultura Augustín de la Hoz (Nr. 7), benannt nach einem bekannten lanzarotenischen Historiker, sind Räumlichkeiten für Ausstellungen eingerichtet worden.

Über die Kugelbrücke zur Museumsburg

Castillo de San Gabriel

Das Castillo de San Gabriel liegt auf einer kleinen vorgelagerten Insel, auf die man früher nur über die Puente de las Bolas (»Kugelbrücke«) kam. Das große Tor ist zum **Wahrzeichen von Arrecife** geworden. Heute führt neben der Brücke eine schmale Straße zum Castillo de San Gabriel, das von Augustín Herreras y Rojas in der zweiten Hälfte des 16. Jh.s in Auftrag gegeben wurde – nach einem verheerenden Piratenangriff unter Dogali aus Algier. 1573 war das Kastell fertiggestellt. Bereits 13 Jahre später ging es allerdings bei einem erneuten Angriff in Flammen auf. Die jetzige Festung entstand im Jahr 1590 nach Plänen des Italieners Leonardo Torriani, der von Philipp II. mit dem Bau bzw. dem Umbau mehrerer Verteidigungsanlagen auf Lanzarote beauftragt worden war. Seit 2015 ist hier das **Mu-**

seo de Historia de Arrecife untergebracht. In den wirklich engen Räumlichkeiten, man fühlt sich tatsächlich wie in einer mittelalterlichen Verteidigungsanlage, werden Eckpunkte der Stadtgeschichte herausgestellt, angefangen von der Eroberungsgeschichte bis zur Verschiffung von Soda, das dem Hafen und der Stadt kurzzeitig einen bescheidenen Wohlstand bescherte. Einige Reproduktionen machen mit der traditionellen Töpferei, der Mojón-Keramik, bekannt. Das schönste an dem Museum ist jedoch, dass Sie auf das Dach der Festung steigen können, um von dort den weiten Ausblick auf Stadt und Meer zu genießen.

Neben dem Eingang des Kastells stehen zwei schwergewichtige Kanonen von 1885. Eine davon befand sich ursprünglich auf dem Risco de Famara, von dem man während der Zeit der Piratenangriffe die Meerenge zwischen Lanzarote und La Graciosa überwachte. Heute ist das rostige Kanonenrohr genau auf das einzige Hochhaus der Stadt ausgerichtet – César Manrique (▶ Interessante Menschen), der zu seinen Lebzeiten für einen Abriss des »Schandflecks der Stadt« plädierte, hätte seine Freude daran!

Museo de Historia de Arrecife: Mo.–Fr. 10–17, Sa. 10–14 Uhr
Eintritt: 3 €

Flaniermeile der Hauptstadt

Calle León y Castillo

Gegenüber der Puente de las Bolas beginnt die Calle León y Castillo. Die »Calle Real« (»Königliche Straße«), wie sie im Volksmund genannt wird, ist die zur Fußgängerzone erklärte Hauptgeschäftsstraße von Arrecife. Diverse Boutiquen, Parfümerien, Schuhgeschäfte und ein paar Spielhallen reihen sich aneinander. Einige Geschäfte haben noch eine schöne alte Inneneinrichtung. Gleich am Anfang der Bummelmeile fällt die **Casa Amarilla** auf. Ursprünglich war das senfgelb verkachelte und von einem aufgesetzten Uhrenturm gekrönte Gebäude der Hauptsitz des Cabildo Insular, des Inselrats. Heute werden darin wechselnde Ausstellungen gezeigt.

La Casa Amarilla: Mo.–Fr. 10–20, Sa. 10–14 Uhr | Eintritt: 2 €

Mahnmal am alten Fischerhafen

Charco de San Ginés

Östlich der Calle León y Castillo gibt es ein **hübsches Wohnviertel.** Die kleinen Häuser, ursprünglich meist Fischerhäuschen, umziehen den Charco de San Ginés, ein natürliches Hafenbecken (Charco = Pfütze), in dem einige Fischerboote liegen. Fast alles – vom Geländer bis zum Hausanstrich – ist in schmuckem Blau-Weiß gehalten, ein wohltuender Kontrast zum üblichen Grün-Weiß der Insel.

Die Lagune kann auf einer autofreien Promenade in gut 20 Minuten umrundet werden, wobei sich das heimelige Viertel immer wieder aus einem neuen Blickwinkel zeigt. Lediglich die klobige Rückfront eines großen Kinokomplexes am Westrand fügt sich weniger harmonisch in die ansonsten nur ein- bis zweistöckige Bebauung ein.

Ein paar Schritte neben dem Kino mahnt ein aufgestelltes **Walskelett** an die mitunter prekäre Lage der durch Schiffe und Marinemanöver gefährdeten Meeressäuger. Das am Charco aufgestellte Skelett stammt von einem Brydewal (Balaenoptera edeni), das 11 m lange und rund 8000 kg schwere Tier strandete 1995 vor der Küste Teneriffas.

Schick Einkehren am neuen Jachthafen

Marina Lanzarote

Vom östlichen Ufer des Charco de San Ginés haben Sie's nicht weit zum neuen Jachthafen. Eine Fußgängerbrücke verbindet ihn mit einem Kai, auf dem eine schicke **Gastrozeile** und ein Einkaufszentrum auf Gäste warten. Richtig lebhaft geht es in dem millionenschweren Prestigeprojekt bislang allerdings nur zu, wenn gerade ein Kreuzfahrtschiff seine Passagiere auf Landgang schickt.

Kirche für den Schutzpatron

Iglesia de San Ginés

Von der Nordseite des Charco de San Ginés aus sieht man über das Wasser hinweg den Turm der Iglesia de San Ginés. Die Kirche steht im etwas verwinkelten, stillen Viertel zwischen dem Charco de San Ginés und der Calle León y Castillo an der kleinen Plaza de las Palmas, wo jeden Samstagvormittag ein Mercadillo stattfindet. **Arrecifes Hauptkirche** ist dem Heiligen Ginés von Clermont geweiht – sie war von einem Franzosen gestiftet worden. Im 18. Jh. wurde die Pfarrei San Ginés gegründet und die Kirche an der Stelle einer kleineren Vorgängerkirche aus dem vorherigem Jahrhundert hochgezogen. Der Bau ist recht schlicht gehalten. Das dreischiffig angelegte Innere – die beiden Seitenschiffe wurden erst zu Beginn des 19. Jh.s angebaut – präsentiert sich in einem angenehm lichten, fast hallenartigen Charakter, da die Basaltsäulen von verhältnismäßig hohen Arkadenbögen überspannt werden. Die Holzdecke ist im Mudéjarstil gestaltet.

Relikt kolonialer Wohnkultur

Casa de los Arroyo

An der Küstenstraße, der Avenida Coll, befindet sich neben dem Hotel Miramar ein **kanarisches Patrizierhaus,** die Casa de los Arroyo. Sie ist eines der ältesten Wohnhäuser von Arrecife. 1739 wurde sie im Auftrag von Domingo A. de Armas y Béthencourt, Reeder und Militärgouverneur der Insel, gebaut. Sie verfügte damals über Ställe, Wohn- und Lagerräume. Im Erdgeschoss sind heute Büros der Inselregierung untergebracht. Während der Bürozeiten (vormittags) kann der von einer Holzgalerie eingefasste Innenhof besichtigt werden.

Zeitgenössische Kunst in der »Hungerburg«

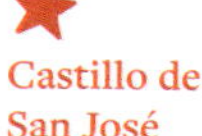

Castillo de San José

Das Castillo de San José liegt ca. 1,5 km östlich des Stadtzentrums im Hafenbereich zwischen dem Puerto de Naos und dem Puerto de

OBEN: Das Castillo de San José erhebt sich über dem Hafen.

UNTEN: Die Reiter von Rising Tide werden bei Flut vom Wasser umspült. Es lohnt sich, die Skulpturen zu verschiedenen Tageszeiten zu betrachten.

los Mármoles. Das Kastell wurde zwischen 1776 und 1779 gebaut, also zu einer Zeit, als man mit Angriffen von See her nicht mehr rechnen musste. Hintergrund dieses Baus war vielmehr die schlechte wirtschaftliche Situation Lanzarotes im 18. Jh., was u. a. durch die immer wiederkehrenden **Vulkanausbrüche** (▶ S. 12)bedingt war. Viele Insulaner hatten keine Arbeitsmöglichkeiten und konnten ihre Familien nicht ernähren. Das Kastell wurde von der spanischen Regierung quasi als Arbeitsbeschaffungsmaßnahme in Auftrag gegeben, was der Festung den Beinamen »Fortaleza del Hambre« (»Hungerburg«) eintrug. Bis 1890 diente das Kastell als Aufbewahrungsort für Munition, danach stand der Komplex für Jahrzehnte leer. Auf Initiative und nach Plänen von **César Manrique** wurde das Bauwerk in den 1970er-Jahren restauriert. Dabei achtete Manrique darauf, so wenig wie möglich an der ursprünglichen Festungsanlage zu verändern. In den Räumlichkeiten des Kastells richtete er ein **Museo Internacional de Arte contemporáneo** (MIAC; Museum für zeitgenössische Kunst) ein und in einem angebauten neuen Teil ein für die damalige Zeit ausgesprochen extravagantes Restaurant (▶ S. 45). Auf zwei Ebenen wird vornehmlich spanische Kunst aus den 1950er- bis 1970er-Jahren ausgestellt. Von den Kanarischen Inseln sind u. a. der Surrealist Óscar Domínguez (1906–1958) und der mit dem Kanarischen Kunstpreis gewürdigte Maler Cristino de Vera aus Teneriffa sowie José (Pepe) Dámaso aus Gran Canaria mit Arbeiten vertreten. Ein eigener Saal ist dem in Arrecife geborenen Bildhauer Pancho Lasso (1904–1973) gewidmet. Und natürlich dürfen auch Werke von César Manrique nicht fehlen – gleich links vom Eingang im Saal 1 hängt von ihm seine »Homenaje a Malcom Lowry« (1977), eine Hommage auf den englischen Schriftsteller Malcolm Lowry, dem sich Manrique zeitlebens verbunden fühlte. Dieser Saal mit Wänden aus schwarzem Basaltstein zieht sich als halbrundes Gewölbe über die gesamt Breite der Festung. Natürliches Licht fällt nur durch die schmalen Seitenfenster.

Museo Internacional de Arte Contemporáneo: tgl. 10–20 Uhr
Eintritt: 4 €

Spektakuläre Kunst im Meer

Rising Tide

Vom Castillo de San José, aber auch von der gegenüber der Burg gelegenen Kreuzfahrtmole, kann man seit 2016 eine Installation von **Jason de Caires Taylor** bewundern. Der britische Künstler sorgte auf Lanzarote bereits mit seinem Unterwasserpark in Playa Blanca für Furore. Seine Installation Rising Tide (Ansteigende Flut) zu Füßen des Kastells San José versteht der britische Künstler als politisches Statement gegen den Klimawandel. Zu sehen sind vier Reiter, die je nach dem Stand der Gezeiten mal ganz, mal nur mit den Köpfen aus dem Wasser ragen. Jede der tonnenschweren Betonfiguren ist 2,70 m hoch.

ARRIETA

Höhe: Meereshöhe | **Einwohnerzahl:** 918

Mit seinen Fischlokalen bietet sich Arrieta nach dem »anstrengenden« Besichtigungsprogramm der nahe gelegenen Lavagrotten von Jameos del Agua und Cueva Verde geradezu für eine Einkehr an. Dabei können Sie auch einen Blick auf ein Windspiel von César Manrique werfen und das unmittelbar am Meer stehende Blaue Haus bestaunen.

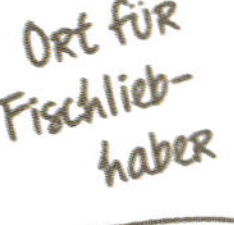

Eine Mole weist darauf hin, dass hier früher einmal etliche Boote ihren Fang anlandeten. Heute ist es in Arrieta ziemlich **ruhig** geworden, wären da nicht die Tagesausflügler, die sich mal kurz die Füße vertreten oder eine Pause in einem der Restaurants oder am unverbauten Strand einlegen. An Individualisten werden einige einfache Apartments vermietet. Verwaltet wird der etwa 900 Einwohner zählende Ort von Haría aus.

Wohin in Arrieta und Umgebung?

Windspiel auf der Straßeninsel

Valeta

Am zentralen Verkehrskreisel vor der Ortszufahrt ist das von jungen **Drachenbäumen** eingerahmte rote Windspiel Veleta von **César Manrique** (► S. 8) nicht zu übersehen. Es entstand 1990 kurz vor dem tödlichen Unfall des Künstlers. In Manriques Werk spielten Windspiele (Juguetes del viento) eine nicht unbedeutende Rolle (ein weiteres Kunstwerk dieser Art steht etwa vor seinem ehemaligen Wohnhaus in Tahiche). Als Inspiration für die teils bis zu zehn Meter hohen Metallkonstruktionen aus sich drehenden Kreiseln, Pyramiden und anderen geometrischen Formen dienten dem Künstler die einst auf Lanzarote gebräuchlichen Windmühlen.

Die Blaue Villa für die Tochter

Casa Juanita

Für Lanzarote ist die Architektur und Farbgebung des direkt am Meer stehenden Blauen Hauses außergewöhnlich. Der Bau der Villa wurde 1915 von **Juan de León Perdomo** in Auftrag gegeben. Der aus Haría stammende Lanzaroteño war Ende des 19. Jh.s nach Argentinien emigriert und kehrte auf seine Heimatinsel zurück, als seine Tochter Juanita de León Alemán in Südamerika an Tuberkulose erkrankte. Gesundes Seeklima würde Linderung verschaffen, meinte der Arzt. So entstand in Arrieta das rot-blau-weiße Gebäude mit hohen Schornsteinen und kleinen Holzbalkonen. **»La Juanita«** lebte nur kurze Zeit hier, sie starb 1917 mit 16 Jahren und liegt auf dem Friedhof von Haría begraben.

ARRIETA ERLEBEN

MUSEO DEL ALOE VERA

Bis auf ein paar Infotafeln zu der Heilpflanze Aloe vera gibt es in dem Gebäude am Ortseingang eigentlich nichts Museales oder Informatives – es ist vielmehr ein Geschäft für den Verkauf von Aloe-vera-Produkten.
Calle El Cortijo 2
www.aloepluslanzarote.com

EL AMANECER €€

Zweifelsohne das beliebteste Lokal am Platz! Da eine Reservierung nicht möglich ist, können Sie nur auf gut Glück versuchen, einen freien Tisch zu ergattern. Vor allem am Wochenende, wenn viele einheimische Familien kommen, herrscht in dem etwas engen Gastraum Hochbetrieb mit mitunter leicht überhöhtem Lärmpegel. Doch der Fisch ist erstklassig und die Preise sind relativ niedrig. Wie alle Restaurants in Arrieta hat auch das Amanacer nur tagsüber offen.
Calle La Garita 46
Do. Ruhetag
Tel. 928 84 83 90

LA NASA €€

Das Lokal liegt nur wenige Schritte von »EL Amanecer« entfernt und bietet sich, wenn es dort voll sein sollte, als Alternative an. Genau wie dieses und auch das benachbarte »Los Pescaditos« hat es eine kleine Terrasse zum Meer hinaus.
Neben Fisch und Meeresfrüchten wird hier auch eine ordentliche Paella angeboten.
Calle La Garita 62
Di. Ruhetag
Tel. 928 84 81 49

EL CHARCÓN €€

An der Mole genießen Sie zu deftiger kanarischer Kost den herben Hauswein aus der eigenen Bodega. Und nicht zu vergessen: den Ausblick aufs Wasser. Als einziges Lokal in Arrieta bekommt die Terrasse etwas von der Nachmittagssonne ab.
Muelle
Mi. Ruhetag
Tel. 928 84 81 10
www.elcharconlanzarote.com

CASA DE LA PLAYA €€

Die Lage nur ein paar Schritte oberhalb von der Playa de la Garita könnte nicht schöner sein. Hier genießt man die opulente Fischplatte oder trifft sich auf eine Sangria. Strand und Lokal werden über eine Schotterpiste angefahren, diese zweigt von der LZ 1 etwa 500 m südlich vom Verkehrskreisel mit dem Windspiel ab.
Playa de la Garita
Tel. 928 17 33 39

FINCA DE ARRIETA €€€

Warum nicht mal etwas ganz anderes machen und in einer mongolischen Jurte schlafen? Oder in einem nachhaltig konzipierten Öko-Bungalow mit einem mit Sonnenergie aufgewärmten Pool? Und irgendwann muss es mit der Elektro-Mobilität schließlich auch in den Ferien einmal losgehen: Man kann zur Unterkunft gleich ein E-Auto mitbuchen! Auf dem Gelände herumstreunende Hühner, Enten und Katzen geben dem kleinen Öko-Dorf einen ländlichen Anstrich. Vermietet wird nur wochenweise.
Nödlich von Arrieta
an der LZ-207
Tel. 928 82 67 20
www.lanzaroteretreats.com

Treff von Ausflüglern und Wellenreitern

Playa de la Garita

Den etwas von Steinen durchsetzten schmalen Sandstrand erreicht man vom südlichen Ortsrand in wenigen Gehminuten. Oft brechen sich hier die **Wellen** ziemlich stark, so dass die Playa nicht immer badetauglich ist. Dafür fühlen sich dann Wellenreiter in ihrem Element. Über dem Strand sorgt ein beliebtes Fischlokal für das leibliche Wohl.

Fischerdorf auf der »Landzunge der Frauen«

Punta de Mujeres

Punta de Mujeres ist ein noch recht typisch **kanarisches Fischerdorf** mit ansehnlichen Häuschen und einer felsigen Badebucht, 2 km nördlich von Arrieta. Obwohl hier eine sehr schöne, direkt am Meer gelegene kleine Bungalowanlage gebaut wurde, gibt es bisher so gut wie keine touristische Infrastruktur.

Stilles Tal zum Durchatmen

Valle de Temisa

Etwa 1 km südlich vom zentralen Verkehrskreisel in Arrieta zweigt ein schmales Landsträßchen (LZ 207) ins Tal von Temisa ab. In dem reizvollen Tal wird noch etwas Landwirtschaft betrieben. Beiderseits der Straße liegen schwarze Felder und stehen Feigenbäume, im Frühling blühende Wildblumen geben dem terrassierten Tal einen **ausgesprochen malerischen Anstrich.** Am besten lassen Sie den Wagen an geeigneter Stelle irgendwo stehen und wandern auf Feldwegen an Lesesteinmauern entlang. Je nach Gusto kann man aus dem Ausflug auch eine Rundfahrt machen. Nach dem Weiler Tabayesco zieht sich das Sträßchen zur LZ 10 hinauf. Dort fährt man rechts nach Haría hinab und kommt von dort wieder nach Arrieta zurück.

 Cueva de los Verdes

Zufahrt: über die LZ-1, Abzweig LZ-204 (auf Höhe Jameos del Agua)
Besichtigung: Nur im Rahmen einer 45-minütigen Führung (in spanischer und englischer Sprache) | Start zu jeder vollen Stunde tgl. 10–18, im Sommer bis 19 Uhr | Eintritt: 10 €

In die Tiefen der Lava

Höhle der Grünen

In der Cueva de los Verdes können Sie bis zu 50 m in die Erde absteigen. Wie für Höhlen dieser Größenordnung üblich, kann sie nur im Rahmen einer **Führung** besichtigt werden. Während der Tour durch die Unterwelt wird Ihnen eine faustdicke Überraschung präsentiert – mehr sei an dieser Stelle nicht verraten.

Die Cueva de los Verdes gehört wie Jameos del Agua zu einem vulkanischen Tunnelsystem, das durch eine gewaltige Eruption des Monte Corona entstand. (► S. 118)Dieser Vulkan ist mit 609 m die höchste Erhebung im Norden von Lanzarote. Geologen datieren seinen Ausbruch auf die Zeit um etwa 1000 v. Chr. Der Lavatunnel erstreckt sich vom Fuß des Monte Corona bis zur Küste und anschließend noch einmal gut 1,5 km ins Wasser hinein. Diese bis 50 m unter den Meeresspiegel abfallende Lavaröhre wurde erst Ende der 1980er-Jahre von einem spanischen Taucherteam systematisch erforscht. Bei der Cueva de los Verdes handelt es sich um ein teilweise zweistöckiges **Röhrensystem,** das insgesamt bis zu 35 m tief ist. Die Hohlräume bildeten sich, als unter bereits erstarrten Lavamassen noch flüssiges Lava abfloss.

Unter Tage durch die Lava

Das Höhlensystem

Insgesamt 2 km des Tunnelsystems sind der Öffentlichkeit zugänglich. Die Höhle ist bis auf die Beleuchtung, ein paar Treppen und die schmalen Wege völlig naturbelassen – César Manrique hat ausnahmsweise nichts gestaltet, wie bei der Führung nicht ohne Stolz bemerkt wird. Gleich zu Beginn durchquert man einen Teil des Tunnels, an dessen Wänden verschiedene **Mineralien** auszumachen sind: Calciumcarbonat, Eisenoxid, Phosphor und Magnesium – weiß, rot, gelb und schwarz ist die Färbung. Immer wieder sieht man links und rechts neben dem Weg das Fließbett der erkalteten Lava. An der Tunneldecke ist an einigen Stellen deutlich zu erkennen, wie die allmählich fest werdende Lava im Abkühlungsprozess noch zähe Tropfen gebildet hat.

Höhlenforscher aufgepasst! In den Cueva de los Verdes können Sie eine faszinierende Welt untertage entdecken.

Am tiefsten Punkt der Höhle, 50 m unter der Oberfläche, werden hin und wieder **Konzerte** veranstaltet, da an dieser Stelle die Akustik außergewöhnlich gut ist – besser sogar als in den Jameos del Agua. Aufgrund des porösen Materials gibt es hier so gut wie kein Echo. Niemand Geringeres als der Geigenvirtuose Yehudi Menuhin hat in den 1970er-Jahren mit seiner Violine die hervorragende Akustik getestet.

Rund um die Cueva de los Verdes

Rätselhaftes Erbe der Ureinwohner

Queseras de Bravo

Fährt man von der Cueva de los Verdes weiter in östlicher Richtung zu den **Jameos del Agua,** so passiert man die Queseras de Bravo. Etwa 100 m, bevor die Straße auf die Küstenstraße trifft, die Órzola mit Arrieta verbindet, folgt man einem kaum erkennbaren Pfad in südlicher Richtung. Auf ihm erreicht man zu Fuß in wenigen Minuten die archäologische Stätte.
Bei den so genannten Queseras handelt es sich um **strahlenförmige Rinnen** im Basalt. Welchen Zweck diese künstlich geschaffenen, länglichen Vertiefungen hatten, ist bis heute nicht geklärt. Während die einen Forscher darin einen Kultplatz der Altkanarier sehen, gehen andere davon aus, dass hier Getreide zerstoßen oder aber Tabaiba (Wolfsmilchgewächs) zerquetscht wurde, um dessen milchigen Saft zu gewinnen.

Jameos del Agua

Zufahrt: über die LZ-1, Abzweig LZ-204
Besichtigung: tgl. 10–18.30; Di., Sa. (im Sommer auch Mi.) 10–0.30 Uhr | Eintritt: 10 €

Von Cesar Manrique

Vulkanisches Disneyland

Jameos del Agua gehört wie auch die Cueva de los Verdes zu einem mehrere Kilometer langen Tunnelsystem, das beim Ausbruch des Vulkans Monte Corona entstand. (► S. 12) Der riesige Parkplatz lässt es schon erahnen: Mit mehr als einer halben Million Besuchern sind die **Lavaröhren** eine der meistbesuchten Sehenswürdigkeiten von Lanzarote. Nutzen Sie den frühen Morgen oder späten Nachmittag, wenn die Schlangen vor der Kasse kürzer sind! Für die Besichtigung sollten etwa anderthalb Stunden eingeplant werden. (► S. 8)

Landschaftskunst in einer Lavaröhre

Entstehung

Die vor etwa 3000 Jahren vom Monte Corona ausgeworfenen Lavamassen erkalteten an der Oberfläche relativ schnell. Doch darunter strömte flüssige Lava weiterhin dem Meer entgegen. Als die Vulkantätigkeit schließlich zum Erliegen kam, blieben Röhren zurück, deren

Einen Pool wie im Jameos del Agua hätte man am liebsten selbst zuhause.

Decken stellenweise einbrachen. Diese Einbrüche werden **»jameos«** genannt. Bevor César Manrique Ende der 1960er-Jahre im Auftrag der Inselregierung mit der touristischen Erschließung begann, wurden die offen liegenden Lavaröhren mehr oder weniger als Schuttabladeplatz genutzt. Unter Mitarbeit der Künstlerfreunde Jesús Soto und Luís Morales machte Manrique daraus einen Erlebnisraum mit Museum, Restaurant und kleinem Pool.

Blinde Albinokrebse auf der Roten Liste

Höhle

Der überdachte Teil der Jameos del Agua, die eigentliche »Höhle«, ist 60 m lang, 20 m breit und 20 m hoch. Eine Besonderheit des Grottensystems – und gleichzeitig namensgebend – ist ein Wasserbecken, das sich in dieser Höhle gebildet hat. Es liegt unterhalb des Meeresspiegels und ist mit Salzwasser gefüllt, welches das poröse Gesteinsmaterial durchdringen kann. Angeblich ist sogar ein leichter Tidenhub zu bemerken.

In dem Salzwasser lebt eine blinde, weiße Krebsart, die sich von Algen ernährt und die normalerweise nur in einer Meerestiefe von rund 3000 m zu finden ist. Ihr Vorkommen in diesem Gewässer kann man sich nicht eindeutig erklären. Die winzigen Krebse (Munidopsis polymorpha) kommen **ausschließlich auf Lanzarote** vor. Gefährdet werden sie durch von Touristen in das Wasserbecken geworfene

Münzen – durch die Korrosion des Metalls wurde der Bestand dieser nur fingernagelgroßen Gliederfüßer bereits erheblich reduziert, sie drohen auszusterben.
In der Höhlendecke gibt es ein fast rundes Loch, das wahrscheinlich durch den Druck entstanden ist, der von verdampfendem Seewasser während des Vulkanausbruchs ausgeübt wurde. Man nimmt es vor allem mittags wahr, wenn Sonnenstrahlen senkrecht durch das Loch ins Wasser scheinen.

Grandiose Akustik

Jameo Grande

An die Höhle mit dem Wasserbecken schließt sich ein nach oben offener Teil an, der Jameo Grande, den Manrique zu einem flachen Pool umfunktioniert hat. Überall sind zwischen üppig wachsenden Pflanzen Bänke und Sitzgruppen aufgestellt, Palmen, Feigenbäume oder Hibiskusbüsche sorgen für den nötigen Schatten. Direkt hinter dem flachen Pool befinden sich die beiden Eingänge zu dem berühmten **Auditorium,** ebenfalls eine natürliche Grotte, die über eine hervorragende Akustik verfügt. Manrique hat sie als Veranstaltungsraum für rund 600 Besucher konzipiert. In dem unterirdischen Saal werden regelmäßig Konzerte veranstaltet.

Vulkanische Phänomene

Casa de los Volcanes

Oberhalb des Lavatunnels hat Manrique die Casa de los Volcanes bauen lassen und darin eine »touristische, pädagogische und wissenschaftliche Station« mit Informationsräumen sowie einem Vortragssaal einrichten lassen. Es werden Erläuterungen zum Vulkanismus im Allgemeinen und auf den Kanarischen Inseln im Speziellen gegeben. Auch mit einem Kunstwerk ist César Manrique hier vertreten: dem Wandrelief **»Naufragio Feliz«** (»Der glückliche Schiffbruch«). Es ist aus Teilen eines vermoderten Fischerbootes wiederum zu einer Bootsform zusammengefügt. Abends gibt es oft Folkloredarbietungen, man kann ein gepflegtes Abendessen genießen und hat auch Gelegenheit zu tanzen.

COSTA TEGUISE

Höhe: Meereshöhe | **Einwohnerzahl:** 7 629

Costa Teguise ist eine Ferienstadt aus der Retorte. Rund um die feinsandige Playa de las Cucharas und einige kleinere künstlich angelegte Nachbarbuchten erwartet den Gast eine nahezu perfekte touristische Infrastruktur: Hier kann man surfen, tauchen, golfen oder einfach nur dem süßen Nichtstun nachgehen.

Wo hatte dieser César Manrique eigentlich nicht seine Finger im Spiel? Seine Ideen bildeten vor 50 Jahren den Startschuss für den Bau der Ferienstadt. Zu jener Zeit gab es an dem Küstenstrich nur wenige Kilometer nördlich von der Hauptstadt Arrecife kein einziges Haus. Manriques Idee war es, mit Costa Teguise einen **exklusiven Ort** für einige wenige, dafür gut betuchte Gäste, zu schaffen. Heute regiert im drittgrößten Badeort von Lanzarote allerdings vielerorts Masse statt Klasse.

Ferienstadt vom Reißbrett

Zahlreiche Restaurants und Cafés sowie kleinere Einkaufszentren und Sportangebote zu Lande und zu Wasser findet der Feriengast hier – alles im unmittelbaren Umfeld des von großen Hotels und Apartmenthäusern geprägten weitläufigen Badeorts. Trotz der Dichte an Ausgehmöglichkeiten geht es verglichen mit dem erheblich lebhafteren Puerto del Carmen in den Straßen relativ ruhig zu. **Golfer** schätzen den 18-Loch-Parcours etwas oberhalb der Urbanisation. Mit seinen Greens und hoch gewachsenen Palmen nimmt er sich wie eine Oase in der umliegenden Vulkanlandschaft aus, bewässert wird übrigens ökologisch korrekt mit geklärtem Brauchwasser.

Wohin in Costa Teguise?

Mondän und luxuriös

Meliá Salinas

Auf dem Gelände einer aufgelassenen Saline eröffnete 1977 das erste Luxushotel der Insel. Es ist heute im Besitz der spanischen **Meliá-Gruppe,** die weltweit mehr als 300 Häuser der gehobenen Kategorie betreibt. Gebaut wurde der im Stil der 1970er-Jahre gehaltene fünfgeschossige Komplex von dem Madrider Architekten Fernando Higueras (1930–2008). International bekannt wurde Higueras 1963 durch den von ihm gestalteten Spanischen Pavillon auf der New Yorker Weltausstellung. César Manriques Beitrag am Salinas-Hotel sind die üppig begrünten Innenhöfe sowie die sehenswerte Pool-Landschaft. Das Nobelhotel ist normalerweise nicht von Innen zu besichtigen, bei Interesse sollten Sie sich an der Rezeption anmelden.

Treff zum Dinner

Pueblo Marinero

Der nach Plänen von Manrique zwischen 1979 und 1982 entstandene Pueblo Marinero ist die eigentliche Keimzelle der Ferienstadt, wenn man so will, bildet er heute das **Zentrum** von Costa Teguise. Man betritt den einem kanarischen Dorf nachempfundenen Komplex durch einen großen Torbogen, hinter dem sich ein schön angelegter Dorfplatz öffnet. Seine Mitte schmückt ein achteckiger Musikpavillon. Mit etlichen Restaurants und Geschäften ist auf der Plaza vor allem abends immer viel los, an zwei Abenden in der Woche wird der Platz zudem durch einen Markt (► S. 63) belebt. Die umliegenden Häuser, alle strahlend weiß getüncht, zieren grün angestrichene

Holzbalkone und weiße Kamintürmchen in verschiedenen Formen. Auch wenn mittlerweile so manches in die Jahre gekommen ist, hat dies der Beliebtheit des Pueblo kaum geschadet, die Lokale sind meist bis auf den letzten Platz besetzt.

Königlicher Komfort

La Mareta

Am westlichen Ortsende Richtung Arrecife steht direkt am Meer der **Palast** La Mareta, der bis Anfang der 1980er-Jahre einer wohlhabenden lanzarotenischen Familie gehörte. 1981 erwarb ihn **König Hussein von Jordanien** und ließ ihn von **César Manrique** umbauen. Geschickt in die unwirtliche Umgebung integriert, sind dem Komplex von außen seine Ausmaße nicht anzumerken: Neben dem Haupthaus gibt es mehrere Bungalows, Swimmingpools, Sportanlagen, einen Hubschrauberlandeplatz und einen eigenen kleinen Hafen. Modernste Sicherheitsvorkehrungen schützen die Bewohner. 1989 ging La Mareta als Geschenk an den spanischen König Juan Carlos, der den Palast dem spanischen Staat übergab. Seitdem wird er hin und wieder von Staatsgästen bewohnt – unter ihnen waren Helmut Kohl und Michail Gorbatschow. König Hussein von Jordanien blieb bis zu seinem Tod 1999 ein Liebhaber der Insel.

Von Familienstrand bis Surfspot

Badestrände

Der Hauptstrand von Costa Teguise ist die **Playa de las Cucharas,** eine weit geschwungene Bucht mit einem etwa 700 m langen, feinen Sandstrand nördlich der ins Meer ragenden Punta de Tope. Angesichts der meist frischen Brise kommen hier auch Windsurfer auf ihre Kosten, Surfstationen gibt es vor Ort. Badegäste bevorzugen den durch eine Mole geschützten westlichen Strandabschnitt. Sozusagen als das Wahrzeichen von Costa Teguise macht dort seit 1987 die rostige Installation »Los Juguetes de Erjos« des aus Teneriffa stammenden Bildhauers José Abad auf sich aufmerksam. Der Strand wird von einer schönen Promenade mit jungen Dattelpalmen eingefasst. Nördlich vom Cucharas-Strand schließt sich die kleine **Playa de los Charcos** an. Sie wurde künstlich angelegt, zwei Molen halten hier die Brandung außen vor. Für auswärtige Gäste hat der fast kreisrunde Strand den Vorteil, dass es dort einen großen Parkplatz gibt. Südlich der Playa de las Cucharas liegt sehr zentral die **Playa del Jablillo,** dunkle Basaltfelsen kontrastieren hier mit dem hellen Sand. Gäste des angrenzenden Großhotels Grand Teguise Playa haben die halbkreisförmige Badebucht praktisch vor der Haustür. Bei Niedrigwasser gleicht die Bucht fast einem großen Pool, in dem man noch stehen kann. Eine Promenade verbindet mit der **Playa Bastián** ein Stück weiter südwestlich, einem beliebten kleinen Familienstrand. In Sichtweite der Hafenanlagen und Meerwasserentsalzungsanlage von Arrecife liegt schließlich mit der **Playa del Ancla** eine weitere kleine Badebucht.

COSTA TEGUISE ERLEBEN

OFICINA DE TURISMO
Av. Islas Canarias s/n
(beim Pueblo Marinero)
Tel. 928 59 25 42
www.turismoteguise.com

PASEO ARTESANAL
Mittwochs wird von 18 bis 22 Uhr im Pueblo Marinero ein Kunsthandwerksmarkt abgehalten, angeboten werden u. a. Modeschmuck, handgemachte Seifen und Lederartikel.

❶ EL PATIO €€-€€€
In dem italienischen Steakhaus müssen Sie abends früh dran sein, um einen der schönen Außentische zu bekommen, am besten man reserviert einen Tag vorher. Außer Steaks und Lammkoteletts vom Grill gibt es, wie könnte es für ein italienisches Lokal anders sein, natürlich auch Pasta und Pizza.
Plaza Pueblo Marinero
Tel. 928 5911 02
www.patiolanzarote.com

❷ VILLA TOLEDO €€€
In dem schicken Lokal nahe der Playa Bastián zahlt man für die geniale Lage gerne einen kleinen Aufpreis. Wer nicht auf Fisch aus ist, kann eine der guten Kalbfleischspezialitäten wählen. Vegetarische Gäste hingegen werden mit einem iberischen Pilzrisotto bestens bedient. Im Eingangsbereich sehr interessant ist ein historisches Schwarzweißfoto von 1963, als das Lokal an der damals noch nicht erschlossenen Küste eröffnet wurde und als es weder eine Promenade noch Apartmenthäuser gab.
Avenida Los Cocederos s/n
Tel. 928 59 06 26

❸ LA TABLA €€
Das etwas versteckt gelegene Lokal im Einkaufszentrum oberhalb der Playa de las Cucharas ist eine gute Adresse für einen gemischten Tapas-Teller, man kann diesen aus einer großen Auswahl an Zutaten selbst zusammenstellen. So wird jeder Teller individuell.
Centro Comercial Las Maretas
Tel. 689 44 69 35

❶ MELIÁ SALINAS €€€€
1977 eröffnet ist das Meliá Salinas der »Klassiker« unter Lanzarotes Luxushotels, das seither viele prominente Politiker, Popstars und arabische Ölscheich als Gäste willkommen geheißen hat. Die für Lanzarote opulente Gartenanlage, verspielte Pools und die pompöse Eingangshalle tragen unverkennbar die Handschrift César Manriques. Schmuckstück sind die etwas später dazu gekommenen exklusiven Gartenvillas – jede davon ist mit einem Privatpool ausgestattet. Nur für Erwachsene.
Avenida Islas Canarias s/n
Tel. 928 59 00 40
www.melia.com

❷ BARCEÓ TEGUISE BEACH €€€-€€€€
Das jüngst modernisierte Resort punktet durch die strandnahe Lage an der Playa de las Cucharas (ca. 150 m entfernt). Etliche Zimmer haben Meerblick, manche einen privaten Whirlpool auf dem Balkon. Wie in

🏠 ❶ Meliá Salinas
❷ Barceló Teguise Beach
❸ Nazaret

🍴 ❶ El Patio
❷ Villa Toledo
❸ La Tabla

den meisten Unterkünften in Costa Teguise kommen die Gäste überwiegend aus England. Die Unterkunft ist nur für Erwachsene.
Paseo Marítimo s/n
Tel. 928 59 05 51
www.barcelo.com

❸ NAZARET APARTMENTS
€€-€€€

Eine relativ günstige familiäre und damit kinderfreundliche Anlage mitten in Costa Teguise – und dadurch allerdings auch nicht ganz ruhig. Die Apartments, wahlweise mit einem oder zwei Schlafzimmern, gruppieren sich um zwei kleine Schwimm- und ein Kinderbecken. Zur Playa de las Cucharas, dem Strandvergnügen am Meer, sind es etwa 250 m.
Avenida Islas Canarias 1
Tel. 928 59 08 68
www.nazarethotels.com

Leben unter Wasser

Acuario de Lanzarote

An weniger sonnigen Tagen ist das im Centro Comercial El Trebol untergebrachte **Aquarium** im Osten von Costa Teguise eine Alternative zum Strand. Dort schwimmen in mehr als 30 Wasserbecken hunderte von Meeresbewohnern, neben tropischen Fischen auch viele aus den kanarischen Gewässern. Zudem sind einige Exemplare der Echten Karettschildkröte zu sehen und in einem Unterwassertunnel kommt man Haien ganz nahe.

Avenida las Acacias | tgl. 10–18 Uhr | Eintritt: Erwachsene 15 €, Kinder bis 12 Jahre 10 € | www.aquariumlanzarote.com

Unberührter Küstenstrich für Aktive

Wanderung nach Los Cocoteros

Wollen Sie wissen, wie die Küste von Costa Teguise vor der touristischen Erschließung ausgesehen hat, brauchen Sie lediglich vom nördlichen Ortsrand dem **Küstenpfad** zu folgen. Bester Ausgangspunkt ist der Parkplatz an der Playa de los Charcos. Vom nördlichen Ende der Strandpromenade wandern Sie immer auf einem nahe am Meer entlang führenden Schotterweg bzw. Pfad, je nach Gusto bis zu den Salinen von Los Cocoteros. Für die einfache Strecke sollten gut 2,5 Std. eingeplant werden.

★ EL GOLFO

Höhe: Meereshöhe | **Einwohnerzahl:** 172

Der Steinstrand in El Golfo macht nicht allzu viel her, doch deswegen kommt auch kaum jemand in den kleinen Ort. Vielmehr zieht ein bizarrer Halbkrater mit einer giftgrünen Lagune zahlreiche Ausflügler an. Zweifelsohne eines der landschaftlichen Highlights – wann mag man dafür wohl Eintritt bezahlen müssen?

El Golfo hat sich zudem durch ein gutes Dutzend Fischlokale einen Namen gemacht. Hier können Sie nach einem erlebnisreichen Tag unmittelbar am Wasser den **Sonnenuntergang** genießen. Die Gastromeile hat sich allerdings herumgesprochen, viel los ist vor allem am Wochenende.

Fisch-Location am Meer

Viele Wege führ'n nach ...

Anfahrt

Egal, ob Sie von Yaiza auf der LZ-704 oder von Las Hoyas über Los Hervidos auf der LZ-703 anfahren (eine öffentliche Busverbindung gibt es nicht), beide Straßen enden im Dorf El Golfo. Der Ort scheint an der

Uferfront fast nur aus Fischlokalen zu bestehen, darüber hinaus bauten sich die Einheimischen ein paar Ferienhäuser und teils recht schmucke Villen in das bis ans Meer heranreichende Lavafeld. Während der ganzen Woche herrscht im Ort ein ständiges Kommen und Gehen, um die Mittagszeit ist El Golfo auch das Ziel etlicher Rundfahrtbusse.

Am Küstenstrich rund um El Golfo kommt **Olivin** vor, ein auch unter dem Namen Peridot bekannter Halbedelstein. Mit etwas Glück können Sie im Vulkangestein einige dieser grün schimmernden Einsprengsel ausmachen, das Mitnehmen ist jedoch strengstens verboten. In Souvenirgeschäften vielerorts angebotener Olivinschmuck stammt in der Regel nicht von der Insel.

EL GOLFO ERLEBEN

BAZAR MARÍA

Der winzige Souvenirladen an der Dorfstraße offeriert schönen Lava- und Olivinschmuck.
Avenida Marítima 16

COSTA AZUL €€€

Von der Lage her ist das Lokal gleich am Ortseingang fast unschlagbar. In weiß-blauem Dekor sitzen Sie auf einer überdachten Terrasse in der ersten Reihe direkt am Meer. Das benachbarte Bogavante wartet mit ähnlich schöner Terrasse und Stühlen im Sand auf.
Avenida Marítima 8
Tel. 928 17 31 99

CASA RAFA €-€€

Leckere Fischküche und guten Service mehr als wettgemacht. Immer eine gute Wahl ist der Fisch des Tages, den am besten einer der passablen offenen Weißweine begleitet. Und von der etwas erhöht gelegenen Terrasse ist der Sonnenuntergang nun so schlecht auch nicht.
Avenida Marítima s/n
Tel. 625 10 43 30

CASA TORANO €€

Die Terrasse des Lokals ist direkt auf den Steinstrand gesetzt. Große weiße Sonnensegel spenden Schatten, junge Norfolktannen sorgen für etwas Grün. Zu den Spezialitäten gehören im Ofen gegarter Fisch und die Paella mit Meeresfrüchten; Fleischgerichte sind hier eher zweite Wahl.
Avenida Marítima 24
Tel. 928 17 30 58
www.restaurantecasatorano.com

EL HOTELITO DEL GOLFO €

»Hotelchen« nennt sich die kleine Bed & Breakfast-Pension am Ortseingang von El Golfo bescheiden. Tatsächlich gibt es nur fünf Doppelzimmer, manche davon mit Balkon oder Terrasse, manche ohne. Großer Luxus darf hier nicht erwartet werden, die Zimmer sind einfach, doch ansprechend möbliert. Das Haus ist die einzige Unterkunftsmöglichkeit in dem für seine Fischlokale bekannten Ort. Es steht zwar etwas versetzt zur Straße, dennoch bleibt man tagsüber vom regen Ausflugsverkehr nicht ganz unberührt.
Avenida Marítima 6
Tel. 928 17 32 72
www.hotelitodelgolfo.com

Rund um El Golfo

Imposanter Halbkrater am Meer

Charco de los Clicos

Südlich des Fischerdorfes El Golfo liegt direkt an der Küste der gleichnamige Krater, in dessen Innerem sich ein tiefer See (Charco de los Clicos) gebildet hat. Dabei handelt es sich um **eines der einmaligen Naturphänomene** auf Lanzarote, die im Rahmen der Vulkanausbrüche im 18. Jh. entstanden sind. Man erreicht Krater und Lagune von einem großen Parkplatz am Ortsanfang von El Golfo. Ein gut ausgetretener Weg führt zunächst zu einem Aussichtspunkt mit tollem Fotoblick hinauf und dann zur Lagune hinab. Eine Absperrung verhindert allerdings, dass Sie ganz nah ans Wasser gelangen, Baden ist in dem als Naturreservat ausgewiesenen Areal ohnehin nicht gestattet.

Der **Vulkankrater** El Golfo wurde im Lauf der Zeit an seiner dem Atlantik zugewandten Seite durch Meeresbrandung und Erosion abgetragen. Die Ostseite zum Inselinnern hin blieb dagegen in ihrer vollen Höhe stehen. Auf diese Weise entstand der nun sichelförmige Krater, in dessen Innern sich der Charco de los Clicos gebildet hat. Der Name des Kratersees leitet sich von kleinen Weichtieren ab, die früher hier vorkamen und volkstümlich als »clicos« bezeichnet wurden. Die intensive grüne Farbe des Gewässers rührt von einer Algenart her. Durch ein ständiges Auffüllen mit Meerwasser und durch

Die Wanderung zum Charco de los Clicos führt über einen gut gesicherten Weg.

starke Verdunstung weist der See einen extrem hohen Salzgehalt auf. Er soll höher sein als der des Toten Meeres. In den letzten zwanzig Jahren hat sich der Charco de los Clicos allerdings um mehr als die Hälfte seiner früheren Ausmaße verkleinert, was darauf zurückgeführt wird, dass durch die Flut immer mehr Gestein in den See geschoben wird. Früher dienten Reste des Kraters, die heute versunken sind, als natürliche Barriere. Direkt unten am Ufer des kleinen Sees macht sich eine akustische Besonderheit bemerkbar. Das Geräusch der Brandung wird an den hohen Kraterwänden reflektiert und erzeugt den Eindruck, als würden sich die Wellen wesentlich weiter oben an den Wänden brechen.

Wandern an der Lavaküste

Playa del Paso

Am letzten Lokal an der Dorfstraße von El Golfo, dem Restaurant El Caletón, beginnt ein ruppiger Wanderpfad, auf dem Sie immer an der bizarren Lavaküste entlang bis zur Playa del Paso am Südrand des ▶ **Nationalparks Timanfaya** wandern können. Baden ist dort zwar verboten, doch dafür entschädigt die schroffe Lavalandschaft. Für den Küstenausflug über scharfkantige Lava sollten Sie gutes Schuhwerk tragen.

FEMÉS

Höhe: 350 m ü. d. M. | **Einwohnerzahl:** 243

Gäbe es in diesem Bergdorf nicht ein paar Ausflugslokale, könnte man denken, es sei aus der Zeit gefallen. Weiße Häuserkuben ducken sich an den Fuß eines gut 600 m hohen Gipfels, allein schon die strahlend weiß getünchte Kapelle mit dem aussichtsreichen Kirchplatz davor lohnt den Abstecher.

Eine literarische Hommage an den Ort setzte der aus Teneriffa stammende Schriftsteller Rafael Arozarena mit seinem auch ins Deutsche übersetzten Roman »Mararía«. Femés ist Schauplatz einer tragischen Geschichte um eine von den Männern begehrte Dorfschönheit. Die Schilderung spielt im Lanzarote der 1940er-Jahre und vermittelt einen Eindruck, wie sich lange vor der Ära des Tourismus der **Lebensrhythmus** in dem damals wie heute abgeschiedenen Bergdorf gestaltete. Femés liegt ausgesprochen reizvoll am Südrand von einem lang gezogenen Hochtal auf 360 m Höhe. Zwei stattliche **Bergzüge** rahmen das breite Tal ein. Für die wenigen Einwohner spielt die Landwirtschaft seit jeher eine wichtige Rolle, angebaut werden vornehmlich Zwiebeln, Haupteinkommensquelle ist die Ziegenhaltung.

Wohin in Femés?

Devotionalien für den heiligen Marcial

Ermita de San Marcial

Die 1733 geweihte hübsche Dorfkirche liegt sehr reizvoll am Rande des bescheidenen Dorfplatzes. Schon im 15. Jh. gab es einen Vorgängerbau, in dem der heilige Marcial verehrt wurde. Diese Kirche stand in **Rubicón,** einem heute nicht mehr existierenden Ort – lediglich die Landschaftsbezeichnung El Rubicón erinnert noch daran. In Rubicón ließen sich im 15. Jh. die ersten Normannen nieder. Zusammen mit einer Verteidigungsanlage bauten sie hier Lanzarotes erste christliche Kapelle. Rubicón wurde mit dem Kastell und der Ermita de San Marcial bereits 1404 per päpstlicher Bulle zum **ersten Bischofssitz der Kanarischen Inseln** erklärt. Nach der Eroberung von Gran Canaria verlegte man den Bischofssitz 1485 nach Las Palmas. Die Kapelle wurde im 16. Jh. mehrfach Opfer von Piratenangriffen und verfiel

ROTES LEUCHTEN

Zur blauen Stunde beginnen in der Ferne die Dünen von Fuerteventura zu leuchten, während die Dorfkirche nebenan von der Abendsonne in ein kräftiges Rot getaucht wird. Vom »Balkon von Femés« lässt sich der Sonnenuntergang über Lanzarotes unwirklicher Vulkanlandschaft genießen. Praktischerweise halten vor Ort zwei Ausflugslokale die passenden Sundowner bereit.

FEMÉS ERLEBEN

QUESERÍA RUBICÓN

Der Käseladen etwas oberhalb vom zentralen Verkehrskreisel bietet guten lokalen Ziegenkäse an. Es gibt ihn mit Gofio, Paprika oder Oregano verfeinert, wahlweise lose oder in Vakuumfolie verpackt. Die Käserei stellt auch Ziegenjoghurt her.

BALCÓN DE FEMÉS €€

Der Name wird dem Lokal voll gerecht – vom verglasten Gastraum haben Sie bei authentischer Landküche einen fulminanten Ausblick über die Ebene von El Rubicón.
Plaza de San Marcial
Di. Ruhetag
Tel. 928 11 36 18

EL MIRADOR €-€€

Von der Terrasse des Mirador, es liegt neben dem Balcón de Femés, sind ebenfalls weite Aussichten garantiert. Das Lokal ist mehr Cafeteria als Restaurant mit einer kleinen Auswahl kanarischer Gerichte.
Plaza de San Marcial
So. Ruhetag
Tel. 686 77 98 72

CASA EMILIANO €€

Dieses Restaurant liegt ein paar Schritte vom Hauptplatz entfernt in einer Kurve an der Straße nach Las Breñas. Von der überdachten Terrasse schauen Sie über einen hübschen kleinen Garten auf die Rubicón-Ebene hinab. Hier kann man mariniertes Kaninchen oder Zickleinfleisch probieren.
Plaza de San Marcial
Mo. Ruhetag
Tel. 928 83 02 23

LA CASONA DE LA CALDERA €€€

Die kanarische Finca liegt am Rande des Weilers Las Casitas im romantisch von Bergzügen gerahmten Tal von Femés. Zu dem restaurierten Haus mit vier ausgesprochen gemütlich ausstaffierten Apartments gehören ein begrünter Außenbereich und ein kleiner Pool. Zum Einkaufen und für Strandausflüge (in 15 Minuten ist man in Playa Blanca oder Puerto del Carmen) benötigen Sie einen Mietwagen.
Calle de la Breña 2 (Las Casitas)
Tel. 928 83 03 92
www.lacasacaldera.com

schließlich vollkommen. 1630 wurde sie entweiht. Im 18. Jh. baute man die Ermita de San Marcial in Femés, das Bildnis des heiligen Marcial in seiner heutigen Form wurde ebenfalls in dieser Zeit hergestellt.

San Marcial ist der **Schutzpatron von Lanzarote,** und ganz besonders ist er für die Fischer zuständig. An den Seitenwänden und an der Empore im Kircheninnern sind deshalb Schiffsmodelle aufgehängt. Und gleich neben dem Eingang werden San Marcial auf einem Tischchen Segelboote sowie Wachsarme und -beine als Devotionalien dargeboten. Jedes Jahr am 7. Juli feiert man den Inselheiligen hier oben in den Bergen. Dann wird rund um den Dorfplatz des sonst so ruhigen Femés eine Ansammlung von Buden aufgebaut, und die Umgebung verwandelt sich in einen großen Parkplatz. Am Abend wird in der Ermita eine Messe abgehalten, anschließend das Bildnis des Heiligen in einer Prozession durch das Dorf getragen, und danach gibt es bis weit in die Nacht ein Fest mit Folkloremusik und -tanz.

Dorfplatz mit Aussicht

Balkon von Femés

Mindestens genauso reizvoll wie die Kapelle selbst ist der aussichtsreiche Kirchplatz davor. Inoffiziell wird der Platz **»Balcón de Femés«** genannt. Und von der mit Zinnen besetzten Brüstung genießt man tatsächlich wie von einem Balkon die Aussicht auf die Ebene von El Rubicón und die Ferienstadt Playa Blanca.

Ausguck unter Antennen

Atalaya de Femés

Überragt wird das Bergdorf vom Gipfel der Atalaya de Femés (608 m). Eine staubige Erdstraße, die bei vorsichtiger Fahrweise auch im normalen Pkw befahrbar ist, führt auf die Bergspitze hinauf. Angesichts der Sendemasten wird sich dort kein heimeliges Gipfelglück einstellen, doch zusätzlich zu dem bereits vom Balkon von Femés bekannten Ausblick in den Inselsüden erweitert sich das **Panorama** auf die Feuerberge im Norden.

★★ FUERTEVENTURA

Inselfläche: 1 660 km² | **Bewohnerzahl:** 109 596 | **Hauptort:** Puerto del Rosario

Warum nicht einen Tagesausflug nach Fuerteventura unternehmen? Die Nachbarinsel ist von Lanzarote aus mit der Fähre bereits in einer halben Stunde erreichbar. An der Nordküste sollten Sie unbedingt die grandiose Dünenlandschaft besuchen, im Landesinneren ist die alte Hauptstadt Betancuria ein guter Anlaufpunkt.

Fuerteventura gilt dank ausgedehnter Strandreviere als die kanarische Badeinsel schlechthin, hat darüber hinaus allerdings auch interessante Ausflugsziele im Landesinneren zu bieten. Im dünn besiedelten und vom Tourismus nur wenig frequentierten Bergland fasziniert eine kaum berührte, karge Landschaft. Eine **»Oase in der Zivilisation«** nannte der spanische Philosoph Miguel Unamuno die Insel, der Fuerteventura in den 1920er-Jahren während seines unfreiwilligen

OCÉANO ATLÁNTICO
★Lobos
★Corralejo
El Cotillo
FV2
★La Oliva
★★Tefía
Puerto del Rosario
★★Betancuria
FV2
Antigua
Ajuy
Vega de Río de las Palmas
Caleta de Fuste
★Pájara
Tuineje
Las Playitas
FV2
Gran Tarajal
Tarajalejo
★La Lajita
Costa Calma
★Playa de Cofete
★★Playas de Sotavento
FV2
Morro Jable
★Punta de Jandía
15 km
©BAEDEKER

Aufenthalts (er wurde dorthin verbannt) kennen und lieben lernte. Die durch eine Meerenge von Lanzarote getrennte große Nachbarinsel ist eigentlich eine eigene Reise wert. Doch schon im Rahmen eines Tagesausfluges können einige Attraktionen besichtigt werden – die Fährverbindungen zwischen Playa Blanca (Südlanzarote) und Corralejo (Nordfuerteventura) bieten sich hierfür an. Am bequemsten ist dann eine Rundfahrt im Mietwagen (erkundigen Sie sich vorab, ob der Fahrzeugvermieter in Lanzarote die Überfahrt gestattet; ansonsten gibt es im Hafen von Corralejo mehrere Autovermietungen). Beachtet werden sollten die nicht unbeträchtlichen Entfernungen: So dauert die etwa 120 km lange Strecke vom Norden auf die Halbinsel Jandía ca. zwei Fahrstunden, was eigentlich nur lohnt, wenn zumindest einmal übernachtet wird.

Halbwüste und Dünenstrände

Landesnatur

Fuerteventura (107 000 Einw.) ist genauso wie Lanzarote eine Vulkaninsel, doch die letzte vulkanische Aktivität liegt hier bereits ungefähr 10 000 Jahre zurück. Die Insel hat dennoch viel mit der Feuerinsel gemeinsam und noch stärker als diese präsentiert sie sich ausgesprochen trocken, ja fast schon halbwüstenartig. Auf manche Besucher macht die **vegetationsarme Landschaft** einen betont abweisenden Eindruck, andere wiederum sind von den von braun bis ocker dominierten, sanft gerundeten Bergrücken begeistert. Der Hauptgrund, warum die meisten Gäste die immer beliebter werdende Ferieninsel besuchen, sind **kilometerlange, helle Sandstrände,** wie man sie ansonsten nirgendwo auf den Kanaren findet. An der Nordküste und auf der Halbinsel Jandía werden diese von einer imposanten Dünenlandschaft gesäumt. Im Landesinneren erheben sich bis zu 800 m hohe unbewaldete Bergzüge, dazwischen machen sich vereinzelt Täler mit kleinen Palmenhainen breit.

Von Corralejo durch das zentrale Bergland

Über die Insel

Rundfahrt

Fuerteventura hat weitaus mehr als nur Sonne und Strand zu bieten, gleichzeitig wird die **geografische Ausdehnung** oft unterschätzt. Für einen eintägigen Ausflug ist das folgende Rundfahrtprogramm entsprechend ambitioniert – doch lassen sich je nach persönlichem Geschmack einzelne Etappen problemlos überspringen.

Zwei Feriendomizile im Norden

Corralejo, El Cotillo

Nach Ankunft der Fähre bietet sich vom **Hafen von Corralejo** aus zunächst ein kurzer Spaziergang auf der autofreien Uferpromenade an. Den Mittelpunkt des zweitgrößten Touristenzentrums auf Fuerteventura bildet eine kleine Plaza, um die sich Cafés und Restaurants gruppieren. Viel kleiner als Corralejo und einen Abstecher wert ist das ehemalige **Fischerdorf El Cotillo** an der Nordwestküste. In den wenigen Hotels und Apartmenthäuser verbringen vornehmlich Individualreisende ihre Ferien. Die meist starke Brandung macht den Ort vor allem für Wellenreiter interessant. Sehr beschaulich wirkt der kleine Hafen, an dem immer gut besuchte Restaurants zum Mittagessen einladen. Einen guten Überblick über die Küste gewähren der Wachtturm Castillo El Tostón am südlichen Ortsrand und der besteigbare Leuchtturm Faro del Tostón in der nordwestlichsten Inselecke.

Alter Militärposten und zeitweilige Hauptstadt

La Oliva

La Oliva südlich von Corralejo war im 19. Jh. kurzzeitig Inselhauptstadt. Als Sitz der Militärgouverneure diente die **Casa de los Coroneles** (»Haus der Obristen«) am östlichen Ortsrand. Heute informiert in dem wehrhaft gebauten, großen Herrenhaus eine Dauerausstellung über die Inselgeschichte. Verhältnismäßig groß geraten ist auch die dreischiffige Pfarrkirche des Ortes, die Iglesia Nuestra Señora de Candelaria, aus dem 18. Jahrhundert. Moderne kanarische Kunst stellt die **Casa Mané** (Centro de Arte Canario) aus, in der **Casa de la Cilla** erzählt ein kleines Getreidemuseum von den schwierigen Anbaubedingungen auf der Insel.

Casa de los Coroneles: Calle los Coroneles 28 | Di.–Sa. 10–20 Uhr
Eintritt: 3 € | www.lacasadeloscoroneles.org

Casa Mané: Calle Salvador Manrique de Lara | Mo.–Sa. 10–17 Uhr
Eintritt: 4 €

Casa de la Cilla: Calle la Orilla 5 | Di. 10–15 und 16–18, Fr. 10–15, Sa. 10–14 Uhr | Eintritt: 1,50 € | www.lacilladelaoliva.org

Zeitreise in die Vergangenheit

Ecomuseo de la Alcogida

Bruchsteinhäuser mit Lehmdächern, davor traditionelle Backöfen und Zisternen und drum herum scharrende Hühner und weidende Schafe – das **Ökomuseum in Tefía** verspricht pures ländliches Idyll und macht mit der Zeit bekannt, als die Menschen auf der Insel noch ausschließlich von dem lebten, was der karge Boden hergab. Ein Besuch gestaltet sich fast wie eine Zeitreise in das vorletzte Jahrhundert. In dem Bauerndorf stellte man dafür einen Ortsteil komplett unter Denkmalschutz. Die Häuser wurden mit Hilfe der Universität von Las Palmas de Gran Canaria fachgerecht restauriert. Detailverliebt wird aufgezeigt, wie die kleine Dorfgemeinschaft früher fast autark lebte. Für den Rundgang durch das weitläufige Freilichtmuseum sollte mindestens eine Stunde eingeplant werden.

Das Museumsdorf liegt südlich von La Oliva am Ortsausgang von Tefía. Es besteht aus **acht inseltypischen Bauerngehöften** und einer Windmühle, die bezeugt, dass hier früher intensive Landwirtschaft betrieben wurde. Alle Häuschen sind komplett eingerichtet und ge-

ben so einen Einblick in das Landleben von früher. Nach dem Lösen einer Eintrittskarte an der Kasse bekommen Sie einen Lageplan ausgehändigt, mit dem auf eigene Faust die verstreut liegenden Häuser besichtigen werden können. Sie sind mit den Namen der Einwohner bezeichnet, die zuletzt hier wohnten. Man sieht wie und wo gekocht und geschlafen wurde, zugleich machen Werkstätten mit dem alten Handwerk auf der Insel bekannt. So gehört etwa zur Casa de los Herrera eine Schreinerei und in der Casa de los Cabrera kann meist einer Töpferin bei der Arbeit zugesehen werden.
Di.–Sa. 10–18 Uhr | Eintritt: 5 €

Koloniales Flair in der alten Hauptstadt

Betancuria

Ganz klar, jenseits vom Strand ist Betancuria Fuerteventuras beliebtestes Ausflugsziel. Vor allem um die Mittagszeit sind in der ehemaligen Inselhauptstadt die Parkplätze ziemlich knapp. Die Lage des Ortes in einem von Bergzügen gerahmten Hochtal könnte reizvoller nicht sein, in den Straßen konserviert sich das **Flair der kolonialen Epoche.** Betancuria wurde 1405 als eine der ersten Siedlungen auf den Kanarischen Inseln gegründet und nach dem Eroberer Jean de Béthencourt benannt. Mit kurzen Unterbrechungen war der Ort mehr als 400 Jahre die Hauptstadt von Fuerteventura. Von der einstigen Bedeutung künden noch die stolze Pfarrkirche und um den Kirchplatz herum schmuck herausgeputzte Adelspaläste.
Von Tefía kommend steigt die bald schmale und kurvige Bergstraße zunächst zum **Mirador Morro Velosa** an, von dem sich ein erster Blick in das Hochtal von Betancuria, aber auch ein weiter Rückblick in den Inselnorden und auf die Silhouette von Lanzarote ergibt. In Betancuria angekommen, liegt gleich links der Straße die imposante Ruine des Convento de San Buenaventura. Das Franziskanerkloster geht bis in die Zeit der Ortsgründung zurück. Nach der Säkularisierung (um 1836) verfiel es jedoch zunehmend, sodass nur noch die Grundmauern ohne Dach erhalten blieben. Ortsmittelpunkt von Betancuria ist die **Iglesia de Santa María.** In der ältesten Inselkirche, ebenfalls unter Béthencourt gegründet, lohnt ein Blick auf den barocken Hochalter und die mudéjare Holzdecke. Auch hat darin ein Museum mit sakraler Kunst Platz gefunden. Gegenüber der Kirche lädt die **Casa Santa María** zu einer Multivisionsschau ein und macht den Besucher mit Geschichte und Kultur der Insel bekannt. Zum Haus gehören auch ein hübsch ausstaffiertes Lokal und ein großes Souvenirgeschäft. Im neu gestalteten **Museo Arqueológico** werden Fundstücke aus der vorspanischen Epoche ausgestellt.
Iglesia de Santa María: Mo.–Sa. 10–12.30 und 13–15.50 Uhr
Eintritt: 1,50 €
Casa Santa María: Mo.–Sa. 10–15.30 Uhr | Eintritt: 6 € |
http://casasantamaria.net
Museo Arquéológico: Mo.–Sa. 10–18 Uhr | Eintritt: 2 €

FUERTEVENTURA ERLEBEN

Tagsüber pendeln fast stündlich Fähren der Lineas Fred. Olsen und der Gesellschaft Naviera Armas zwischen Playa Blanca (Lanzarote) und Corralejo (Fuerteventura). Der Preis für zwei Personen plus Auto beträgt zwischen 115 und 130 €.

OFICINA DE TURISMO

Puerto del Rosario
C. Almirante Lallermand 1
Tel. 928 53 08 44
https://visitfuerteventura.es

ARTESANÍA DE FUERTEVENTURA

Der Laden offeriert eine gute Auswahl an Kunsthandwerk von der Insel, etwa Keramik und aus Palmblättern geflochtene Körbe. Darüber hinaus werden Ziegenkäse (vakuumverpackt) und Olivenöl aus Fuerteventura angeboten.
Antigua (im Museo del Queso Majorero)
Di.–Sa. 10–18 Uhr

CAFÉ LATINO €-€€

Das Terrassencafé am Hafen von Corralejo ist nach der Ankunft mit der Fähre der ideale Platz für ein zweites Frühstück! Es liegt auf der Uferpromenade nur wenige Gehminuten vom Fähranleger entfernt und bietet eine große Auswahl an belegten Broten, Salaten und kleinen Gerichten.
Corralejo
Avenida Marítima 6
Tel. 606 44 17 25

LA VACA AZUL €€

Dieses Lokal im alten Hafen von El Cotillo ist kaum zu übersehen, denn ihr Namensgeber, die »blaue Kuh« macht ihr alle Ehre. Auf der wunderbaren Dachterrasse wird annehmbare Fischküche mit französischem Akzent geboten.
El Cotillo
Muelle Viejo
Tel. 928 53 86 85
www.vacaazul.es

BODEGÓN DON CARMELO €€

In der alten Hauptstadt Betancuria können Sie unter etlichen rustikalen Einkehrmöglichkeiten wählen. Etwas ab vom Trubel sitzt man im Don Carmelo unterhalb von der Pfarrkirche, empfehlenswert ist dort der gemischte Tapas-Teller.
Betancuria
Calle Alcalde Carmelo Silvera 4
Tel. 928 87 83 91

DON ANTONIO €€-€€€

Im Angesicht der hübschen Dorfkirche laden auf dem von Palmen bestandenen Kirchplatz ein paar Tischchen zu einer kleinen Pause ein, doch in dem stilvollen Landgasthof kann man auch richtig groß zu Mittag essen.
Vega de Río de las Palmas
Plaza Iglesia
Tel. 928 87 87 57

JAULA DE ORO €-€€

Im »Goldkäfig« können Sie an einem dunklen Lavastrand sitzen und es sich bei einer Portion schnörkellos zubereitetem Fisch gut gehen lassen. Sehr beliebt, meist ist die kleine Terrasse bis auf den letzten Tisch besetzt.
Ajuy
Avenida de los Barqueros s/n
Tel. 928 16 15 94

Fuerteventura hält ein riesiges Angebot an Hotels und anderen Unterkünften bereit. Viele Apartmenthäuser sind allerdings nicht auf Eine-Nacht-Gäste eingestellt, oft wird eine Mindestzeit von drei Nächten verlangt. In Corralejo empfiehlt sich das Hotel Riu Palace Tres Islas (www.riu.com), in Morro Jable das kleine Apartmenthaus Casablanca (www.apartamentos-casablanca.com). Ländliche Atmosphäre bietet in La Oliva das Hotel Rural Mahoh (www.mahoh.com).

Landkirche mit aztekischem Einschlag

Pájara

Von Betancuria erreichen Sie auf der weiterhin schmalen Bergstraße über den in einem Palmental gelegenen Ort Vega de Río de las Palmas (sehenswerte Dorfkirche und daneben ein guter Landgasthof) das kleine Landstädtchen Pájara am Fuß des Betancuria-Massivs. Das Verwaltungszentrum des Inselsüdens wartet mit der **Iglesia de Virgen de la Regla** auf – das Portal der 1687 geweihten Pfarrkirche weist interessante Verzierungen mit aztekischen Motiven auf. Sehr reizvoll ist von Pájara aus ein Abstecher nach **Ajuy** an die Westküste, in dem Fischlokale zur Einkehr laden und Sie einen kurzen Spaziergang zu den Meeresgrotten in der Caleta Negra unternehmen können.

Von Käse und Windmühlen

Antigua

Sofern Sie nur einen Ausflugstag zur Verfügung haben, empfiehlt es sich von Pájara aus den Rückweg zum Fährhafen in Corralejo anzutreten. Man fährt zunächst nach Tuineje und nimmt von dort über das **»Mühlendorf« Tiscamanita** die Landstraße (FV 20) nach Antigua. Kurz nach dem Ortsausgang lohnt ein kurzer Halt im Molino de Agua, einer hübsch restaurierten Windmühle, neben der das **Museo del Queso Majorero** (Käsemuseum) mit dem wichtigsten Agrarprodukt Fuerteventuras bekannt macht.

Museo del Queso Majorero: Di.–Sa. 10–18 Uhr | Eintritt: 2 €

Fast wie in der Sahara

Parque Natural de Corralejo

Krönender Abschluss der Rundfahrt ist kurz vor Corralejo eine **großartige Dünenlandschaft.** Die von Puerto del Rosario kommende Küstenstraße führt mitten durch das als Naturpark ausgewiesene Schutzgebiet. Beiderseits der Straße türmen sich haushohe Dünenkämme auf, die besonders am späten Nachmittag in ein reizvoll rötliches Licht getaucht werden.

Hafenpromenade und Kunst im öffentlichen Raum

Puerto del Rosario

Zwar dürfte die **Casa Museo Unamuno,** ein dem Philosophen Miguel Unamuno gewidmetes Museum, schon geschlossen haben. Doch falls Sie am Nachmittag noch etwas Zeit haben, können Sie in der Hauptstadt einen kurzen Spaziergang durch die Einkaufsstraße (Avenida Primero de Mayo) machen oder über die Hafenpromenade bummeln und dabei die eine oder andere Großplastik des im Rahmen eines Bildhauersymposiums entstandenen Skulpturenparks anschauen.

Casa Museo Unamuno: Calle Rosario 11 (gegenüber von der Pfarrkirche) | Mo.–Fr. 9–14 Uhr | Eintritt frei

Weitere Ziele auf Fuerteventura

Dorfidyll mit Megahotel in der Nachbarschaft

Las Playitas

Östlich von Gran Tarajal gehört das Fischerdorf Las Playitas zu den reizvollsten Ortschaften Fuerteventuras. Die **weißen Häuschen** stapeln sich in mehreren Zeilen den Hang hinauf und bilden einen reizvollen Kontrast zum dunklen Kieselstrand. In der Nähe des Dorfes entstand das größte Sporthotel der Insel.

Strände fast ohne Ende

Playas de Sotavento

Sie sind das Aushängeschild der Badeinsel: die goldgelben, kilometerlangen Sandstrände der Halbinsel Jandía. Klar, dass sich hier der Tourismus konzentriert, doch wird man selbst in der Hauptsaison immer Platz genug für das Badetuch oder einen ausgedehnten Strandspaziergang finden können. Die Ostküste der Halbinsel wird fast durchgängig von mehr als 20 km langen Sandstränden gesäumt, die vom Badeort Costa Calma bis nach Morro Jable reichen – womit auch die beiden beliebtesten Ferienorte im Süden Fuerteventuras beim Namen genannt wären.
Wind- und Kitesurfer sind vor allem an der **Playa Barca** in ihrem Element, wo der Schweizer René Egli eines der weltweit größten Surfzentren betreibt. Auch wer nur zum Zuschauen hier ist wird angesichts der akrobatischen Vorführungen auf dem Wasser auf seine Kosten kommen. Bei Niedrigwasser ist ein Spaziergang auf eine weit ins Meer hinein reichende Sandbank reizvoll. Südwestlich der Playa Barca schließen sich mit den Stränden von **Esquinzo** und **Butihondo** weitere Badereviere an, oberhalb davon haben sich der Robinson Club und andere Alles-inklusive-Resorts breit gemacht.

Elefanten, Lemuren und überraschend viel Grün

Oasis Park

Im **Tierpark** in Lajita am Zugang zur Halbinsel Jandía sind Elefanten, Giraffen, Zebras und rund 250 andere Arten zuhause. Mehrmals täglich gibt es Shows mit Greifvögeln und Seelöwen. Und augenscheinlich nicht nur für Kinder interessant: Auf dem Rücken eines Dromedars können Sie an einer Safari teilnehmen. Zu dem weitläufigen Komplex gehört zudem ein **Botanischer Garten,** in dem es neben subtropischen Ziergewächsen und Kakteen auch eine große Abteilung mit kanarischer Flora zu sehen gibt.

Oasis Park: La Lajita | tgl. 9–18 Uhr | Eintritt: Erwachsene 35 €, Kinder 20,50 € | Kamelsafari 12 € bzw. 8 € | https://oasiswildlifefuerteventura.com

OBEN: Im Oasis Park genießen nicht nur die Besucher die Sonne und das kühle Nass.

UNTEN: Surfen ist nicht nur Trendsport auf Furteventura, sondern kann auch unglaublich viel Spaß machen.

Geprägt von endlosen Sandstränden: die Playas de Sotavento

Von der Sonne verwöhnter Hafenort

Morro Jable

Der Hafenort im Inselsüden bildet zusammen mit Jandía Playa eines der beliebtesten Ferienzentren der Kanarischen Inseln. Im Unterschied zu den anderen in den letzten Jahrzehnten aus dem Boden gewachsenen Urlaubsorten gibt es hier zumindest noch einen kleinen alten Ortskern. Einladend ist die **Gastromeile** entlang der Uferpromenade.

Leuchtturm in der hintersten Inselecke

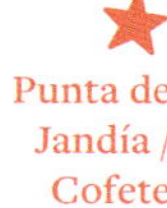

Punta de Jandía / Cofete

Kurz nach dem Hafen von Morro Jable endet die asphaltierte Straße. Es beginnt eine ruppige Erdstraße, auf der nach etwa 20 km kurz nach dem Weiler **Puerto de la Cruz** (auch El Puertito genannt) der Leuchtturm an der Punta de Jandía in der südwestlichsten Inselecke erreicht wird. Einige Kilometer zuvor zweigt eine Piste nach Cofete ab, für diese Strecke empfiehlt sich ein Allradfahrzeug. Nach einer Passhöhe öffnet sich eine grandiose Aussicht auf die **Playa de Cofete.** Bis auf den Weiler Cofete ist der Superstrand an der Nordküste der Halbinsel Jandía vollkommen unverbaut. Die fast das ganze Jahr über ungestüm heranrollende Brandung lässt zwar keinen Badebetrieb zu, doch dafür können Sie am Strand von Cofete und der anschließenden **Playa de Barlovento** stundenlang spazieren.

GUATIZA

Höhe: 95 m ü. d. M. | **Einwohnerzahl:** 812

Lanzarotes Inselgestalter César Manrique war für seine außergewöhnlichen Einfälle bekannt. In Guatiza legte er inmitten von ausgedehnten Opuntienfeldern einen Kaktusgarten von der Größe eines Amphitheaters an. Nichts erinnert mehr daran, dass das Gelände einmal eine ehemalige Kiesgrube zum Abbau von Lapilli war.

Auf den Opuntienfeldern rund um das Dorf Guatiza wurden bis noch vor wenigen Jahrzehnten in größerem Stil **Schildläuse** gezüchtet. Seit der daraus gewonnene rote Farbstoff nur noch als ein Nischenprodukt zum Färben von Lebensmitteln und Ostereiern verwendet wird, bleiben die Kaktusfelder (▶ Baedeker Wissen, S. 84) sich selbst überlassen. Bei der Anfahrt macht eine restaurierte Windmühle auf sich aufmerksam, in der früher das Korn zur Gofioherstellung gemahlen wurde. Noch immer wird etwas Landwirtschaft betrieben, zwischen verwilderten Opuntienfeldern und wucherndem Baumtabak werden für den Eigenbedarf etwas Mais und Kartoffeln angebaut, in Hausgärten reifen Mangos und Papayas. Eine neue Umgehungsstraße hält den Durchgangsverkehr außen vor, sodass es auf der von mächtigen Eukalyptusbäumen gesäumten Hauptstraße heute recht ruhig zugeht.

Wohin in Guatiza?

Pfarrkirche am stillen Dorfplatz

Parroquia del Santo Cristo de las Aguas

Die Pfarrkirche steht in einer ruhigen Nebenstraße und ist von einem großzügig angelegten Kirchplatz umgeben. 1915 für die Gläubigen von Guatiza und dem benachbarten Mala erbaut, feierte sie jüngst ihr hundertjähriges Bestehen. Die Stirnseite macht mit farblich abgesetzten Ecksteinen und einem aufgesetzten Glockengiebel auf sich aufmerksam. Über dem Altarraum erhebt sich ein lichtdurchlässiger **oktagonaler Zwiebelturm.**

Ziemlich stachliger Garten

Jardín de Cactus

Ein unübersehbarer, grün gestrichener Metallkaktus weist auf den Eingang eines der schönsten Kaktusgärten Europas. 1990 eröffnet, war dieser **César Manriques letztes größeres Projekt.** (▶ S. 8) Der Standort des Jardín de Cactus am Rand von Guatiza ergab sich aus zwei Gesichtspunkten: Die Region von Guatiza und Mala ist das Zentrum des einst wirtschaftlich wichtigen Opuntienanbaus. Insofern lag die Idee, hier einen Kakteengarten einzurichten, auf der

Hand. Außerdem kam Manrique eine stillgelegte Kiesgrube für sein Projekt gelegen. So erklärt sich die wie auf Stufen eines Amphitheaters gebaute Anlage.
César Manrique hat den Jardín de Cactus unter dem Eindruck mehrerer Japanreisen und der Beschäftigung mit der **Zen-Philosophie** geschaffen. Die Ruhe japanischer Gärten offenbart sich Besuchern des Jardín de Cactus allerdings nur, wenn keine größeren Gruppen den Ort bevölkern – kurz nach Öffnung also oder in den Spätnachmittagsstunden, wenn das Licht am schönsten ist.
Im Jardín de Cactus sind **1420 Kakteenarten** zu sehen. An die 10 000 Pflanzen wachsen insgesamt auf dem Terrain. Manrique hat die Gartenanlage mit vielen Treppen, kleinen Gewässern, einer Ungeheuerskulptur, einem schönen Café-Restaurant und einem Souvenirladen ausgestattet. Über allem steht ein »molino«, eine Mühle (18. Jh.), die zu den wenigen noch gut erhaltenen Mühlen auf Lanzarote gehört.
tgl. 10–17 Uhr | Eintritt: 6,50 €

Schlucht mit überraschender Artenvielfalt

Barranco Tenegüime

Westlich von Guatiza liegt mit der Schlucht von Tenegüime eine der botanischen Oasen Lanzarotes. Ein Spaziergang durch den Barranco ist vor allem im zeitigen Frühjahr interessant. Bei der Bushaltestelle an der Hauptstraße zweigt ein Teersträßchen in östlicher Richtung zum Friedhof ab. Auf einer Brücke quert dieses nach gut 1 km die Umgehungsstraße. Kurz vor dem Friedhof kann in das hier breite Bett des Barranco Tenegüime abgestiegen werden, ein Pfad führt in die bald enger werdende Schlucht hinein. Der Pfad endet nach etwa einer Stunde vor einer unüberwindbaren Steilwand. Unterwegs überrascht eine für Lanzarote relativ artenreiche **endemische Flora.** Besonders hübsch ist die von März bis Juni rosa-violett blühende Kanaren-Krummblüte (Campylanthus salsoloides), im Spanischen wird der immergrüne Strauch wegen seiner schmalen Blättern Meeresrosmarin (Romero marino) genannt. Auch sind hier die einer Distel ähnliche Weidenblättrige Eberwurz (Carlina salicifolia) und der Kanaren-Lavendel (Lavandula canariensis) zuhause.

Rund um Guatiza

Eine Kirche zu Ehren der Madonna der Gnaden

Mala

Opuntienfelder säumen die Straße zwischen Guatiza und dem 3 km nördlich gelegenen Mala. Etwas abseits der Hauptstraße des Ortes steht die **Ermita Nuestra Señora de las Mercedes.** Die Kapelle aus dem Jahr 1780 wurde der Madonna der Gnaden geweiht, die von den Gläubigen bei Kummer und Sorgen mit der Hoffnung auf Hilfe angerufen wird.

BAEDEKER ÜBERRASCHENDES

6X MEISTERHAFT

Die interessanten Werke des Inselkünstlers César Manrique

1. SCHÖNER WOHNEN

Wie gekonnt sich der Künstler inmitten von einem schroffen Lavafeld einzurichten verstand, zeigt seine Villa in **Tahíche.** Natur, Kunst und Wohnkultur gehen hier eine gelungene Synthese ein. (► S. 151)

2. VULKANISCH

Manrique hatte ein sicheres Gespür dafür aus den einst als wertlos erachteten Vulkanröhren **Jameos del Agua** eine der größten Touristenattraktionen der Insel zu machen. Sicherlich das Hauptwerk! (► S. 58)

3. RECYCLING-KUNST

Strahlend weiß und weithin sichtbar: das **Monumento al Campesino** im geografischen Zentrum der Insel verstand Manrique als Hommage für die lokalen Bauern. Daneben zeigt ein idealtypischer Bauernhof, wie und von was man vor dem Touristenboom lebte. (► S. 147)

4. PIEKSIG

Ein Muss für alle Liebhaber stachliger Gewächse! Der **Jardín de Cactus** in Guatiza hält davon über 1400 verschiedene Arten bereit. Kaum zu glauben, dass der Garten einmal eine Kiesgrube war. (► S. 81)

5. KUNSTTEMPEL

Aus dem als »Hungerburg« bekannten **Castillo de San José** machte Manrique ein Museum für zeitgenössische Kunst. Ganz uneigennützig hängen an den dunklen Basaltwänden auch eigene Werke. (► S. 51)

6. TRADITIONELL

In Yaiza verwandelte Manrique die 300 Jahre alte **Finca la Era** in einen heimeligen Gasthof, wobei er die traditionelle Inselarchitektur gekonnt ins beste Licht rückte. Schade ist nur, dass die Küche nicht immer hält, was das Ambiente verspricht. (► S. 170)

DIE LUKRATIVE LAUS

Ohne sie wären Lippenstifte farblos – die Cochenillelaus oder wissenschaftlich: Dactylopius cacti. »Scharlachschildlaus« wird sie auch genannt, denn sie produziert einen karminroten Körpersaft, der vor der Herstellung von synthetischen Anilinfarbstoffen eine weite wirtschaftliche Nutzung erfuhr.

Die Cochenillezucht ist ausgesprochen arbeitsintensiv und zudem eine stachelige Angelegenheit. Die kleine Laus, die maximal 6 mm groß wird, lebt als Parasit auf dem Feigenkaktus (Opuntie), der im 16. Jh. – ursprünglich wegen seiner wohlschmeckenden Früchte – von Mexiko aus auf die Kanarischen Inseln kam. Die ersten **Läusekulturen** folgten 1824. Doch erst um die Mitte des 19. Jh.s begann man auf den Kanaren mit dem systematischen Anbau von Opuntien und der Züchtung der Cochenillelaus in größerem Maßstab. Zu »Läusezentren« entwickelten sich vor allem die beiden Inseln Fuerteventura und Lanzarote.

Läusezucht

Eine mühsame Prozedur, Jahr für Jahr: Zunächst stutzt man die Opuntien und nimmt die essbaren Kaktusfrüchte ab, um das Nachwachsen junger Blätter zu fördern. Über die neuen Blätter werden dann **Stoffsäckchen voller weiblicher Cochenilleläuse** gebunden, die etwa 14 Tage lang ihre Eier direkt auf der Opuntie ablegen. Bis zu sechsmal pro Tag werden die Säcke auf andere Blätter umgehängt, um eine möglichst weite Verbreitung zu erreichen. Die aus den Eiern geschlüpften Larven ernähren sich von den Säften der Wirtspflanze. Im Lauf der Zeit bilden sie um sich herum einen weißen, gewöllartigen Stoff, an dem die Stellen, an denen sie sich festgesetzt haben, mit bloßem Auge gut zu erkennen sind. Nach zwei bis drei Monaten haben sie ihre **maximale Größe** erreicht und können geerntet werden.

Der Farbstoff

Die mit dem karminroten Saft gefüllten kleinen Leiber werden mit Spateln von der Pflanze abgekratzt und in Holz- oder Blechbehältern gesammelt. Anschließend werden Unreinheiten ausgesiebt, die Larven in kochendem Wasser getötet und mehrere Tage **in der Sonne getrocknet.** Es entsteht ein hartes Produkt, das direkt zu Pulver zermahlen wird, aber auch über Jahre gelagert werden kann.

Bonbonrot

Mit der Cochenille, dem roten Pulver, das schließlich von den Schmarotzern übrigbleibt, färbte man früher in erster Linie Textilien aller Art. Heute wird Cochenille vor allem dort eingesetzt, wo ungiftiges Färben vonnöten ist, also in der Lebensmittel-, Pharma- und Kosmetikindustrie.

Campari war das bekannteste Erzeugnis, das mit Cochenille gefärbt war – seit 2006 werden allerdings nur noch künstliche Farbstoffe verwendet. Manchen Limonaden und Bonbons ist immer noch Karminsäure zugesetzt, der Farbstoff wird dann als E120 aufgeführt. Und wer rotes Gurgelmittel, roten Hustensaft oder rote Dragees verschrieben bekommen hat, findet darin

Auf dem Kaktusfeld in Guatiza wird die Laus noch eingesetzt.

unter Umständen auch Cochenille. Beim Mikroskopieren werden Zellkerne mit Karmin rot eingefärbt. Vor allem für Lippenstifthersteller stellt der natürliche Farbstoff ein wichtiger Bestandteil ihrer Produkte dar. Schließlich ist aber auch in der Textilproduktion das Färben mit dem **»Läusepulver«** teilweise immer noch – oder wieder – sehr beliebt: Die hübschesten Teppiche und Kelims bestehen aus naturgefärbten Materialien, und die schöne naturbelassenen Rottöne stammen oft von den Cochenilleläusen.

Preisverfall

Für Lanzarote war der Opuntienanbau sehr lange ein wesentlicher Wirtschaftsfaktor. Noch bis weit ins 20. Jh. hinein lebten viele Bauern auf Lanzarote von der Zucht. Der **synthetische Farbstoff auf Anilinbasis** verdarb die Preise. Dennoch sieht man nach wie vor insbesondere in der Gegend um Mala und Guatiza weite Opuntienfelder und ab und zu jemanden, der hier arbeitet. Lanzarote ist die einzige der Kanarischen Inseln, auf der der **Anbau des Feigenkaktus** noch eine Rolle spielt

GUATIZA ERLEBEN

LA TASCA DE LITA €€

In Guatiza werden unweit von der Durchgangsstraße unter einer überdachten Veranda Pizza, Calzone und Pasta fast wie in Italien geboten. Die beste Adresse im Ort!
Calle Jazmin 2
Di. Ruhetag
Tel. 928 52 97 44

AREPA-BAR LA UNICA (JOJOTO Y MILLO) €-€€

Das Lokal in Mala (an der Straße nach Charco del Palo) offeriert eine riesige Auswahl an spanischen und internationalen Gerichten. Die Spezialität sind südamerikanische Arepas, frittierte Teigtaschen aus Maismehl.
Calle El Rostro 2
Tel. 928 52 96 50

LOTUS DEL MAR €-€€

Schon seit den 1980er-Jahren vermietet die Familie Himmelsbach mehrere ansehnliche Fincas im Ort. Die meisten davon befinden sich am Ortsrand in ruhiger Alleinlage. Es können sowohl ganze Häuser mit Platz für bis zu fünf Personen als auch Apartments gebucht werden. Meditativer Mittelpunkt ist eine auf dem Gelände der Finca Margaretha stehende Pyramide. Ferner gibt es ein Seminarzentrum mit einer Kapazität von bis zu 25 Teilnehmern, dieses wird vornehmlich von spirituell orientierten Gruppen genutzt. (▶ Baedeker Wissen, S. 243)
Calle El Cangrejo 31
Tel. 928 52 95 89
www.lotus-del-mar.com

Freikörperkultur an bizarrer Vulkanküste

Charco del Palo

In Mala zweigt ein Sträßchen Richtung Küste nach Charco del Palo ab. Hier befindet sich der **einzige offizielle FKK-Strand** der Insel. Gefahrloses Baden ist an durch Molen geschützten Sandbuchten und in Meerwasserpools möglich. Ansonsten ist die Brandung in diesem Küstenbereich sehr stark. Vorsicht ist geboten! In der FKK-Anlage Charco Natural verbringen überwiegend deutsche Gäste ihren Urlaub.

Salzgewinnung aus dem Meer

Los Cocoteros

Südlich von Charco del Palo lohnt ein Abstecher zu den Salinen von Los Cocoteros in der gleichnamigen Urbanisation. Eine direkte Uferstraße vom Charco gibt es allerdings nicht, Sie müssen wieder nach Guatiza zurückfahren und dort das Sträßchen in östlicher Richtung nehmen. Die Ferienhaussiedlung ohne nennenswerte Infrastruktur macht nicht allzu viel her. Doch an den unmittelbar ans Meer grenzenden **Salinas de los Agujeros** erfahren Sie, wie früher in großem Stil Meersalz auf der Insel gewonnen wurde. Ein Teil der Saline wurde vor einigen Jahren wieder in Betrieb genommen. Nahebei gibt es ein durch eine aufwendige Betonmole geschütztes Meeresschwimmbad.

HARÍA

Höhe: 270 m ü. d. M. | **Einwohnerzahl:** 4 858

Die zauberhafte Lage von Haría eröffnet sich bereits auf der Anfahrt: Ein Mirador erlaubt eine fulminante Ansicht auf das weiße Dorf in dem von anthrazitfarbenen Feldern gerahmten »Tal der tausend Palmen«. Gezählt haben wir diese nicht, doch es dürften gar noch ein paar mehr als tausend sein – für die ansonsten in weiten Teilen karge Vulkaninsel ist das eine kleine Sensation.

Tatsächlich vermittelt der Hauptort der gleichnamigen Gemeinde im Inselnorden einen fast oasenähnlichen Eindruck. Nach wie vor wird das Tal intensiv landwirtschaftlich genutzt, wenn auch mittlerweile so manches der mit grauem Lapilli abgedeckten kleinteiligen Felder brach liegt. Der Inselkünstler **César Manrique** (► Interessante Menschen) verbrachte hier seine letzten Lebensjahre, seine als Museum zugänglich gemachte Villa erzählt davon, wie er lebte.

Dorfschönheit

Weißes Dorf mit ansprechender Architektur

Das große Dorf wartet mit schön angelegten Plätzen auf, Terrassenlokale laden dort zum Verweilen ein. Die meisten der Häuser sind in einfacher Landarchitektur errichtet, doch auf einem Bummel durch die Straßen fallen auch herrschaftliche Landhäuser und stilvoll herausgeputzte Villen mit Innenhöfen und kleinen Palmengärten auf. Das immerhin bis zu 400 m ü. d. M. gelegene **Hochtal** war früher wegen des etwas kühleren Klimas Sommersitz für viele wohlhabende Hauptstädter.

Wohin in Haría?

Plaza León y Castillo

Von Lorbeer und Eukalyptus beschattet

Zentrum von Haría ist die lang gezogene Plaza León y Castillo mit alten Eukalyptus- und Lorbeerbäumen, unter denen man sich auf einer der Bänke oder in einem Café niederlassen kann. Die Platzanlage stammt von 1825.

Iglesia de Nuestra Señora de la Encarnación

Sakrale Kunst im alten Franziskanerkloster

Am Ende der Plaza León y Castillo steht der Neubau der Iglesia de Nuestra Señora de la Encarnación. Ein 1619 entstandener Vorgängerbau dieser Kirche wurde Mitte des 20. Jh.s durch einen Sturm zerstört. Das heutige Aussehen mit dem hohen Uhr- und Glockenturm, dem etwas überdimensionalen Holzportal und dem großen Gitter vor dem Eingangsbereich erhielt die Kirche im Jahr 1966.

Der ehemalige Franziskanerkonvent neben der Pfarrkirche beherbergt ein **Museum für sakrale Kunst.** In sieben Sälen werden dort Barockaltäre, teils auch aus den Kirchen der Nachbarorte, und verschiedene liturgische Gegenstände ausgestellt.
Museo de Arte Sacro: Di., Do., Fr. und Sa. 10–15 Uhr | Eintritt frei

Klassizistisches Ensemble mit Kunstgalerie

Plaza de la Constitución

Vergleichsweise intim mutet die kleine Plaza de la Constitución gegenüber dem klassizistischen Rathaus von Haría an. Ein Lichtschacht in der Platzmitte spendet der in den Platz eingelassenen **Galerie »El Aljibe«** Helligkeit. Mit einer rötlichen Lavadecke und dunklem Holzboden gibt der 220 m² große Wasserspeicher einen schönen Rahmen für wechselnde Kunstausstellungen ab.

Lokales Kunsthandwerk zum Mitnehmen

Tienda y Taller de Artesanía Municipal

Folgt man der Straße am Rathaus vorbei in östlicher Richtung, gelangt man schnell zur Tienda y Taller de Artesanía Municipal, einem bekannten Zentrum für lanzarotenisches **Kunsthandwerk,** in dem Körbe und Decken, kleine Stoffpuppen und Holzfiguren in traditioneller Machart hergestellt und verkauft werden. Einigen Kunsthandwerkern, etwa dem einzigen Flechtmeister der Insel oder den Rosettenstickerinnen, kann man bei der Arbeit zusehen.
Mo.–Sa. 10–13.30, 15.30–18.30 Uhr (am Montagnachmittag geschlossen)
Eintritt frei

Extravagant wohnen unter Palmen

Casa-Museo César Manrique

Wer bereits das ehemalige Wohnhaus César Manriques in ▶ Tahiche besucht hat, weiß, wie extravagant der prominente Künstler sein privates Umfeld gestaltete. **Manrique** (▶ Interessante Menschen und S. 8) zog 1987 von Tahiche nach Haría um und verbrachte hier bis zu seinem Unfalltod 1992 die letzten Lebensjahre. Die **Villa** liegt etwa 10 Gehminuten vom Ortszentrum entfernt in einem großen Palmengarten am südwestlichen Ortsausgang. Man erreicht sie, indem man vom Rathaus (Ayuntamiento) aus nach etwa 25 m in die Calle César Manrique einbiegt und dieser dann immer geradeaus für etwa 10 Minuten folgt.
Gleich hinter dem schmiedeeisernen Eingangsportal macht im Garten ein Seat Ibiza auf sich aufmerksam. Er wurde von Manrique 1987 für die Internationale Automobilausstellung in Barcelona bemalt. Der **Wohnbereich** der Villa sieht so aus, als habe ihn der Künstler gerade verlassen – so steht etwa in der Hausbar eine angebrochene Flasche Campari. Unter der rustikalen Balkendecke füllen Kunstbände die Regale, Architekturmagazine liegen aus, private Fotos zeigen Manrique zusammen mit Josephine Baker und Nelson Rockefeller, in einer Vitrine sind Medaillen und andere Auszeichnungen ausgestellt, dazu Mitbringsel von Reisen nach Afrika.

HARÍA ERLEBEN

MERCADO DE ARTESANÍA

Ein Bauern- und Kunsthandwerkermarkt – im Angebot sind neben Inselkäse und Produkten aus ökologischer Landwirtschaft auch Stickereien, Flechtarbeiten und andere auf Lanzarote hergestellte Mitbringsel.
Plaza León y Castillo
Sa. 10–14.30 Uhr

MERCADO MUNICIPAL DE ABASTOS

In der Markthalle neben dem Handwerkszentrum gibt es verschiedene kleine Geschäfte, in denen sie gutes Brot, Gemüse aus der Region, Fisch und Naturkost bekommen. Eine Cafeteria bietet eine große Auswahl an Tapas und kleinen Gerichten an.
Mo.–Sa. 9–16 Uhr

EL PALMERAL DE DULCE

Das große Geschäft neben dem Restaurant El Cortijo offeriert eine riesige Auswahl an Souvenirs, neben Mojón-Keramik, bedruckten T-Shirts, Kaktusmarmelade und kanarischen Zigarren allerdings auch viel Nippes. Vor dem typisch kanarischen Landhaus steht eine große Nachbildung des Idols von Tara, einer auf Gran Canaria gefundenen und im Original nur 30 cm hohen Statue aus der Zeit der kanarischen Ureinwohner.
Calle El Palmeral 4

EL CORTIJO €€-€€€

Der große Parkplatz vor dem Lokal ist ein Zeichen, dass hier auch Busgesellschaften verpflegt werden. Die Küche offeriert Kaninchen, Spanferkel, Zicklein und andere deftige Klassiker der kanarischen Küche, wahlweise in den rustikalen Gasträumen oder draußen auf der großen Terrasse.
Calle El Palmeral 6 (am südlichen Ortseingang)
Tel. 928 83 56 86
www.elcortijoharia.blogspot.de

CENTRO CULTURAL LA TEGALA €-€€

In dem hübsch eingerichteten Gastraum mit weinroten Wänden werden Tapas und herzhafte Suppen zu kleinen Preisen aufgetischt. Originell ist die Speisekarte gleich neben der Tür – sie wird auf der Unterseite einer wagenradgroßen Paellapfanne präsentiert.
Plaza León y Castillo 14

LA PUERTA VERDE €€

»Kreative Kochstube« nennt der deutsche Arzt Dr. Karl Kunze das von ihm betriebene Lokal. Man erreicht es, wenn man hinter der Kirche der Straße bergauf folgt. Es gibt dort nicht nur herzhafte internationale Küche, Sie können auch einfach nur im Patio sitzen und zu einer Tasse Roibuschtee den hausgemachten Schokokuchen probieren.
Calle Fajardo 24
Tel. 928 83 53 50

ARTE DE OBRA €

Die kunstsinnige deutsche Einwanderin Bettina Bork bietet in ihrer kleinen Pension nett eingerichtete Zimmer an, nicht alle davon haben ein eigenes Bad. Es gibt eine Gemeinschaftsküche, in der angeschlossenen Galerie werden Kunst- und Architektur-Workshops angeboten.
Calle San Juan 12
Tel. 928 83 54 05
www.artedeobra.com

BAEDEKER ÜBERRASCHENDES

6X UNTERSCHÄTZT

Genau hinsehen, nicht daran vorbeigehen, einfach probieren!

1. STÜRMISCHE SEE

Der Atlantik ist keine Badewanne! Vor allem an der wellengepeitschten **Playa de Famara** kann Schwimmen lebensgefährlich sein. Hier sollten Sie das Feld Surfprofis überlassen und sich auf ein Sonnenbad beschränken. (▶ **S. 93**)

2. WILDBLUMEN

Von wegen nur eine ausgebrannte Vulkaninsel! Im Frühjahr nach winterlichen Regenfällen überraschen im **Tal von Haría** bunte Blumenwiesen mit Margeriten, Klatschmohn und Gänsedisteln. (▶ **S. 91**)

3. VULKANTREKKING

Genauso wie die benachbarten Wanderinseln kann auch Lanzarote **auf Schusters Rappen** entdeckt werden. Mit wildromantischen Küstenpfaden und Trails durch die herbe Vulkanlandschaft hält die Feuerinsel gar außergewöhnliche Touren bereit. (▶ **S. 224**)

4. GUTE TROPFEN

Mit den Großen vom europäischen Festland können die Vulkanweine von **La Geria** zwar nicht mithalten. Doch als verlässlicher Begleiter zu Fisch sind sie mehr als ausreichend. Probieren sollten Sie den Malvasier von der Bodega El Grifo. (▶ **S. 16**)

5. HAUPTSTÄDTISCH

Die lange als »hässliches Entlein« verschriene Inselmetropole **Arrecife** putzt sich zunehmend für Tagesausflügler und Kreuzfahrer heraus. Allein schon die beiden am Ufer thronenden Burgen lohnen den Besuch. (▶ **S. 44**)

6. KANARISCH ESSEN

Mitunter fällt die **kanarische Landküche** ziemlich deftig aus, es finden sich aber auch einfache Gerichte. Typisch und gut sind die mit Mojo servierten Runzelkartoffeln, preisgekrönt der in Gofio gewälzte Ziegenkäse. (▶ **S. 228**)

Und etwas Kunst gibt es natürlich auch. So hängt im Durchgang vom Wohnzimmer ins **Schlafzimmer** mit »Sáyro del Valle Heperis« eine Arbeit des grancanarischen Malers Nestor de la Torre (1887–1938) und von Manrique selbst im Schlafzimmer eine wandfüllende Abstraktion aus der Serie »Enterrados« (1974). Anscheinend pflegte der Künstler vom Bett aus fernzusehen – der große Röhrenapparat mutet bereits museal an. Das angrenzende Bad zeichnet sich durch eine Panoramaverglasung und eine runde Badewanne aus.
Vom Wohnbereich kommt man in den **Garten** zu einem kleinen von Palmen umstandenen Pool. Wegen des mitunter kühlen Wetters in Haría war ursprünglich geplant, diesen zu überdachen, das Vorhaben konnte wegen des Unfalltodes des Künstlers nicht mehr ausgeführt werden. Nahe vom Pool zeigt ein 45-minütiges Video historische Aufnahmen und Interviews aus den 1960er-Jahren, dabei gewinnt man einen sehr intimen Einblick in den Lebensstil von Manrique. Etwas abseits vom Wohnhaus liegt mitten im Palmengarten das **Atelier,** ein in den Boden eingelassener, funktionaler Bau von 25 mal 8 m. Genau wie im Wohntrakt blieb hier alles so wie am letzten Arbeitstag des Künstlers.

Calle César Manrique s/n | tgl. 10.30–18 Uhr (Einlass bis 17.30 Uhr)
Eintritt: 10 € | für den Besuch sollten etwa 2 Stunden eingeplant werden, Fotografieren ist nur im Außenbereich gestattet
www.fcmanrique.org

Das Grab des Inselkünstlers

Cementerio de Haría

Am östlichen Ortsrand liegt an der Straße nach Arrieta der **Friedhof** von Haría, auf dem César Manrique begraben ist. Die schlichte Grabplatte ein paar Schritte neben der Friedhofskapelle ist leicht zu finden – ein mittlerweile etwa 5 m hoher mexikanischer Säulenkaktus weist den Weg.

Rund um Haría

Aussichtsbalkon über dem Palmental

Mirador de Haría

Oberhalb von Haría gibt es mehrere Aussichtspunkte, denen Ort und Palmental zu Füßen liegen. Einer der schönsten Plätze ist der Mirador de Haría an der Landstraße nach Teguise (LZ 10). Die enge Serpentinenstraße führt zu einer kleinen Parkausbuchtung hinauf. Der von César Manrique mit Drachenbäumen angelegte **Platz** erlaubt neben der Aussicht auf Haría auch einen Blick in das lang gezogene ▶ Valle de Temisa.

Die Nordküste aus der Vogelperspektive

Wanderung zum Mirador del Bosquecillo

Dieser Aussichtspunkt am Rand des Famara-Kliffs ist am besten auf einer Wanderung erreichbar. Ausgangspunkt ist das Rathaus von Haría an der Plaza de la Constitución. Etwa 25 m vom Rathaus entfernt zweigt ein Teersträßchen ins Valle de Malpaso ab, das nach dem Sportstadion in einen Feldweg übergeht, der sich bald von Lesesteinmauern eingefasst hangaufwärts zieht. Nach Querung einer Erdstraße steigt der nun etwas steile und felsige Pfad durch den **Barranco de Elvira Sánchez** weiter aufwärts, im Frühjahr blühen hier Margeriten und Gänsedisteln. Nachdem ein weiterer Querweg gekreuzt ist, hält man sich an einem Picknickplatz rechts und trifft schließlich an der Abbruchkante des Famara-Kliffs auf einen schmalen Betonweg. Diesem links folgend wird ein paar Minuten später an einem weiteren Rastplatz der Mirador del Bosquecillo erreicht, von dem sich ein atemberaubendes Panorama auf die sichelförmige Playa de Famara eröffnet. Für den Hin- und Rückweg sind insgesamt etwa zweieinhalb Stunden einzuplanen.

Kirchennachbau nach altem Plan

Máguez

Etwa 2 km nördlich von Haría liegt in einem reizvollen Tal das Dorf Máguez. Anders als Haría wird es nur von wenigen Ausflüglern besucht, obschon es mit bis in den Ort hinein reichenden schwarzen Feldern, weißen Fincas und Dattelpalmen ebenfalls lohnende Fotomotive eröffnet. Ein Anlaufpunkt in dem weit auseinander gezogenen Ort ist die in einer Nebenstraße stehende **Iglesia de Santa Bárbara.** Die Kirche, sie steht in der Nähe von einem abgerissenen Vorgängerbau, wurde auf Initiative von César Manrique nach alten Vorlagen wiederaufgebaut.

★ LA CALETA DE FAMARA

Höhe: Meereshöhe | **Einwohnerzahl:** 981

Ungeschminkter geht es kaum! In den Sand gesetzte Häuserkuben und noch teils ungeteerte Straßen, die abseits der Hauptstraße nach 100 m im Nichts enden. Doch Ausflügler, die das ursprüngliche Lanzarote suchen, werden begeistert sein.

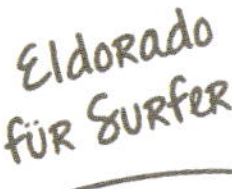

Genauso unverfälscht wie der Ort La Caleta ist die nahe gelegene Playa de Famara. Von hellen Sanddünen gesäumt, füllt der Strand eine sichelförmige Bucht aus, in der sich die Wellen ungestüm brechen. Wo es **Dünen und Wellen** gibt, bläst natürlich meist auch eine steife Brise – Surfer sind hier in ihrem Element.
Der **kleine Küstenort** La Caleta de Famara im Nordwesten von

LA CALETA DE FAMARA ERLEBEN

EL RISCO €€€

Das Lokal am Ortseingang liegt unmittelbar am Meer, auf der dem Wasser zugewandten Terrasse ist es allerdings oft zu windig, um das grandiose Panorama auf den Risco de Famara zu genießen. Doch der weiß-blau gehaltene Gastraum (César Manrique lässt grüßen) ist ausgesprochen hübsch und auch in kulinarischer Hinsicht ist das El Risco die unbestrittene Nummer eins im Ort. Für das Wochenende sollten Sie unbedingt reservieren.
Calle Montaña Clara 30
Tel. 928 52 85 50
www.restauranteelrisco.com

SOL €€-€€€

Das Lokal besticht durch eine große Terrasse mit toller Aussicht auf die stetig heranrollenden Wellen. Aus der Küche kommt neben Fisch, Paella und Reisgerichten auch ein traditionelles Gofiogericht (Escaldo de Gofio).
Calle Salvavidas 48
Tel. 928 52 87 88
www.restaurantesolfamara.com

BUNGALOWS PLAYA FAMARA €€-€€€

Die meisten der fast 150 Bungalows umfassenden Anlage sind als Rundbau errichtet. Zu den Standard-Bungalows gehören eine komplett eingerichtete Küche, ein Wohnraum und je nach gewünschter Größe ein bis drei Schlafzimmer. Besonders schön sind zwei vom Künstler Manfred Beck-Arnstein eingerichtete Luxusapartments. Für Individualisten und Selbstversorger eine ruhige Oase mit einem der wildesten Inselstrände vor der Haustür.
Playa de Famara
Tel. 928 84 51 32
www.bungalowsplayafamara.com

Lanzarote besteht lediglich aus drei Häuserzeilen, die sich links und rechts der Dorfstraße verteilen. Etliche der einfachen Häuser sind von Fischerfamilien bewohnt, andere werden als Wochenenddomizil genutzt oder an Surfer vermietet. An der Hauptstraße gibt es mehrere gute Fischlokale und für die Surferszene eine beachtliche Infrastruktur mit Surfschulen und Brettverleih. Einzige Sehenswürdigkeit im Ort ist die kleine Fischerkirche an der Mole.

Rund um La Caleta de Famara

Ein Strand ausschließlich für Profis

Playa de Famara

Die Playa de Famara, die sich östlich von La Caleta unterhalb des Risco de Famara entlangzieht, ist einer der schönsten Strände von Lanzarote. Leider ist man hier den **stürmischen Winden** meist direkt ausgesetzt, sodass sich das reine Strandvergnügen in Grenzen

hält. Zudem gilt die Playa de Famara aufgrund **starker Strömungen** als gefährlich, Jahr für Jahr kommt es zu tragischen Badeunfällen. Für Strandspaziergänge eignet sie sich jedoch hervorragend, und natürlich begeistern sich Surfer und Kitesurfer für die meterhohen Wellen (►Baedeker Wissen, S. 100).
Oberhalb des Strandes führt eine schmale Straße durch die Sanddünen. Regelmäßig trägt der Wind den Sand auch auf den Fahrweg, sodass letzterer oft freigebahnt werden muss. Von den Dünen aus können Sie wunderbar das bunte Treiben der **Wellenreiter und Kitesurfer** beobachten. Rote Flaggen, sie wehen hier meist das ganze Jahr über, machen auf das Badeverbot aufmerksam.

Touristische Pioniersiedlung

Urbanización Famara

Die oberhalb von der Playa de Famara gelegene Urbanisation ist eine der ältesten touristisch genutzten Bungalowanlagen Lanzarotes. Sie wurde Anfang der 1970er-Jahre von einer norwegischen Gesellschaft gebaut und glänzt vor allem durch die Hanglage über dem zu Füßen liegenden **kilometerlangen Sandstrand.** Wer hier urlaubt, sucht keine Promenade zum Flanieren und lässt sich auch vom stetig wehenden Wind nicht die Laune verderben.

Auf dem Risco de Famara erblüht eine einzigartige Fauna, auch das Lanzarote-Aeonium.

Imposante Kulisse mit seltener Flora

Risco de Famara

Über dem Strand von Famara erhebt sich ein imposanter **Bergrücken,** der sich auf einer Länge von 15 km bis zur äußersten Nordspitze Lanzarotes zieht. Seine höchste Erhebung sind die Peñas del Chache (671 m), auf denen das Militär eine Radarstation betreibt. Nach Westen fällt der Risco steil zum Meer ab. In den Steilhängen lässt sich eine seltene Felsflora ausmachen, u. a. sind hier das Lanzarote-Aeonium (Aeonium lancerottense), die Fiederspaltige Gänsedistel (Sonchus pinnatifidus) und der nach der Kliffküste benannte Famara-Natternkopf (Echium famarae) zuhause, alle drei Arten kommen ausschließlich auf Lanzarote vor.

LA GERIA

Zufahrt: über die LZ-30

Geschaffen vom Erfindungsreichtum und Fleiß der Bauern: Weinstöcke ducken sich in trichterförmige Vertiefungen, für zusätzlichen Windschutz sorgen kniehohe Steinmäuerchen drumherum. Zehntausende gibt es davon – nicht von ungefähr wird die spektakuläre Weinlandschaft von La Geria als Gesamtkunstwerk angesehen.

La Geria ist nicht das einzige, doch das mit Abstand bekannteste **Weinanbaugebiet** von Lanzarote. Es liegt auf einem von Vulkanausbrüchen verwüsteten Land, (► S. 12) das sich vom Monumento al Campesino im Inselzentrum in südwestlicher Richtung bis nach Uga erstreckt. Unterwegs laden zahlreiche Bodegas zum Verkosten und Einkaufen ein.

Spagat zwischen Land Art und Kulturland

Weinlandschaft

Die Region lebt vom Kontrast aus urweltlich anmutender **Vulkanlandschaft** und den darin sorgfältig gepflegten Weinbergen – eingestreute weiße Fincas fallen ins Auge, daneben nicht selten eine einzelne grüne Palme. Bizarre Fixpunkte stellen ebenso etliche Vulkankegel dar, an manchen klettern die Weinstöcke ein gutes Stück die Hänge hinauf. Wenn dann noch im Hintergrund die Feuerberge im Licht der Abendsonne zu leuchten beginnen, ist das Lanzarote-Bild perfekt. Die einst fruchtbare Region wurde durch die Vulkanausbrüche im 18. Jh. mit einer örtlich mehrere Meter dicken Lavaschicht bedeckt, dadurch war Landwirtschaft zunächst nicht mehr möglich. Durch eine ausgeklügelte Anbaumethode schafften es die Lanzaroteños jedoch, den Boden wieder nutzbar zu machen (► S. 16).

FASZINIERENDES FARBENSPIEL

Inmitten der ausgebrannten Landschaft eine strahlend weiße Finca, daneben wie dahingetupft eine sich im Wind wiegende Palme, und als I-Tüpfelchen vielleicht noch das azurblaue Wasser des Atlantiks im Hintergrund. Wo? Zum Beispiel in der Weinregion La Geria oder auf den Lavafeldern rund um ► Tahíche – da gerät man leicht ins Schwärmen!

Weingüter an der Weinstraße

Köstliche Weinprobe

Zu den Weingütern

An der Landstraße zwischen dem Monumento al Campesino und Uga können Sie in etlichen Bodegas den lokalen Wein probieren. Dabei dürfen Sie sich allerdings keine urigen Weinpinten vorstellen. Vor allem die großen Kellereien sind **auf Effizienz ausgerichtete Betriebe,** die mit bis zu 300 000 Besuchern jährlich voll auf den touristischen Durchlauf eingestellt sind. Die Zeiten, als man den Wein noch kostenlos probieren konnte, sind schon lange vorbei, heute wird für jedes Gläschen ein – wenn auch meist geringer – Obolus verlangt. Einige Weingüter bieten auch Führungen an, bei denen die Kelterei, der Gärkeller sowie die Abfüllanlage besichtigt werden können. Es besteht auch die Möglichkeit, organisierte Ausflüge nach La Geria zu buchen (Buchung in allen großen Hotels). Da die Weinregion nicht an das öffentliche Busnetz angeschlossen ist, kommt dies vor allem Gästen ohne fahrbaren Untersatz entgegen.

Qualitätsführer mit Weinmuseum

Bodegas El Grifo

Das Weingut zwischen Mozaga und Masdache rühmt sich, das **älteste Lanzarotes** zu sein. Seine Geschichte beginnt im Jahr 1775, also nur wenige Jahrzehnte nach den verheerenden Vulkanausbrüchen von 1730 bis 1736. Auf derzeit 61 Hektar werden vornehmlich die Rebsorten Malvasier, Listán negro und Moscatel kultiviert. Mit einer Produktion von 400 000 bis 600 000 Flaschen im Jahr ist El Grifo einer der Marktführer, die Qualitätsweine mit Ursprungsbezeichnung stehen vor Ort in vielen Restaurants auf der Karte und finden ihren Weg auch auf die Nachbarinseln und nach Europa. 1935 führte die Kellerei als erste auf den Kanaren eine vollautomatische Flaschenabfüllanlage ein. Jede Flasche trägt ein von César Manrique entworfenes Etikett, es zeigt ein Fabelwesen, das in der griechischen Mythologie den Weingott Dionysos begleitete. Nach der traditionellen Champagnermethode wird ein »Brut Nature« produziert.
Zur Bodega gehört ein **Weinmuseum,** das in mehreren Sälen historische Weinpressen, Pumpen und Destillierkolben aus dem 19. und 20. Jh. zeigt. Im alten Weinkeller, dem Herzstück des Museums, können Sie den Grundstein der Bodega mit der eingravierten Jahreszahl 1775 sehen. Auf der oberen Ebene gibt eine Küferwerkstatt Einblicke, wie die Weinfässer früher hergestellt wurden. Interessant sind auch alte »Giftspritzen«, mit denen man den Schwefel ausbrachte. Zum Museum gehören eine Bibliothek (rund 4000 Bände zur Weingeschichte der Kanaren) und ein angeschlossener Kaktusgarten mit Goldkugelkakteen (»Schwiegermuttersitze«) und mexikanischen Säulenkakteen.
Wer noch mehr vom Weingut sehen und erfahren möchte, kann an einer **geführten Tour** teilnehmen, die neben dem Museum auch einen Besuch des modernen Weinkellers und einen kurzen Spaziergang durch den Weinberg einschließt.

Museo El Grifo: Carretera de la Geria (LZ-30, km 11) | tgl. 10.30–19 Uhr | Führungen Mo.–Fr. 11 und 15, Sa., So. 11 Uhr | Eintritt: 15 € (inkl. Weinprobe) | Anmeldung unter www.elgrifo.com

Auch Bio-Weine werden gekeltert

Bodega La Geria

Im Weingut, das den Namen der Region trägt, geht es vielleicht noch eine Idee touristischer zu als in den übrigen Bodegas an der Weinstraße. Hier ist man ganz **auf Rundfahrtbusse eingestellt,** deren Fahrgäste im Verkaufsraum oder an der Tapas-Bar den Hauswein verkosten können. Vor allem um die Mittagszeit herrscht mitunter ein Treiben wie in einem Bienenstock. Die Ende des 19. Jh.s gegründete Kellerei produziert jährlich 300 000 Flaschen, auch Bio-Weine sind im Sortiment. Auf Wunsch werden die Weine auch ins Heimatland verschickt.

Carretera de la Geria (LZ 30, km 19) | Mo.–Sa. 10–20, So. 11–19 Uhr Führungen in der Regel Mo.–Fr. 14 Uhr | Eintritt 10 € | Anmeldung unter www.lageria.com

LA GERIA ERLEBEN

Jeden Sommer wird am 15. August an der Ermita de Nuestra Señora de la Caridad (LZ-30, km 19, gegenüber von Bodegas Rubicón) ein großes Fest zu Ehren der Jungfrau der Barmherzigkeit abgehalten.

In den Bodegas von La Geria kaufen Sie den Wein direkt beim Abfüller, immer können Sie ihn vorher probieren. Am meisten gefragt ist der trockene Malvasier.

BODEGA EL CHUPADERO €-€€

Das gemütlich ausstaffierte Lokal etwas oberhalb der Landstraße wird auf einem Schotterweg angefahren. Von der Terrasse können Sie den wunderbaren Ausblick über die Weinlandschaft genießen. Zum Wein werden hausgebeizter Lachs und kleine Gerichte, etwa Datteln im Speckmantel, Serrano-Schinken oder eine frische Tomatensuppe angeboten.
Carretera de la Geria
(LZ-30, km 18,8)
Mo. Ruhetag
Tel. 928 17 31 15
www.el-chupadero.com

BODEGAS RUBICÓN €-€€

Während im Verkaufsraum der Bodega mitunter ein hektisches Gedränge herrscht, kann man im zugehörigen Restaurant des Weinguts meist in aller Ruhe gute kanarische Küche genießen, wahlweise im Schatten eines hohen Eukalyptusbaums auf der großen Terrasse oder drinnen neben einer rustikalen alten Weinpresse. Für den kleinen Hunger sei der Kichererbseneintopf empfohlen.
Carretera de la Geria
(LZ-30, km 19)
Tel. 928 17 37 08
www.bodegasrubicon.com

FINCA DE LA FLORIDA €€-€€€

Das kleine Landhotel (16 Zimmer) im kleinen Weiler El Islote war 1995 auf Lanzarote eine der ersten Unterkünfte abseits vom Strand. Mittlerweile hat das architektonisch ansprechende Haus Patina angesetzt und könnte durchaus etwas frischen Wind vertragen. Geblieben ist die reizvolle und ruhige Lage am Rand des Weinbaugebiets.
El Islote
Calle El Parral 1
Tel. 928 52 11 24
www.hotelfincalaflorida.com

FINCA MALVASÍA €€€

Wenn Sie kanarischen Wein mögen, könnte der Platz dieser Finca nicht besser gewählt sein. Diese liegt sehr ruhig mitten im Weinbaugebiet von La Geria. Die Apartments, insgesamt vier, verfügen über alles Notwendige, um sich selbst zu versorgen. Ein kleiner Pool ersetzt das 15 Fahrminuten entfernte Meer.
Camino Oratorio s/n
Tel. 692 15 59 81
www.fincamalvasia.com

Ehrwürdiges Herrenhaus zum Einkehren

Bodegas Rubicón

Das Weingut gegenüber der Bodega La Geria ist in einem riesigen Herrenhaus aus dem 17. Jh. untergebracht, das wunderbarerweise die

Eruptionsserie von 1730–1736 unbeschadet überlebte und sich – jüngst **aufwendig restauriert** – von seiner besten Seite zeigt. Eine moderne Weinproduktion gibt es hier erst seit 1979. Im Verkaufsraum ist die Wand aus angestaubten Weinflaschen bemerkenswert, originell sind auch die von der Decke baumelnden »Kronleuchter« aus leeren Weinflaschen. Ins Staunen kommen Sie auch im Weinkeller im Untergeschoss des Hauses – hier reift Wein in 300 Holzfässern. Zur Bodega gehört ein gut geführtes Restaurant (▶ S. 98).

Carretera de la Geria (LZ-30, km 19) | tgl. 10–20 Uhr | Führungen inkl. Weinprobe nach Anmeldung unter www.bodegasrubicon.com

Korruption im Weinberg

Weitere Kellereien

Die **Bodega Antonio Suárez** (an der LZ-30, km 18) ist ein kleinerer Familienbetrieb, dessen gute Rotweine vorwiegend direkt vermarktet werden. Schräg gegenüber davon sorgte jüngst die auch in architektonischer Hinsicht ultramodern ausgerichtete **Bodega Stratvs** durch einen Korruptionsskandal für Schlagzeilen, sie wurde 2013 auf behördliche Anordnung geschlossen. Die **Bodega Barreto** (LZ-30, km 11,3) in Masdache vermarktet ihre Weine unter der Marke »El Campesino«. Zu der großen Kellerei gehören ein Restaurant und ein Souvenirgeschäft.

Rund um La Geria

Weiße Fincas inmitten schwarzer Lava

Masdache

Früher wollte kaum jemand in der ausgebrannten Vulkanlandschaft wohnen. Doch genau wie in ▶ Tahiche ist es auch in Masdache zunehmend schick und teuer geworden, um sich hier tatsächlich häuslich einzurichten. Die Villen und Fincas liegen weit verstreut auseinander inmitten von Weinkulturen. Mittelpunkt des Ortes ist die **hübsche kleine Dorfkirche,** jeden August wird dort zu Ehren der Schutzheiligen eine Fiesta veranstaltet.

La Gerias Weinberge von oben

Wanderung auf die Montaña Guardilama

Einen fulminanten Ausblick über die Weinlandschaft von La Geria garantiert der Gipfel der Montaña Guardilama (603 m), auf den ein Wanderweg hinauf führt. Am besten wählen Sie als Startpunkt die Kirche in Uga. Von dort folgt man der Ausschilderung des **Fernwanderwegs GR 131** in Richtung Teguise und verlässt nach knapp 10 Minuten die Straße rechts auf einen Schotterweg. Dieser verläuft durch Weinberge hindurch auf einen Sattel zwischen der Montaña Guardilama und der Montaña Tinasoria hoch (503 m). Von dort führt eine nicht zu verfehlende, doch etwas steile Trittspur auf die Guardilama hinauf. Wer es weniger steil mag, hält sich in der Einsattelung rechts und steht kurz darauf auf der genau 100 m niedrigeren Montaña Tinasoria. Von Gleitschirmfliegern wird diese als Startplatz genutzt.

MIT DEM WIND SURFEN

Am Strand von Famara im windigen Nordwesten von Lanzarote treffen sich Kitesurfer aus aller Herren Länder – der Strand gilt als echter Top-Spot. Zwischen März und Oktober trainieren die besten Kitesurfer der Welt und zeigen teils aberwitzige Sprünge zwischen Wind und Wellen, und in den Sommermonaten finden hier diverse Kitesurf-Meisterschaften statt. Famara bietet optimale Bedingungen, aber auch an einigen anderen Stränden auf Lanzarote kann man kitesurfen.

▶ So funktioniert`s
Der Kitesurfer steht auf dem Board und wird vom Lenkdrachen über die Wasseroberfläche gezogen.

Quick Release (am Chicken Loop)
kann im Notfall ausgelöst werden, damit der Kite abstürzt

Bar
Lenkstange

Safety Leash
elastische Leine, die Kite und Surfer verbindet

Floater
halten den Bar über Wasser

▶ Ausrüstung

Helm
Besonders für Anfänger und in flachen Gewässern ist der Helm unverzichtbar.

Hüfttrapez
Der Zug des Kites wird durch das Trapez auf den Surfer übertragen. An Metallhaken wird der Chickenloop befestigt.

Prallschutzweste
bietet zusätzlichen Auftrieb und dient zum Schutz vor Verletzungen und Kälte.

Schutzbrille

Neoprenanzug
schützt den Körper vor Auskühlung.

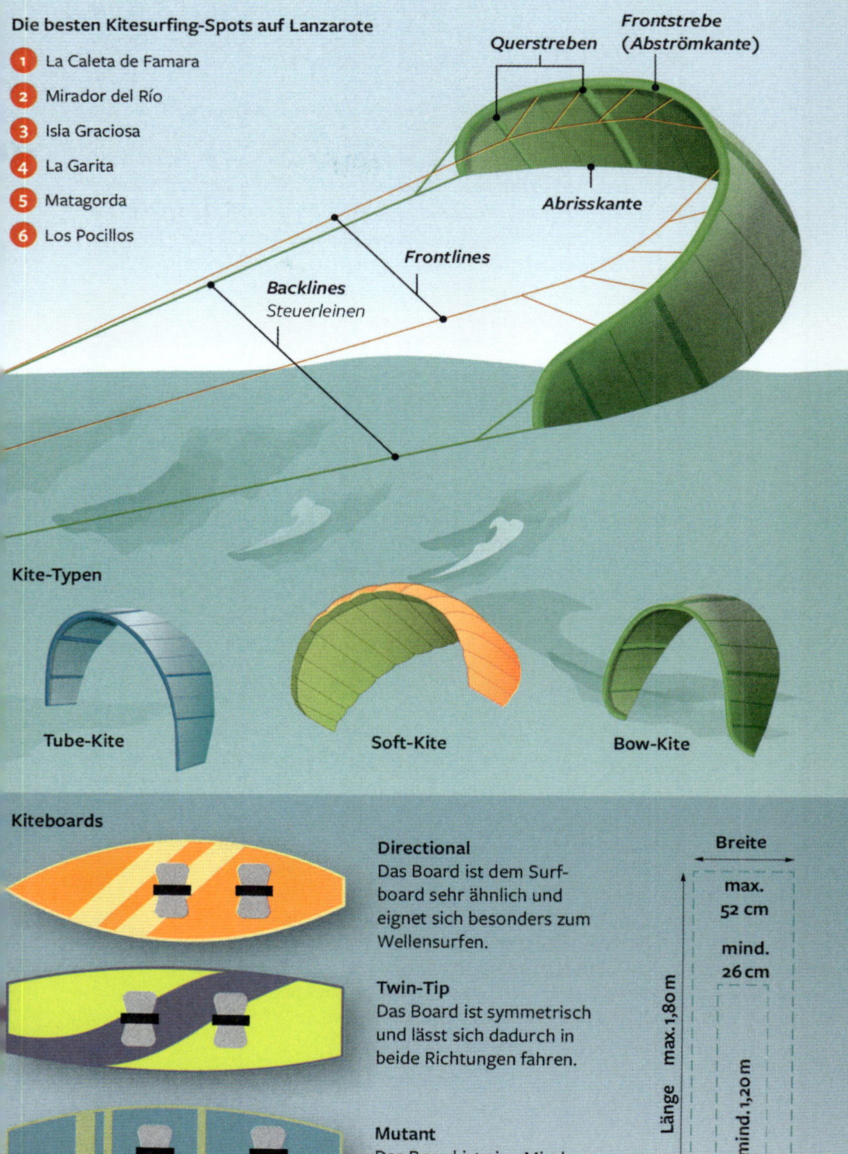

Die besten Kitesurfing-Spots auf Lanzarote
1 La Caleta de Famara
2 Mirador del Río
3 Isla Graciosa
4 La Garita
5 Matagorda
6 Los Pocillos
Querstreben
Frontstrebe (Abströmkante)
Abrisskante
Frontlines
Backlines Steuerleinen
Kite-Typen
Tube-Kite
Soft-Kite
Bow-Kite
Kiteboards
Directional
Das Board ist dem Surfboard sehr ähnlich und eignet sich besonders zum Wellensurfen.
Twin-Tip
Das Board ist symmetrisch und lässt sich dadurch in beide Richtungen fahren.
Mutant
Das Board ist eine Mischung aus Directional- und Twin-Tip-Board.
Breite
max. 52 cm
mind. 26 cm
Länge max. 1,80 m
mind. 1,20 m

★ LA GRACIOSA

Inselfläche: 28 km² | **Bewohnerzahl:** 695 | **Hauptort:** Caleta del Sebo

Kein Asphalt und bis auf ein paar Jeeps keine Autos! Dafür eine weitgehend ursprüngliche Insel mit einem Dorf, das mit seinen in den Sand gesetzten, kubischen Fischerhäuschen fast afrikanisch anmutet. Lanzarotes kleine Schwesterinsel wartet mit viel Ruhe und feinen Sandstränden auf – wie durch ein Wunder sind diese bislang überhaupt nicht touristisch erschlossen.

Jenseits von Lärm und Hektik

Angesichts der guten Schiffsanbindung und der kurzen Überfahrt von weniger als einer halben Stunde wird La Graciosa (»die Anmutige«) von vielen Tagesausflüglern besucht. Vom Hafen Caleta del Sebo machen sich Wanderer auf Küstenpfaden oder staubigen Pisten zu den abgeschiedenen Badestränden an der Süd- und Westküste auf. Die Anmutige ist durch den nur 1 km breiten, allerdings recht tiefen Meeresarm El Río von Lanzarote getrennt. Sie ist mit einer Fläche von 28 km² die größte Insel des der Nordwestküste vorgelagerten Archipiélago Chinijo. In unmittelbarer Sichtweite (sehr schön zu sehen vom ▶ Mirador del Río) liegen die unbewohnten Felseninseln Montaña Clara und Alegranza, etwas weiter entfernt die Felsen Roque del Este und Roque del Oeste. Die Gewässer des **»Kleinen Archipels«** verfügen über eine vielfältige Fauna und genießen den Status einer Meeresschutzzone (Reserva Marina del Archipiélago Chinijo). Sie sind zudem Kernzone des Biosphärenreservats Lanzarote, das, La Graciosa ausgenommen, nur mit einer Sondererlaubnis besucht werden kann. Der Vogelwelt bieten die Felseninseln geschützte Nistplätze.

Fischen wichtiger als Tourismus

Besiedlung

Ständig bewohnt ist La Graciosa erst seit 1876, damals wurde in der Bucht von **Caleta del Sebo** eine Fischfabrik gebaut. Die Arbeitskräfte kamen von Lanzarote, die sich in einer Siedlung neben der Fabrik häuslich niederließen. Der Fischreichtum vor der Insel lockte bald weitere Fischerfamilien auf die Insel, mit **Pedro Barba** entstand 6 km nördlich von Caleta del Sebo ein zweiter Ort, der heute allerdings nur noch als Feriensiedlung wohlhabender Festlandspanier genutzt wird und im Winterhalbjahr so gut wie unbewohnt ist. Obwohl die Fischfabrik schon lange geschlossen hat, lebt man auf La Graciosa nach wie vor überwiegend vom Fischfang.

Vulkane in Gelb und Rot

Montaña Amarilla, Montaña Bermeja

Höchste Erhebung von La Graciosa sind im Inselzentrum die Agujas Grandes (266 m), die trotz relativ geringer Höhe nur von **erfahrenen Wanderern** bestiegen werden können. An der Südspitze setzt

Am Bilderbuchstrand von La Graciosa: die Playa de las Conchas

die Montaña Amarilla (172 m), der gelbe Berg, eine Landmarke, im Nordwesten die rötlich eingefärbte Montaña Bermeja (157 m).

Wandern oder biken?

Tourismus

Bis auf Tagesausflügler und einige wenige Übernachtungsgäste hält sich der Fremdenverkehr auf La Graciosa in einem sehr begrenzten Rahmen. Im Hauptort Caleta del Sebo gibt es lediglich ein paar kleine Pensionen und Apartmenthäuser mit insgesamt etwas mehr als 100 Gästebetten. Bisher hat man sich bewusst und erfolgreich gegen einen weiteren Ausbau gewehrt. Sofern Sie über Nacht oder sogar ein paar Tage bleiben wollen, müssen Sie Ruhe und Abgeschiedenheit mögen. Wer nicht wandert, kann sich am Hafen von Caleta del Sebo ein Mountainbike mieten. Die überwiegend sandigen Pisten sind allerdings nicht jedermanns Sache, und Querfeldeinfahren verbietet sich aus Gründen des Naturschutzes.

Wohin auf La Graciosa?

Ein kleiner Hafenort zum Träumen

Caleta del Sebo

Der Ort ist mit seinem Hafen das Nadelöhr von La Graciosa, durch das jeder Reisende hindurch kommt. Heute leben hier etwa 600 Einwohner, Tendenz leicht fallend. Es gibt eine Grundschule und die

1945 errichtete **Parroquia Nuestra Señora del Mar.** Die einfache Fischerkirche an der staubigen Dorfstraße steht jedes Jahr Mitte Juli im Mittelpunkt eines großen Inselfestes, an dem auch viele nach Lanzarote ausgewanderte Insulaner zu Besuch auf ihre Heimatinsel kommen. Mit Strom versorgt wird der Ort von Lanzarote aus durch ein Unterwasserkabel, eine kleine Meerwasseranlage liefert Brauchwasser. Am mit viel Beton geschützten **Fischerhafen** geht es recht beschaulich zu, an der Mole laden eine Handvoll einfache Lokale zum Verweilen ein. Im **Museo Chinijo** nahe der Kirche informiert eine kleine naturkundliche Ausstellung über die Meeresfauna rund um das Archipel Chinijo.

Museo Chinijo: Calle Margarona 27 | Mo.–Sa. 10–17 Uhr | Eintritt frei | www.museochinijo.com

Erstklassig und trotzdem kaum besucht

La Graciosa verfügt über einsame Sandstrände. Der meistbesuchte und dennoch relativ leere Strand, die **Bahía del Salado,** liegt in der Nähe des Hafens. Etwas weiter im Südwesten kommt man zur **Playa Francesa,** einer stark dem Wind ausgesetzten Sandbucht. Die kleine Nachbarbucht, die **Playa de la Cocina,** ist der von FKK-Anhängern bevorzugte Strand. Die **Playa de las Conchas** im Nordwesten ist ebenfalls ein wunderschöner Sandstrand. Man muss dort beim Baden aber mit gefährlichen Strömungen rechnen.

LA GRACIOSA ERLEBEN

Zwischen Órzola (Lanzarote) und Caleta del Sebo (La Graciosa) besteht eine Fährverbindung (keine Autofähre); die Zeiten variieren nach Saison. Die Fahrt dauert etwa 15 bis 20 Minuten.

Höhepunkt der einwöchigen Fiestas del Carmen in Caleta del Sebo Mitte Juli ist eine Schiffsprozession, mit der die Schutzheilige der Fischer geehrt wird.

MESÓN DE LA TIERRA €

Vom gemütlichen Terrassenlokal auf der Mole können Sie das beschauliche Treiben am Hafen verfolgen, hier vergeht die Wartezeit bis zum Ablegen der Fähre wie im Flug.

Am Schiffsanleger
Tel. 679 95 59 69

EVITA BEACH €€-€€€

Die komfortabelste Möglichkeit auf La Graciosa, Lanzarotes kleiner Schwester, zu wohnen! Die neue Apartmentanlage liegt nur wenige Gehminuten vom Schiffsanleger entfernt am westlichen Rand des Hafenbeckens. Von den Ferienwohnungen, es gibt auch größere Suiten mit zwei Schlafzimmern und Jacuzzi, genie-

BAEDEKER ÜBERRASCHENDES

6X DURCHATMEN

Entspannen, wohlfühlen, runterkommen

1.

ATEMBERAUBEND

Ein grandioser Logenplatz, nur zu Fuß zu erreichen! Der steile Abstieg durch das Famara-Kliff zur **Playa del Risco** ist für geübte Wanderer nicht zu schwierig. Unten am Sandstrand dürfen Sie sich dann fast wie Robinson fühlen. (▶ **S. 176**)

2.

ÜPPIGES GRÜN

Hoch über dem »Tal der 1000 Palmen« erlaubt der **Mirador del Bosquecillo** ein fulminantes Panorama auf die sichelförmig geschwungene Playa de Famara. Ein für Lanzarote überraschend grünes Fleckchen. (▶ **S. 91**)

3.

ZEITLOS

Nur eine halbstündige Bootsfahrt über die Meerenge El Río trennt die Schwesterinsel **La Graciosa** von Lanzarote. Doch in dem so gut wie autofreien kleinen Hauptort **Caleta del Sebo** scheint jemand die Zeit angehalten zu haben. (▶ **S. 103**)

4.

VERTRÄUMT

Die heimeligste Ecke der Inselmetropole Arrecife ist zweifelsohne der **Charco de San Ginés,** sogar ein bisschen Fischerromantik gibt es dort noch. Praktischerweise laden an der Promenade rund um die Lagune ruhige Terrassenlokale zu einer kleinen Pause. (▶ **S. 45**)

5.

VULKANISCH

Vom Strand von Playa Blanca braucht es nur eine kurze Wanderung hinauf zur **Montaña Roja.** Je nach Gusto können Sie den rostrot eingefärbten Hausvulkan der Ferienstadt auf dem luftigen, doch relativ breiten Kraterrand umrunden. (▶ **S. 132**)

6.

WELTFERN

Lanzarotes Westküste bei **Tinajo** ist kaum besiedelt und lediglich durch ruppige Erdstraßen erschlossen. An der rauen Lavaküste sind Sie ganz weit weg und meist mit sich und der Welt allein. Ungeschminkt, karg und rau, aber faszinierend! (▶ **S. 167**)

ßen Sie über die Meerenge El Río hinweg eine spektakuläre Aussicht auf den Risco de Famara. Absolute Ruhe ist hier garantiert und der Dorfstrand befindet sich direkt vor der Haustür.
Caleta del Sebo
Avenida Virgen del Mar 19
Tel. 625 33 95 86
www.evitabeach.club

PENSIÓN GIRASOL €
Die kleine Familienpension war die erste touristische Unterkunft auf La Graciosa. Sie lebt bis heute von ihrer zentralen Lage am Hafen. Viel Komfort darf in dem schlichten Haus allerdings nicht erwartet werden, dafür wohnt man ausgesprochen günstig.
Calle La Popa 2
Tel. 928 84 21 18

Wanderungen auf La Graciosa

Mit Proviant versorgen

Vor der Wanderung

Ausgangspunkt jeglicher Unternehmungen auf La Graciosa ist Caleta del Sebo. In der winzigen Inselbäckerei an der Hafenmole oder einem der beiden kleinen Supermärkte kann man sich vor dem Start mit Proviant und Trinkwasser eindecken – außerhalb des Ortes gibt es keinerlei Infrastruktur.

Wanderziele im Inselnorden

Pedro Barba

Vom nördlichen Ortsrand Caleta del Sebos aus erreicht man auf einem gut ausgetretenen Küstenpfad durch im Frühjahr blühende Matten von Mittagsblumen die **nicht ständig bewohnte Sommersiedlung** Pedro Barba. Dort gibt es neben dem Schiffsanleger einen geschützten, doch bescheidenen Sandstrand. Unterwegs laden winzige Badeplätze, etwa nahe der Caleta del Aguardiente (Schnapsbucht), zu einer Pause ein. Für den Weg nach Pedro Barba sollten Sie hin und zurück gut zweieinhalb Stunden einplanen. Je nach Gusto kann von dort aus die Wanderung um eine Rundtour durch den Inselnorden erweitert werden. Man kommt zuerst zur Playa Lambra (sehr steinig) und von dort – an der rötlich schimmernden Montaña Bermeja und der Playa de las Conchas vorbei – wieder nach Caleta del Sebo zurück. Diese durchaus anstrengende Wanderung dauert etwa 5 Stunden. Der Höhenunterschied ist minimal, die Orientierung auf der überwiegend flachen Insel bereitet kaum Probleme. Tagesausflügler sollten allerdings die Rückfahrtzeit der letzten Fähre im Auge haben, für längere Pausen unterwegs bleibt nur wenig Zeit.

Traumstrand am Fuß des Roten Berges

Playa de las Conchas

Die Tour zum **»Muschelstrand«** im Nordwesten der Insel ist sehr beliebt. Man erreicht ihn auf einem am westlichen Ortsrand von Caleta del Sebo beginnenden, ausgeschilderten, breiten Fahrweg (zu Fuß hin und zurück zweieinhalb Stunden). Schade, dass die ungestüme Brandung meist nur ein Sonnenbad zulässt.

Wildromantische Badebucht am »Gelben Berg«

Strände im Süden

Von der Hafenmole umläuft man das Hafenbecken und kommt zunächst an der Bahía del Salado vorbei. Von dort führt ein sandiger Weg zur **Playa Francesa** und über Sanddünen zur versteckt am Fuß der Montaña Amarilla gelegenen Playa de la Cocina. Sofern Sie trittsicher sind, kann auf schmalem Pfad zur Gipfelsäule auf dem »Gelben Berg« aufgestiegen werden, von der sich ein atemberaubendes Panorama über ganz La Graciosa und auf das Famara-Kliff von Lanzarote eröffnet.

LA SANTA

Höhe: Meereshöhe | **Einwohnerzahl:** 850

Sie merken es sofort: Sobald man sich der Küste von La Santa nähert, sind auffällig viele Aktive auf den Straßen unterwegs – rund um eines der renommiertesten Sporthotels der Kanaren wird gejoggt und geradelt, was das Zeug hält. Für beides bietet die kaum besiedelte Westküste ideale Voraussetzungen.

Sofern Sie über Tinajo zur Westküste fahren, kommen Sie zunächst ins Straßendorf La Santa **(»Die Heilige«).** Ohne das nur wenige Kilometer entfernte gleichnamige Großhotel wäre es eines jener fast vergessenen Dörfer von Lanzarote fernab vom Trubel der Welt. So profitiert man zumindest ein bisschen vom großen, modernen Nachbarn, der sich an der ansonsten kaum erschlossenen Küste wie eine Fata Morgana ausnimmt. Im Dorf selbst säumen eine Handvoll Restaurants und zwei Fahrradgeschäfte die unscheinbare Durchgangsstraße, von der schmale Stichwege zum Wasser hinunterführen. Auf einer zugegeben recht schmucklosen Promenade kommen Sie zu einem dem Meer abgetrotzten kleinen Hafen.

Erfolg nach zweitem Startversuch

La Santa Sport

Die recht großzügig gestaltete Hotelanlage La Santa Sport wurde bereits in den 1970er-Jahren errichtet, stand dann allerdings etliche Jahre leer. Es fanden sich keine Touristen, die in der recht unwirtlichen Umgebung ihre Ferien verbringen wollten. Dank eines neuen Konzepts werden nun schon lange schwarze Zahlen geschrieben. Das Erfolgsprogramm heißt Sport: In La Santa besteht die Möglichkeit, über **40 verschiedene Sportarten** auszuüben. In einer Leichtathletikanlage können alle olympischen Sportarten trainiert werden. Neben Sportlern, die hier vor allem in der Wintersaison trainieren, verbringen in La Santa auch sportfreudige Familien ihre Ferien. (▶ S. 20)

Badewanne für Anfänger

La Isleta

Durch zwei Dämme ist die Küstenzone bei La Santa mit dem winzigen vorgelagerten Inselchen La Isleta verbunden. Die durch die Dämme entstandene ruhige Meereszone gewährt an dieser ansonsten recht rauen Küste auch Anfängern **Surfmöglichkeiten.**

Pferdebucht ohne Pferde

Caleta de Caballo

In dem Fischernest östlich vom Sporthotel La Santa gibt es weder eine Bar noch einen Tante-Emma-Laden. Und auch an dem relativ geschützten Kieselstrand der »Pferdebucht« ist selten etwas los, entgegen dem Namen gibt es hier auch keine Pferde. Die drei Häuserzeilen mit ausschließlich von Lanzaroteños genutzten Ferienhäusern und Apartments oberhalb vom Wasser sind meist nur an Sommerwochenenden belebt. Unter der Woche kommt man sich hier fast wie am Ende der Welt vor.

AM MEER

Dem ewigen Spiel der Wellen lauschen, wie sich das Wasser krachend an den dunklen Basaltfelsen bricht; rote Felskrabben beim Navigieren durch die Spritzwasserzone beobachten; über dem Wasser eine aufgeregt kreischende Möwenbande; ein auf einer Klippe stehender Angler, der geduldig auf den großen Fang wartet! Am besten irgendwo an der Westküste, weit weg vom Rest der Welt.

LA SANTA ERLEBEN

ALMA €€
Das schönste Lokal am Platz! Es liegt am Ortsausgang in Richtung Sporthotel und überrascht mit einer guten Tapas-Platte und nach hinten hinaus mit einer kleinen Terrasse. Nebenan gibt es im Amêndoa (unter gleicher Leitung) kreative internationale Küche, allerdings erst ab 18 Uhr.
Avenida El Marinero 26
Mo. Ruhetag
Tel. 828 18 05 04

VERDE MAR €€€
Von den Lokalen in La Santa liegt das Verde Mar dem Meer am nächsten, doch die entscheidenden Meter für den Meerblick fehlen. Die italienischen Wirtsleute schöpfen aus dem Repertoire der Weltküche, angefangen bei marokkanischer Tajine bis hin zum scharfen Thai-Curry.
Calle Señora Encarnación 2
So. Ruhetag
Tel. 928 84 08 58
www.verdemarlasanta.com

CLUB LA SANTA €€€
Über die eigenwillige Architektur kann man geteilter Meinung sein. Doch in punkto Sportangebot ist La Santa eines der führenden Resorts der Kanarischen Inseln. Zum internationalen Publikum gehören sowohl Amateure als auch Profis (darunter auch Weltmeister und Olympiasieger).
Tel. 928 59 99 99
(Tel. in Deutschland 040 55 00 34)
www.clublasanta.de
▶ S. 23

★ LOBOS

Inselfläche: 4,6 km² | **Bewohnerzahl:** unbewohnt

Komplett autofrei! Die kleine Nachbarinsel Lobos können Sie auf einem bequemen Wanderweg in weniger als drei Stunden umrunden. Und sozusagen als Zugabe die Montaña de la Caldera besteigen, die Sie mit einem fulminanten Drei-Insel-Blick belohnt. Nehmen Sie genügend Trinkwasser und etwas Proviant mit, auf der unbewohnten Insel gibt es fast keine Infrastruktur.

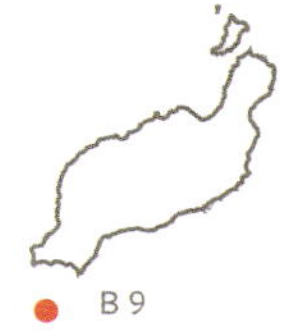

Auf Lobos meint man, Lanzarote en miniature vor sich zu haben. Der vulkanische Ursprung ist nicht zu übersehen, doch die **Vulkankegel** sind alle ein bis zwei Nummern kleiner. Ihren Namen verdankt das nur knapp 5 m² große Eiland einer Kolonie von Mönchsrobben. Diese bevölkerten vor 600 Jahren in großer Zahl die Insel, wurden dann jedoch von den spanischen Eroberern bis auf das letzte Tier ausgerottet. Zwischenzeitlich diente die Insel als Unterschlupf für Piraten.

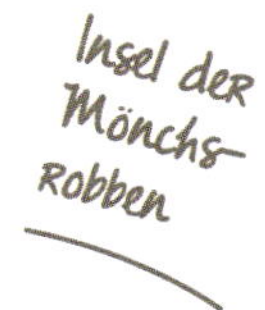

LOBOS ERLEBEN

CENTRO DE INTERPRETACIÓN
Am Bootsanleger von Lobos informiert ein kleines Besucherzentrum über Flora und Fauna des Naturparks.
Tgl. 10.30–15.30 Uhr

Von Lanzarote aus fährt von Marina Rubicón (östlich von Playa Blanca) täglich ein Katamaran der Líneas Romero direkt die Insel Lobos an. Normalerweise legt das Boot um 10 Uhr ab. Der Tagesausflug inklusive Mittagessen dauert 6 Stunden, der Fahrpreis hin und zurück beläuft sich auf etwa 64 € (www.lineasromero.com). Alternativ dazu, doch etwas umständlicher, kann man die Frühfähre von Playa Blanca (Hafen) nach Corralejo nehmen und von dort mit einem kleinen Linienboot nach Lobos übersetzen (Ferry Lobos Express, www.navieranortour.com).

CASA ANTONIO €
Die einzige Einkehrmöglichkeit auf der Insel. Sofern man den Fisch nicht vorbestellt hat, gibt es lediglich belegte Brötchen. Das Lokal liegt etwa 5 Gehminuten östlich vom Bootsanleger in einer sehr reizvollen Felsenbucht.
El Puertito
Tel. 928 87 96 53

Wohin auf Lobos?

Botanische Kleinode in vulkanischem Terrain

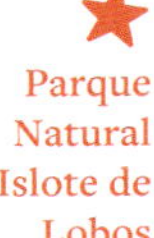

Parque Natural Islote de Lobos

Die unbewohnte Insel ist seit 1982 als Naturpark geschützt. Sie liegt in der nur 30 m tiefen Meerenge zwischen Lanzarote und Fuerteventura. Höchste Erhebung ist die **Montaña de la Caldera,** ein 124 m hoher markanter Vulkankrater. Das Markenzeichen von Lobos sind Mini-Vulkane, sogenannte **»hornitos«,** aus denen sich während der vulkanischen Aktivität Wasserdampf in die Atmosphäre entlud. Die Südküste wird von kleinen Dünen geprägt, auch gibt es dort einen Sandstrand. Aus botanischer Sicht sind neben den ausgedehnten Beständen von Balsam-Wolfsmilch (Euphorbia balsamifera) die Salzwiesen an der Ostküste interessant. Dort sind salztolerante Arten wie Gliedermelde, Jochblatt und eine endemische Strandfliederart zuhause. Insgesamt gibt es auf Lobos etwa 140 verschiedene Blütenpflanzen. Die Insel ist zugleich auch ein Rückzugsgebiet für Seevögel, u. a. nisten hier Gelbschnabelsturmtaucher.

Über und unter Wasser

Playa de las Conchas

Schöne Bademöglichkeiten gewährt die Playa de las Conchas, ca. 1 km westlich der Schiffsanlegestelle. Sie liegt in einer tief eingeschnittenen Bucht und ist gegen die Brandung geschützt. Auch Schnorchler und Taucher kommen hier auf ihre Kosten.

Fast wie Robinson Crusoe fühlt man sich auf der kleinen Nachbarinsel.

Wanderinsel par excellence

Rundweg

Für die knapp dreistündige Umrundung der Insel sollten Sie bequeme Schuhe tragen, sofern ein Abstecher auf die Montaña de la Caldera geplant ist, empfehlen sich Wanderschuhe. Am besten wendet man sich am Besucherzentrum beim Schiffsanleger nach rechts, umwandert die Insel also entgegen dem Uhrzeigersinn. Schon nach wenigen Minuten wird **El Puertito,** eine ehemalige Fischersiedlung mit behelfsmäßig zusammengeschusterten Hütten, passiert. Dann – immer dem ausgeschilderten Weg nach Norden folgend – kommen Sie nach gut einer Stunde zum **Faro de Martiño.** Vom Leuchtturm, dieser thront exponiert auf einem Hügel, ergibt sich ein großartiges Panorama hinüber zur Südküste von Lanzarote. Von hier bringt Sie der als GR-131 markierte Weg wieder zum Schiffsanleger zurück. Auf halbem Weg bietet sich für trittsichere Wanderer ein Abstecher auf die Montaña de la Caldera an, eine deutliche Trittspur führt zum Kraterrand hinauf. Sofern noch etwas Zeit bis zum Ablegen des Schiffes sein sollte, lädt die Playa de las Conchas zu einem Badestopp ein, von dort sind es noch 10 Gehminuten bis zum Anleger.

LOS VALLES

Höhe: 320 m ü. d. M. | **Einwohnerzahl:** 400

Der kleine Talort zeigt sich im Frühjahr von seiner besten Seiten, wenn die sorgfältig mit Mais und Kartoffeln bestellten Terrassenfelder aus dem halbwüstenhaften Umland hervorstechen. Und sobald die Abendsonne die Erde in ein sanftes Rot taucht, ist das Fotoglück perfekt.

Stilles Bauerndorf

Das Tal von Los Valles liegt relativ geschützt an der Südseite des zur Ebene von Teguise abfallenden **Famara-Rückens.** Die Streusiedlung zählt heute knapp 400 Einwohner, die meisten davon leben vom Kartoffelanbau – dank des milden Klimas kann drei Mal im Jahr geerntet werden. Ein reizvolles Ausflugsziel in der Nähe ist die Ermita de las Nieves. Mutterseelenallein, doch sehr aussichtsreich steht sie am Rand des steil abfallenden Risco de Famara. Auf der Fahrt dorthin können Sie auch einen Blick auf die großen Windrotoren von Los Valles werfen.

Von der Terrasse des Mirador de Los Valles hat man eine herrliche Aussicht über das Tal.

LOS VALLES ERLEBEN

MIRADOR DE LOS VALLES

€€-€€€

Den allerschönsten Blick auf das Tal von Los Valles genießt man von dem an der Straße nach Haría gelegenen Panoramalokal. In dem hundertjährigen Bauernhof wird deftig-kanarische Kost aufgetischt. Ein verglaster Gastraum hält zudem den Wind außen vor.

An der LZ-10 bei km 13
(am nördlichen Ortsausgang)
Mo. Ruhetag
Tel. 928 52 81 14

Wohin in Los Valles und Umgebung?

Paradebeispiel einer ländlichen Dorfkirche

Ermita de Santa Catalina

Von der Straße aus, die an Los Valles vorbeiführt, sieht man die strahlend weiße Kirche direkt vor einem kleinen rotbraunen Hügel liegen. Die Ermita de Santa Catalina wurde im 18. Jh. gebaut, als die Bewohner des Dorfes Santa Catalina im Südwesten der Insel vor der **Vulkankatastrophe** flohen und sich hier neu ansiedelten. Im Inneren der schlichten, doch sehr ansprechenden Ermita, ist eine Statue der Heiligen Catalina bemerkenswert. Vor der Kirche gibt es eine große Zisterne. Ein darin integrierter Waschtrog zeugt davon, dass der Wasserspeicher früher zugleich der Waschplatz des Dorfes war.

Die **Casa de los Peraza** an der Straße etwas oberhalb der Ermita ist eines der ältesten erhaltenen Gebäude Lanzarotes, sie geht nachweislich auf die Mitte des 15. Jh.s zurück. Der aus mehreren kleineren Gebäudeteilen bestehende und verschachtelt wirkende Bau mit Patio und Zisterne wurde jüngst notdürftig saniert.

Saubere Energie

Parque Eólico

Der Parque Eólico wurde 1993 nordöstlich von Los Valles im Barranco de Teneguime in Betrieb genommen. Nahe dem nördlichen Ortsausgang von Los Valles zweigt ein Zufahrtssträßchen dorthin ab. Zwar darf er nicht betreten werden, aber die Anlage lässt sich von außen gut in Augenschein nehmen. Zudem ist der Anblick der Windräder, die sich den Berg hinabziehen, auch aus der Ferne sehr imposant. Der Parque Eólico ist einer der leistungsstärksten **Windparks** auf den Kanarischen Inseln. Er liefert die Energie für die große Meerwasserentsalzungsanlage in Arrecife.

Allein auf weiter Flur

Ermita de las Nieves

Die Ermita de las Nieves liegt in vollkommener Abgeschiedenheit auf einem 650 m hohen Bergrücken. Von den drei möglichen Zufahrtswegen sollte man den am besten ausgebauten nehmen, der von der

Straße Los Valles-Haría einige Kilometer nördlich des Parque Eólico links abzweigt. Die meist nicht zugängliche Kapelle besticht durch ihre Lage: Mitten in einer steinigen Wüste ist sie – nur von niedrigen weißen Mauern und ein paar Palmen umstanden – schutzlos den stürmischen Winden preisgegeben, die hier oben auf dem **Risco de Famara** stets wehen. Oft ziehen dichte Wolken vom Atlantik herauf, während die übrige Insel von Sonne beschienen wird. In der Ermita de las Nieves wird wie vielerorts auf den Kanarischen Inseln die **Nuestra Señora de las Nieves** verehrt, die dem Namen nach für Schnee zuständig ist, auf Lanzarote allerdings traditionell um Regen angerufen wurde.

Von hier oben hat man einen umfassenden Blick über die Insel, nach Norden hin über das Bergmassiv Risco de Famara, über die Inseln La Graciosa, Montaña Clara und Alegranza, und in Richtung Süden reicht die Aussicht bis hinunter nach Arrecife. Im Nordosten liegt Lanzarotes höchster Berg, der **Peñas del Chache** mit 671 m Höhe.

★★ NATIONALPARK TIMANFAYA

Zufahrt: über die LZ-67

B 6

Erstarrte Lavaflüsse, in anthrazit, braun und rot schimmernde Vulkankegel. Kein Baum, kein Strauch – im Nationalpark Timanfaya zeigt sich Lanzarote zweifelsohne von seiner bizarrsten Seite. In dem Schutzgebiet kommt man sich wie auf dem Mond vor. Montañas del Fuego, Feuerberge, werden die ausgebrannten Vulkane im Spanischen genannt.

Aus dem Feuer geboren

Mehr als zwei Jahrhunderte wurde die durch eine gewaltige Eruptionsserie im 18. Jh. geschaffene Landschaft als nutzloses Land angesehen, das für nichts zu gebrauchen war. Heute ist die Timanfaya-Region das **touristische Aushängeschild** von Lanzarote, das jährlich mehr als eine halbe Millionen (zahlende) Besucher anzieht und damit zu einer sprudelnden Geldquelle avancierte. 1954 wurde eine 51 km² große Fläche der Vulkanlandschaft zum Nationalpark erklärt. Namensgebend für das Schutzgebiet ist der 510 m hohe Vulkan Timanfaya, seines Zeichens der höchste der rund 300 Vulkankegel in der Region. Timanfaya ist zugleich auch der Name eines Dorfes, das bei den verheerenden Vulkanausbrüchen von 1730 bis 1736 unter den Asche- und Lavamassen begraben wurde. (► S. 12, 118)

Was können Sie unternehmen?

Den Nationalpark erkunnden

Man kann mit dem Auto auf der Straße Yaiza – Mancha Blanca (dort das Besucherzentrum, ► S. 120) jederzeit durch den Nationalpark hindurchfahren, das eigentliche Zentrum ist aber nur zu den Öffnungszeiten zugänglich; nachmittags ist es hier etwas ruhiger als in den Vormittagsstunden. Eine kleine Straße führt von der Durchgangsstraße (LZ-67) bis zum Parkplatz des Restaurants El Diablo. Von dort ab sind Privatfahrzeuge nicht mehr zugelassen. Im Eintrittspreis eingeschlossen ist jedoch eine Busfahrt auf der **Ruta de los Volcanes.** Die rund 30-minütige Tour führt zu den wichtigsten Natursehenswürdigkeiten im Nationalpark. Außerdem kann man

FEUERBERGE

Wie auf dem Mond fühlt man sich auf der Bustour »Ruta de los Volcanes«: aufgerissene Vulkankegel, Lavaseen und eine vegetationsfeindliche Landschaft so weit das Auge reicht. Auch wenn es vielleicht pathetisch klingen mag: Hier sind Sie ganz nah an der Schöpfungsgeschichte dran. Für die richtige Stimmung sorgt die mit sphärischen Klängen von Beethoven und Richard Strauss untermalte Busfahrt.

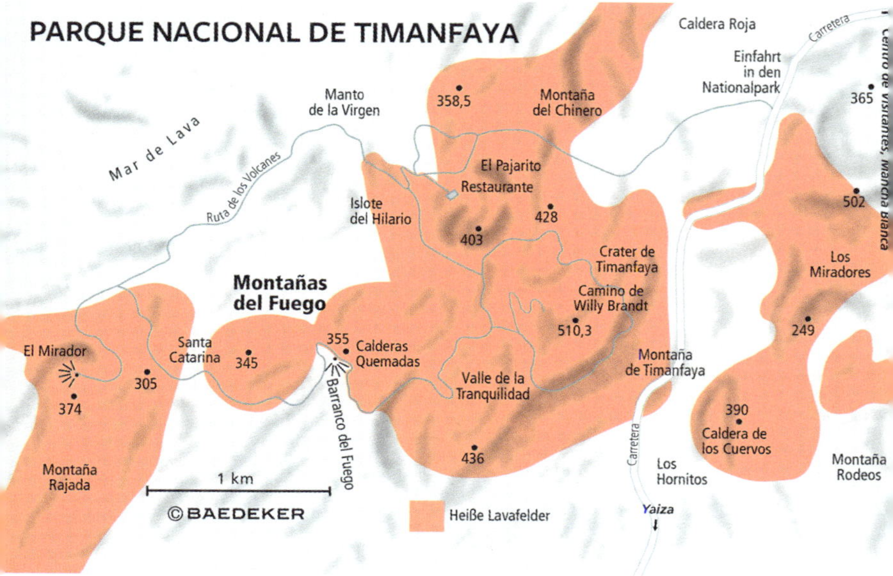

PARQUE NACIONAL DE TIMANFAYA

Caldera Roja
Carretera
Centro de Visitantes, Mancha Blanca
Einfahrt in den Nationalpark
365
Manto de la Virgen
358,5
Montaña del Chinero
Mar de Lava
Ruta de los Volcanes
El Pajarito
Restaurante
Islote del Hilario
428
403
502
Crater de Timanfaya
Los Miradores
Montañas del Fuego
Camino de Willy Brandt
510,3
249
El Mirador
Santa Catarina
345
355
Calderas Quemadas
Montaña de Timanfaya
305
374
Barranco del Fuego
Valle de la Tranquilidad
390
Caldera de los Cuervos
436
Carretera
Los Hornitos
Montaña Rodeos
Montaña Rajada
1 km
© BAEDEKER
Heiße Lavafelder
Yaiza

Gut getarnt ruht sich hier die Purpurarien-Eidechse aus.

auf einem Dromedar das Gebiet erkunden. Die Station, von der aus die Dromedare zu ihrem kurzen Ausritt starten, liegt südlich der Zufahrt zum Restaurant direkt an der Straße von Yaiza nach Mancha Blanca. Dort befindet sich auch das **Museo de Rocas,** ein kleines Museum, in dem verschiedene Formen von Lava und Mineralien ausgestellt werden. Möglich ist ferner eine Wanderung entlang der zum Nationalparkgebiet gehörenden Küstenzone.

Besichtigung: tgl. 9–17.45 Uhr (letzte Busrundfahrt 17 Uhr), im Sommer eine Stunde länger | Kamelritt: 12 € pro Dromedar (2 Personen) | **Museo de Rocas:** Mo.–Fr. 9–15 Uhr | Eintritt frei

Pioniere auf verwüstetem Land

Flora und Fauna

Das Nationalparkgebiet wirkt auf den ersten Blick wie eine völlig vegetationslose Mondlandschaft. Doch auf der **erstarrten Lava** beginnt, wenn auch recht zaghaft, sich wieder Leben anzusiedeln. Die Vulkanregion gilt als Paradebeispiel für den Wiederbeginn einer Vegetation auf einem so gut wie kahlen Boden (Sukzessionsfläche). Rund 150 verschiedene Arten von Flechten sind hier zu finden, ferner einige Sukkulenten wie das endemische Lanzarote-Aeonium (Aeonium lancerottense) und die Balsam-Wolfsmilch (Euphorbia balsamifera). Auch der aus Nordafrika eingewanderte Strauch-Dornlattich (Launaea arborescens) ist auf der Lava eine Pionierpflanze. Von den Nachbarinseln vor etwa 100 Jahren eingeschleppt wurde der Kanaren-Ampfer (Rumex lunaria), der vielerorts die nackten Vulkanhänge besiedelt. Das auch Mondampfer genannte Knöterichgewächs gilt im Nationalpark als unerwünschter Eindringling und wird von daher bekämpft. An Wirbeltieren lebt im Nationalpark vor allem die Purpurarien-Eidechse (Gallotia atlantica).

Unter der Erde glüht es

Islote de Hilario

Eine Besonderheit sind die hohen Temperaturen, die hier in der Erde noch herrschen. Am **Islote de Hilario,** dem Krater, an dem das Restaurant El Diablo gebaut wurde, werden die höchsten Temperaturen verzeichnet: nur 10 cm unter der Erdoberfläche 140 °C, in 6 m Tiefe bereits Temperaturen von rund 400 °C! Nach Schätzung von Geologen ist in einigen Kilometern Tiefe flüssiges, 800 °C heißes Magma vorhanden.

Dieses Phänomen wird Besuchern an mehreren Beispielen verdeutlicht: Im Eingangsbereich des Restaurants gibt es einen Grill, auf dem nur mit der aus der Erde abgestrahlten Wärme Fleisch und Fisch gegrillt werden. Ein Angestellter des Nationalparks führt auf dem Gelände neben dem Restaurant zwei weitere Experimente vor: Er legt Reisig in eine Erdkuhle, wo es innerhalb kürzester Zeit zu brennen anfängt. Außerdem gießt er kaltes Wasser durch ein Rohr in die Erde. Nach kurzer Zeit schießt es als Dampfstrahl wieder an die Erdoberfläche.

BAEDEKER WISSEN

VULKANISCHE INSELWELT

Die Kanarischen Inseln, am Ostrand des bis über 6500 m Tiefe hinunterreichenden Kanarischen Beckens gelegen, sind ein Archipel, der seine Entstehung einem ortsfesten Hotspot unter der Afrikanischen Platte verdankt.

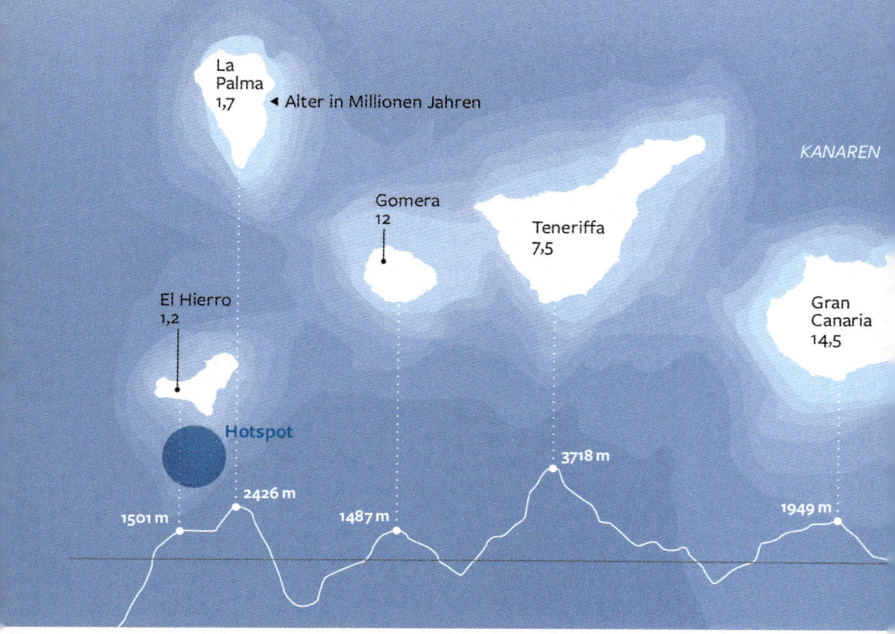

La Palma 1,7 ◂ Alter in Millionen Jahren

KANAREN

Gomera 12

Teneriffa 7,5

El Hierro 1,2

Gran Canaria 14,5

Hotspot

1501 m

2426 m

1487 m

3718 m

1949 m

▶ **Plattentektonik und Hotspots**
Die Afrikanische Platte driftet in nordöstliche Richtung, der Hotspot bleibt jedoch ortsfest. Deshalb lagen die östlichen Inseln Gran Canaria, Fuerteventura und Lanzarote schon vor längerer Zeit über dem Hotspot, die westlichen Inseln La Gomera, Teneriffa und La Palma und Hierro jedoch erst in jüngerer Zeit und der untermeerische Vulkan vor El Hierro seit Herbst 2011.

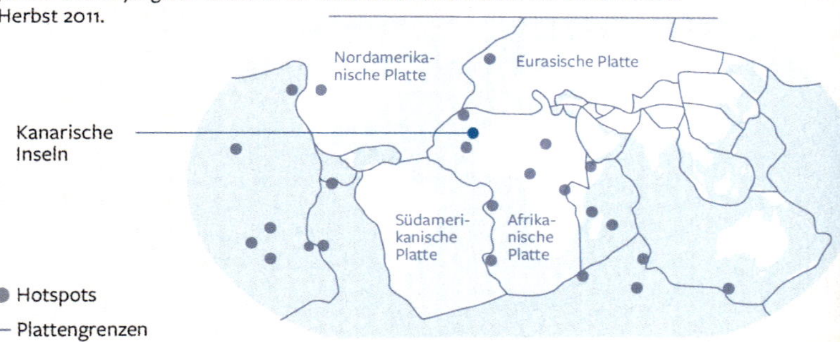

e 500 km lange
elkette führt
stematisch von
t nach West. Das
er nimmt stetig
. Diese Tatsache
t als Beleg für die
otspot-Theorie.

O

Lanzarote
15,5

Furte-
ventura
20,6

AFRIKA

807 m
671 m
0 m
4000 m

Entstehung von Land
Seit November 2011 ist vor der Küste von El Hierro ein submariner Vulkan aktiv, dessen Kegel heute bis 125 m unter den Meeresspiegel heraufreicht.

Inselprofil
Die Kanaren bilden heute einen mächtigen, bis zu 4000 m u.d.M reichenden untermeerischen Gebirgszug, von dem allenfalls 5% über den Meeresspiegel herausragen.

otspot-Theorie
»Ein Hotspot ist eine dünne Stelle im oberen rdmantel, durch die heißes Magma nach oben ufsteigen und die Erdkruste aufschmelzen kann«, ormulierte der Vulkanologe Jahn T. Wilson in den 960er-Jahren.

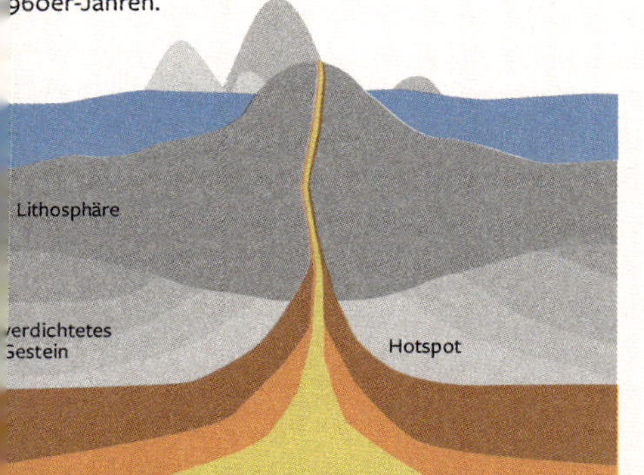

▶ Vulkanausbrüche auf den Kanaren
In den letzten 500 Jahren gab es zehn große und mehrere kleine. Diese fanden nur lokal statt und betrafen nicht die gesamte Inselwelt.

Teneriffa	1492 1604,1605 1704–1706, 1798 1909
La Palma	1585 1646,1677 1712 1971, 1949
Lanzarote	1730–1736 1824
El Hierro	2011, 2012

Wo der Teufel grillt

El Diablo

Entsprechend konnte auch das **Restaurant** El Diablo (der Teufel) nur aus feuerfesten Materialien und mit einer Isolierschicht gebaut werden. Das Gebäude ist bereits 1970 nach Plänen von **César Manrique** (▶ S. 8) errichtet worden. Riesige Fensterflächen geben den Blick auf die ungewöhnliche Landschaft frei. Wie in vielen, der von dem Künstler geschaffenen Einrichtungen gibt es hübsch gestaltete Sitzgruppen. Mitten im Raum hat er ein verglastes Rondell eingelassen, das Lavagestein und einen Baumtorso zeigt, sowie das Skelett eines Wirbeltieres. Manrique bezog sich dabei auf eine Legende, nach der hier oben der Einsiedler Hilario lebte, der von einem Dromedar begleitet wurde. Überall ist das **Bildnis des Diablo,** des Teufels, zu sehen, ein Symbol für die Region der Montañas del Fuego, das ebenfalls César Manrique entworfen hat. (▶ S. 122)

Mit dem Bus durchs »Lavameer«

Ruta de los Volcanes

Vor dem Restaurant starten die Busrundfahrten über die Ruta de los Volcanes. An besonders bizarren Stellen machen die Busse kurze Stopps, und die Besucher haben die Gelegenheit, durch die Scheiben hindurchzufotografieren – aussteigen dürfen die Fahrgäste in der Regel nicht. Was man zu sehen bekommt, ist dennoch grandios: Vom **Aussichtspunkt El Mirador** hat man einen hervorragenden Blick über das Mar de Lava, die Lavamassen, aus denen sich zahllose kleinere und größere Krater erheben. Weiter fährt der Bus am **Barranco del Fuego** vorbei, einer Schlucht, die einst das Bett eines Lavastroms darstellte. Schließlich geht es durch das **Valle de la Tranquilidad** (»Tal der Ruhe«), das von einer dicken Lapillischicht überzogen ist. An einer Stelle hält der Bus direkt bei einem »jameo«, einem Lavatunnel, dessen Decke eingestürzt ist. Hier sind deutlich tropfenartige Gebilde zu sehen, die beim Erstarrungsprozess der Lava entstanden sind.

Was bitte ist Aa-Lava?

Centro de Visitantes

Am besten besichtigt man das sehr gut gemachte **Informationszentrum des Nationalparks** (Centro de Visitantes e Interpretación) vor dem Besuch der Montañas del Fuego. Man bekommt hier ausgezeichnete und fundierte Hintergrundinformationen zur Entstehung der grandiosen Vulkanlandschaft. Das Besucherzentrum liegt an der Straße Yaiza – Mancha Blanca, 4 km nordöstlich der Zufahrt in die Feuerberge. Im Stundenturnus wird eine audiovisuelle Vorführung gezeigt, die in die bizzare Schönheit der Landschaft einführt. Die Filme über Vulkanismus kann man per Kopfhörer auch auf Deutsch verfolgen. Eine ständige Ausstellung informiert über die Entstehung der Kanaren, Vulkanismus sowie Flora und Fauna des Timanfaya-Nationalparks. Eine Aussichtsterrasse gibt den Blick auf die Vulkanlandschaft frei. (▶ S. 122)

Centro des Visitantes de Mancha Blanca: tgl. 9–17 Uhr | Eintritt frei

BAEDEKER ÜBERRASCHENDES

6X ERSTAUNLICHES

Überraschen Sie Ihre Reisebegleitung: Hätten Sie das gewusst?

1. FAST WIE IN ISLAND

Im **Nationalpark Timanfaya** werden Parkwächter nicht müde, dem Publikum die noch unter der Erde schlummernde Hitze zu demonstrieren: In Erdlöcher geworfenes Reisig brennt sofort, Wasser schießt wie ein Geysir aus dem Boden. (▶ **S. 122**)

2. WIND UND WELLEN

An der **Playa de Famara** brechen sich die atlantischen Wellen mit ungestümer Kraft. Wellenreiter und Kitesurfer fühlen sich an dem vielleicht wildesten Inselstrand ganz in ihrem Element. (▶ **S. 93**)

3. ÜBERRASCHUNG

In der **Cueva de los Verdes** können Sie unter fachkundiger Führung tief unter die Erde in eine effektvoll ausgeleuchtete Lavaröhre absteigen. Während der Tour werden Sie dabei mit einer optischen Täuschung konfrontiert, die es in sich hat. (▶ **S. 56**)

4. WINDGESCHÜTZT

Nicht von ungefähr werden die Weinberge von **La Geria** als Gesamtkunstwerk bezeichnet. Abertausende von halbkreisförmigen Steinmauern schützen die Rebstöcke vor dem Passatwind und sorgen so auch für eine einzigartige Kulturlandschaft. (▶ **S. 16, 95**)

5. HERAUSGEPUTZT

Das zugegeben ziemlich touristisch herausgeputzte, doch zauberhaft arrangierte Hafenquartier **Marina Rubicón** ist noch keine 20 Jahre alt. Trotzdem fühlt man sich an manchen Ecken wie in einem kanarischen Dorf in alte Zeiten zurückversetzt. (▶ **S. 127**)

6. SALZIG

Um früher an Salz heranzukommen, ließ man sich an den **Salinen von Janubio** etwas einfallen: Windmühlen pumpten das Meerwasser in wie im Schachbrettmuster akkurat angeordnete Becken. Schön, dass es genau darüber einen Aussichtspunkt gibt. (▶ **S. 135**)

NATIONALPARK TIMANFAYA ERLEBEN

ANFAHRT

Die Zufahrt in den Nationalpark ist nicht ans öffentliche Busnetz angeschlossen. Sofern man nicht im Mietwagen unterwegs, kann eine organisierte Busrundfahrt gebucht werden (buchbar in allen größeren Hotels).

CENTRO DE VISITANTES

Mancha Blanca (an der LZ 67)
Tel. 928 84 08 39
tgl. 9–16 Uhr

EL DIABLO €€

Allein die Lage macht es! Die großen Panoramafenster erlauben eine tolle Aussicht auf die Vulkanlandschaft. Fisch, Hähnchenkeulen und Steaks werden auf einem natürlichen Vulkangrill zubereitet. Doch allgemein ist das Niveau der Küche eher mäßig, so manche der Zutaten kommen aus der Tiefkühltruhe. Vielleicht sollte man es bei einem Heiß- oder Kaltgetränk belassen.

Islote de Hilario (am zentralen Parkplatz)
Tel. 928 84 00 57

Wanderungen im Nationalpark

Vulkanologische Phänomene fachkundig präsentiert

Geführte Wanderungen

Die Nationalparkverwaltung organisiert regelmäßig geführte (kostenlose) Wanderungen. Es gibt zwei unterschiedliche Touren, die 3,5 km lange, leichte Wanderung **»Tremesana«** oder die 9 km lange, anspruchsvollere **»Ruta del Litoral«** entlang der Küste. Letztgenannte Wanderung kann man auch allein absolvieren. Dann muss man allerdings auf derselben Strecke wieder zurück, die Nationalparkverwaltung organisiert dagegen einen Bustransfer.

Erfahrene Mitarbeiter der Nationalparkverwaltung begleiten die Wanderungen und geben unterwegs Erläuterungen in Spanisch oder Englisch. Die Teilnehmerzahl ist begrenzt. Nicht selten sind die geführten Wanderungen schon Wochen im Voraus ausgebucht. Daher ist eine **rechtzeitige Voranmeldung** erforderlich. Anmeldung im Centro des Visitantes de Mancha Blanca (► S. 120) oder im Internet. Bei den Touren ist gutes Schuhwerk angesichts des scharfkantigen Lavagesteins unabdingbar!

Anmeldung online: www.reservasparquesnacionales.es

Bizarr und ruppig: Trails entlang der Lavaküste

Wanderung in Eigenregie

Wanderungen im Nationalparkgebiet in Eigeninitiative sind nicht erlaubt. Eine Ausnahme bildet die Wanderung entlang des zum Nationalparkgebiet gehörenden Küstenabschnitts. Die Wanderung startet an der **Playa de la Madera,** die man von Tinajo aus auf einer nicht beschilderten Piste erreicht. Aus nördlicher Richtung kommend, passiert man den Kirchplatz von Tinajo und biegt nach 300 m rechts ab, nach 150 m hält man sich nochmals rechts. Das Asphaltsträßchen führt an Feldern vorbei. In einer Rechtskurve verlässt man nach 4 km die Asphaltstraße und biegt auf eine (mit dem Pkw befahrbare) Schotterpiste ein. Auf ihr erreicht man nach etwa 9 km die Playa de la Madera. Hier beginnt ein zunächst kaum erkennbarer Pfad an der Küste entlang in Richtung Südwesten. Hat man genügend Ausdauer, könnte man bis zur knapp 5 km entfernten **Punta de la Ensenada** gehen, einer kleinen, aus schwarzen Basalten aufgebauten Landzunge. Der Rückweg erfolgt auf demselben Weg.

ÓRZOLA

Höhe: 10 m ü. d. M. | **Einwohnerzahl:** 288

Die meisten Besucher lernen Órzola als Durchgangsstation vor der Überfahrt nach La Graciosa kennen. Doch wer sich darüber hinaus etwas Zeit nimmt, kann im Norden Lanzarotes etliche kleine und große Entdeckungen machen. Wer spektakuläre Landschaften sucht, wird an der Playa de la Cantería am Fuß des steil abfallenden Famara-Kliffs fündig.

F 3

Der Ortsname wird auf die Orchilla-Flechte zurückgeführt, aus der man früher einen Farbstoff gewann. Heute leben die Einwohner von Órzola vornehmlich vom Fischfang und der Fährverbindung zur Nachbarinsel La Graciosa. Und essen müssen die Ausflügler schließlich auch – ein Dutzend Lokale teilen sich das gastronomische Geschäft. Fast stündlich legen die kleinen Boote nach La Graciosa ab, so herrscht am Hafen von Órzola tagsüber ein ständiges Kommen und Gehen. Bei sommerlichem Wetter tummelt sich die Jugend des Fischerortes derweil im Hafenbecken und stürzt sich ein ums andere Mal mit Kopfsprüngen von der Kaimauer ins Wasser. Noch turbulenter geht es Mitte Juli zu, wenn auf La Graciosa die **Fiesta del Carmen** gefeiert wird. Dann fahren die kleinen Fischerboote und Fähren unablässig hin und her, um die zu Tausenden auf die Nachbarinsel strömenden Gäste hinüber zu bringen. Wer dagegen am frühen Morgen oder am späten Nachmittag nach Órzola kommt, erlebt eine beschauliche Ruhe – abends sind am Hafen nur noch ein paar Fischer damit beschäftigt, ihr Tagewerk allmählich zu beenden. Und spätestens nach Ankunft der letzten Fähre räumen die Restaurants die Stühle zusammen.

6X EINFACH UNBEZAHLBAR

Erlebnisse, die für Geld nicht zu bekommen sind

1. HALB VERSCHLUCKT

Fast überall, wo es etwas Außergewöhnliches zu sehen gibt, wird auf Lanzarote Eintritt verlangt. Nicht so an dem halb vom Meer verschluckten Krater **El Golfo.** Die smaragdgrüne Lagune davor gibt es als Zugabe. (▶ **S. 67**)

2. INFORMATIV

Das multimedial aufgestellte **Centro de Visitantes** macht umfassend mit dem Thema Vulkanismus bekannt. Außerdem können Sie einem mit viel Effekten und Getöse simulierten Vulkanausbruch beiwohnen. (▶ **S. 120**)

3. AUSSICHTSREICH

Am Mirador del Río wird man für die spektakuläre Aussicht hinüber zur kleinen Schwesterinsel La Graciosa zur Kasse gebeten. Der mindestens genauso atemberaubende Ausblick vom **Mirador de Guinate** nur ein paar Kilometer südlich dagegen ist kostenlos. (▶ **S. 175**)

4. HEILSAM

Auf dem Rundgang durch die Plantage der **Finca Aloe vera** erfahren Sie, wie die schon von Kleopatra und Nofretete geschätzte alte Heilpflanze angebaut wird, und natürlich gegen welche Zipperlein das Gel verwendet werden kann. (▶ **S. 125**)

5. TÄNZERISCH

Auf dem **Sonntagsmarkt in Teguise** können Sie nach Herzenslust flanieren und stöbern. Immer vor Ort ist eine Trachtengruppe, die mit Timplemusik, Paartänzen und inbrünstig vorgetragenem kanarischen Liedgut für Stimmung sorgt. (▶ **S. 155**)

6. STEINALT

Im Nationalpark Timanfaya gibt es neben dem Platz, an dem die Kamelsafaris starten, ein unscheinbares **Museum für Steine** mit einer Sammlung von auf der Insel vorkommenden Gesteinsarten und verschiedenen Formen von Lava. (▶ **S. 117**)

ÓRZOLA ERLEBEN

LA NASA (RESTAURANTE EL NORTE) €€

Das Lokal liegt versteckt in einer Seitenstraße etwas westlich vom Hafen und muss sich von daher besonders anstrengen, um Kundschaft zu gewinnen. Tatsächlich gehören Fischküche und Service zum Besten am Platz. Sind Sie zu zweit unterwegs, sollten Sie die opulente Fischplatte wählen.
Calle Embarcadero 6
Tel. 928 84 83 27

OS GALLEGOS €€

Angesichts der zentralen Lage am Hafen ist dieses Lokal immer gut besucht, doch die Küche ist mittelmäßig. Tafeln informieren über das Tagesangebot, das, wie es sich für einen Hafenort gehört, vornehmlich auf Fisch und Meeresfrüchte ausgerichtet ist.
Calle La Quemadita 6
Tel. 928 84 25 02

PERLA DEL ATLÁNTICO €€

Nur 100 m vom Fähranleger entfernt kann man hier sehr ruhig auf der autofreien Promenade sitzen. Die große Außenterrasse erlaubt einen wunderbaren Ausblick auf die im Hafenbecken schaukelnden Kutter. Und das Speisenangebot stimmt ebenfalls, neben Fisch stehen auch Pastagerichte auf der Karte.
Calle Peña del Señor Dionisio 5
Tel. 603 24 01 17

Rund um Órzola

Surferstrand unterm Steilabbruch

Playa de la Cantería

Was viele Ausflügler nicht wissen: Etwa 1 km westlich vom Ort erreicht man auf einer Piste einen hellen Sandstrand, der wegen der stark anbrandenden Wellen allerdings eher für Wellenreiter geeignet ist. Doch er liegt vor der großartigen Kulisse des **Famara-Massivs,** das hier steil zum Meer abfällt und den Strand schon am frühen Nachmittag in Schatten hüllt. Je nach Gusto können Sie auf einem schmalen Pfad ein Stück weit in Richtung Punta de Fariones wandern.

Kühlendes gegen Sonnenbrand

Finca Ecológica de Aloe vera

Fahren Sie vom Pardelas Park auf der LZ-203 weiter in südlicher Richtung, lohnt ein Halt an der Finca Ecológica de Aloe vera. Der ökologisch wirtschaftende Betrieb kultiviert auf großen Feldern die Heilpflanze Aloe vera, deren Gel für die Produktion von Kosmetikprodukten und als altes **Hausmittel gegen Sonnenbrand** dient. Auf einem Rundgang durch die terrassenförmig angelegte Plantage machen Infotafeln u. a. mit dem Feigenkaktus und dem Arganbaum bekannt.
Calle La Quemadita 96 (an der LZ-203) | Mo.–Sa. 10.30–18.30 Uhr
Eintritt frei | www.lanzaloe.com

3000 Jahre schlechtes Land

Malpaís de la Corona

Südlich von Órzola erstreckt sich eine als Malpaís de la Corona bezeichnete Region, was so viel wie »schlechtes Land des Corona-Vulkans« bedeutet. Das **weite Lavafeld** kann in keiner Weise landwirtschaftlich genutzt werden. Lediglich einige Sukkulenten und Flechtenarten wachsen hier. Wie auch die Lavagrotten ►Jameos del Agua und ►Cueva de los Verdes entstand die unwirtliche Region vor etwa 3000 Jahren durch den Ausbruch des Vulkans Monte Corona.

Hellsandige Einsprengsel an dunkler Vulkanküste

Bajo de los Sables

Völlig überraschend finden sich in all der dunklen Unwirklichkeit **einige Strandbuchten** mit hellem, feinem Sand, an denen man – von Arrieta kommend – kurz vor Órzola vorbeifährt. Die schönste ist hier der Bajo de los Sables. Parkmöglichkeiten gibt es an der Straße.

Bauernhof mit Tierchen zum Streicheln

Pardelas Park

Der Tierbauernhof steht vor allem bei Kindern hoch im Kurs. Er liegt etwa 1,5 km außerhalb von Órzola an der mit Haría ausgeschilderten Straße (LZ-203). Auf dem Gelände, zu dem auch ein Spielplatz und eine Cafeteria gehören, gackern frei laufende Hühner herum, in Gehegen werden Kaninchen, Ziegen und Esel gehalten. An der Rezeption wird man mit einem Korb voll altem Brot ausgestattet und darf die Tiere selbst füttern. Der Hof ist übrigens nach dem **Gelbschnabeltaucher** (span. pardela) benannt, einem Seevogel aus der Ordnung der Röhrennasen, der bevorzugt in der unzugänglichen Klippenlandschaft im Norden von Lanzarote und auf den vorgelagerten Felseninseln nistet.

La Quemadita 88 | tgl. 10–19, im Winter bis 18 Uhr | Eintritt: Erwachsene 4,50 €, Kinder 3,50 €| www.pardelas-park.com

★★ PLAYA BLANCA

Höhe: Meereshöhe | **Einwohnerzahl:** 11 301

Warum gerade an der Südküste von Lanzarote ein großer Badeort entstand, ist ein offenes Geheimnis. Nicht nur, dass es hier eines der schönsten Badereviere der Kanarischen Inseln gibt, Playa Blanca kann auch mit ein paar Sonnenstunden mehr als der Rest der Insel aufwarten. Geschützte Badebuchten und flach abfallende Strände machen den Ort ideal für den Familienurlaub.

Playa Blanca ist nach Puerto del Carmen das zweitgrößte Ferienzentrum der Insel. Noch vor 40 Jahren gab es hier keinerlei touristische Infrastruktur. Lediglich ein paar Fischerkaten standen in dem heute **»Old Town«** genannten Ortszentrum. Dort gab es auch für das in den nahe gelegenen Salinen gewonnene Meersalz ein Lagerhaus (Almacen de la Sal), von dem das weiße Gold auf die Nachbarinseln verschifft wurde. In Playa Blanca laden mehrere kleine Strände zu Badespaß ein. Ein paar Kilometer weiter östlich reihen sich zudem ein halbes Dutzend traumhafte Badebuchten mit feinem Pulversand aneinander, die Playas de Papagayo. Besonders reizvoll: weit und breit verschandelt dort kein einziger Hotelbau die Landschaft. Das soll auch zukünftig so bleiben.

Wohin in Playa Blanca und Umgebung?

Flaniermeile für Fußgänger

Ortsbild

Um den winzigen alten Ortskern von Playa Blanca entstanden ab den 1980er-Jahren zahllose Hotelkomplexe und Bungalowanlagen. Mittlerweile zieht sich die Bebauung auf eine Länge von fast 10 km an der Küste entlang. Das Bindeglied ist die **Avenida Marítima,** die eigentlich gar keine Straße ist, sondern eine Fußgängern vorbehaltene und ausgesprochen hübsche **Uferpromenade,** an der das ganze Jahr über subtropische Ziergewächse blühen. Vom Hafen aus erstreckt sich diese in östlicher Richtung über die Playa Dorada bis in den Ortsteil Marina Rubicón, nach Westen kommt man auf der Promenade über die Playa Flamingo bis zu den beiden Leuchttürmen (▶ S. 132) an der Punta Pechiguera. Im Bereich des Ortszentrums wird die Promenade von Terrassencafés und Restaurants gesäumt, von den meisten davon haben Sie die Silhouette von Fuerteventura im Blick.

Exkursionen zu Wasser

Hafen

Vom Hafen einige hundert Meter westlich der **»Old Town«** verbinden täglich mehrere große Autofähren mit Corralejo an der Nordküste von ▶ Fuerteventura. Angesichts der kurzen Überfahrt lohnt sich selbst ein Tagesausflug auf die Nachbarinsel. Daneben werden auch **Ausflugsfahrten** zur Insel Lobos und entlang der Südküste angeboten, ein Wassertaxi verkehrt mehrmals täglich über Marina Rubicón zu den Papagayo-Stränden.

Badespaß nahe den Hotelzonen

Strände im Ort

Im Ortszentrum, gleich unterhalb vom zentralen Kreisverkehr, erstreckt sich in Richtung Fährhafen die Playa Blanca. Der Naturstrand ist der Namensgeber der Ferienstadt, allerdings ist er ziemlich schmal und für einen ausgedehnten Badetag eher zweite Wahl. Weitaus reizvoller gibt sich die künstlich angelegte **Playa Flamingo** westlich vom

Hafen. Zwei Molen schützen den hellen Sandstrand vor der Brandung, auf der Promenade stehen Fächer- und Kokospalmen und etliche Exemplare des aus dem tropischen Amerika stammenden **Meertraubenbaums** (Coccoloba uvifera). Seine traubenförmig herabhängenden rotvioletten Beeren werden in den Heimatländern zu Marmelade eingekocht. Über dem westlichen Ende des Strandes befindet sich ein Bunker aus der Zeit des Spanischen Bürgerkriegs, von dort haben Sie einen reizvollen Ausblick über die Strandregion. Östlich vom Hafen gibt es mit der Playa Dorada einen weiteren von Steinmolen eingefassten Retortenstrand; dieser wird bevorzugt von den Gästen der angrenzenden Luxushotels besucht.

PLAYA BLANCA ERLEBEN

OFICINA MUNICIPAL DE TURISMO

Calle Don Jaime Quesada
Tel. 928 51 81 50
Mo.–So. 9–19 Uhr

Autofreie Bummelmeile ist die Calle Limones westlich vom zentralen Verkehrskreisel. Hier gibt es etliche Supermärkte und kleine Läden mit Mode, Schmuck und Uhren.

MERCADILLO DE MARINA RUBICÓN

Jeweils mittwochs und samstags von 9–14 Uhr wird am Jachthafen im Ortsteil Marina Rubicón ein Kunsthandwerksmarkt abgehalten. Angeboten werden vornehmlich Mode- und Lederschmuck.

UNTERWASSERMUSEUM

(▶ S. 131)

Tauch- und Schnorchelausflüge ins Museo Atlántico werden mehrmals in der Woche u. a. von der Tauchschule Dive College Lanzarote organisiert. Zuzüglich zum Eintrittspreis für das Museum (12 €) kommen noch die Kosten für den Tauchgang hinzu.

Playa Blanca, Calle Lanzarote 1
Tel. 928 51 86 68
www.divecollegelanzarote.com

❶ ASIA €€

Das Lokal deckt fast die ganze Bandbreite der fernöstlichen Küche ab, angefangen von Peking-Ente über japanische Sushi bis zu thailändischen Curries. Bemerkenswert ist auch die Location: in dem großen Steinhaus an der Uferpromenade wurde einst Salz gelagert.

Calle Limones 12
Tel. 928 51 78 71

❷ CASA BRÍGIDA €€€

Pedro Santana, inselbekannter Koch, bietet im Jachthafen kreative kanarische Küche. Empfehlenswert: das exzellente fünfgängige »Menú del Chef«.

Puerto Marina Rubicón
Local 32-B, Tel. 928 51 89 46
www.restaurantecasabrigida.com

❸ BRISA DEL MAR €€€

In toller Lage an der autofreien Ufer-

1 Volcán Lanzarote
2 Princesa Yaiza Suite
3 Timanfaya Palace
4 TUI Sensimar Natura Palace

1 Asia
2 Casa Brígida
3 Brisa del Mar
4 Café Terraz
5 Chacho Fresh Burger
6 La Cocina de Colcha

promenade sitzen Sie hier in bequemen Korbstühlen auf der Außenterrasse oder, wenn es mal zu heiß sein sollte, im klimatisierten Gastraum. Besonders gut ist die Paella mit Meeresfrüchten, wer Fleisch mag und großen Appetit hat, wählt das Kalbskotelett – es wird nach Gewicht berechnet.

Puerto Marina Rubicón
Local 32-B, Tel. 928 51 91 90
www.restaurantecasabrigida.com

4 CAFÉ TERRAZA €

In dem französische Bistro neben der Kirche, die eigentlich gar keine Kirche ist, schaut man aus leicht erhöhter Warte bei einem Glas Wein oder einem Smoothie auf die im Hafen dümpelnden Jachten. Zum Kaffee empfiehlt sich der Schoko-Kokos-Kuchen.

Marina Rubicón
Tel. 928 51 71 50
www.cafeterraza.com
So. Ruhetag

5 CHACHO FRESH BURGER €

Sehr populär! Der Hamburger-Spezialist oberhalb der Fußgängerstraße überrascht mit fantasievollen Burger; diese werden etwa mit Ziegenkäse, Rucola und Feigenmarmelade belegt. Für den kleinen Hunger gibt es auch Mini-Burger.

Calle Corriquia 5
Tel. 928 51 77 48
www.chachofreshburger.com
Do. Ruhetag

6 LA COCINA DE COLACHO €€€€

Das Design des Hauses ist außergewöhnlich, die Tische sind fein eingedeckt, die erlesenen spanischen und internationalen Kreationen kommen optisch sehr ansprechend auf den Tisch, und der freundliche Service lässt ebenfalls keine Wünsche offen. Für Feinschmecker ganz klar die Nummer eins in Playa Blanca, doch Qualität hat natürlich ihren Preis.
Avenida del Papagayo / Ecke Calle Velazquez
Tel. 928 51 96 91
Mo.-Do. ab 18.30 Uhr

BLUE NOTE

Direkt am Jachthafen ertönt hier jeden Abend (ab ca. 20 Uhr) Pianomusik oder Live-Jazz, meist nie unangenehm laut. Man trinkt hier einen Cocktail oder Longdrink (riesige Auswahl an Gin-Sorten), und Essen kann man auch ganz gut.
Marina Rubicón
Tel. 928 51 96 34

1 VOLCÁN LANZAROTE €€€€

Ein architektonisches Glanzstück! Das Fünfsternehotel oberhalb von der schicken Marina Rubicón fällt durch einen künstlichen Vulkan auf, auch die Lobby, ein Nachbau der Pfarrkirche von Teguise ist außergewöhnlich. Balkongeschmückte Fassaden, kleine Plätze und Innenhöfe lassen die Anlage wie ein kanarisches Dorf aussehen. Wenn Sie besonders ruhig wohnen wollen, wählen Sie den kinderfreien Club-Bereich.
Calle El Castillo 1
Tel. 928 51 91 85
www.hotelvolcanlanzarote.com

2 PRINCESA YAIZA SUITE HOTEL €€€€

Dieses im maurischen Stil erbaute Fünfsternehaus grenzt unmittelbar an die Playa Dorada, und auf der Fußgängerpromenade ist man in wenigen Minuten im Ortszentrum von Playa Blanca. Gesundheitsbewusste Stammgäste schätzen vor allem das Thalasso-Center. Von den fünf Á-la-carte-Restaurants sticht das Don Giovanni mit italienischen Spezialitäten heraus; alternativ gibt es natürlich auch Verpflegung vom Büffet, die selbst Feinschmeckern gerecht wird.
Avenida Papagayo 22
Tel. 928 51 93 00
www.princesayaiza.com

3 TIMANFAYA PALACE €€€

Aufgesetzte Türmchen geben dem Viersternehotel westlich vom Hafen eine maurisch anmutende Note. Bereits in den 1990er-Jahren erbaut – und von daher an manchen Ecken etwas in die Jahre gekommen – gehörte es damals zu den ersten Großhotels in Playa Blanca. Die Anlage liegt direkt am Meer, eine hübsche Badebucht, die Playa Flamingo, ist nur 150 m entfernt. Nur für Erwachsene, auch das Freizeit- und Unterhaltungsprogramm ist ausschließlich auf Erwachsene zugeschnitten.
Calle Gran Canaria 1
Tel. 928 51 76 76
www.hotelh10timanfayapalace.com

4 TUI SENSIMAR NATURA PALACE & SPA €€€

Das solide Viersternehotel steht ausschließlich Erwachsenen offen. Es liegt ruhig am westlichen Ortsrand von Playa Blanca, der schöne Poolbereich grenzt direkt an die autofreie Uferpromenade, auf der man in 10 Minuten die Playa Flamingo erreicht. Aktiv werden können Sie auf dem Tennisplatz oder der Minigolfanlage, Entspannung finden Sie in der Sauna. Und sofern Sie Halbpension gebucht haben, dürfen Sie sich auf das opulente Abendbüffet freuen.

Calle Lanzarote 9 (Urbanización Montaña Roja)
Tel. 928 51 90 70
www.tui.com

Heimeliges Touristenviertel, mondäner Jachthafen

Marina Rubicón

Den neuen Jachthafen 2 km östlich vom Ortszentrum schirmen gewaltige Wellenbrecher von der offenen See ab. An den Pontons liegen bis zu 500 Boote vor Anker, darunter auffällig viele schicke Jachten. Sehr gelungen ist die zugehörige Urbanisation mit einer teils ins Wasser gebauten und durch Brücken verbundenen Restaurantzeile. Mit maximal einstöckigen Häusern ist alles im Stil eines »kanarischen Dorfes« angelegt, an der kleinen Plaza steht gar ein Nachbau einer typischen Dorfkirche – in ihr ist eine Kunstgalerie untergebracht. Mitten in dem Ortsteil befindet sich ein privat bewirtschafteter, doch öffentlich zugänglicher Swimmingpool, für den allerdings eine happige Eintrittsgebühr verlangt wird. Sehr stilvoll nimmt sich die Architektur des angrenzenden Hotels Volcán Lanzarote aus, dessen Mittelpunkt ein künstlich aufgeschütteter Vulkankegel einnimmt. Einziger negativer Beigeschmack: Für die Anlage des noblen Viertels mussten einige Fischer und Bauern zwangsumgesiedelt werden.
Vom Jachthafen sind es nur wenige Gehminuten zum **Castillo de las Coloradas.** Der Festungsturm thront weithin sichtbar auf der Punta del Águila, einer flachen Landzunge, von der Sie die weite Aussicht auf die Hotelstadt Corralejo in Nordfuerteventura genießen können. Der Rundturm aus fast schwarzem Basaltstein wurde 1741 erbaut, jedoch bereits wenige Jahre darauf von algerischen Piraten zerstört, sodass 1769 ein kompletter Neuaufbau erforderlich war.

Überraschender Kunstgenuss unter Wasser

Museo Atlántico

Für Taucher und Schnorchler hält die ohnehin schon spannende Welt in den kanarischen Gewässern eine besondere Attraktion bereit: In der Bucht von Las Coloradas eröffnete Anfang 2017 das erste **Unterwassermuseum Europas.** (▶ S. 24) In 12 bis 15 m Tiefe platzierte der für seine außergewöhnlichen Ideen bekannte englische Künstler Jason de Caires Taylor auf einem 2500 m² großen Parcours zwölf Installationen mit rund 300 lebensgroßen Zementskulpturen. Fast alle sind mit einer sozialkritischen oder politischen Aussage verknüpft. So macht etwa ein Paar, das ein Selfie von sich aufnimmt, auf die Selbstbezogenheit der neuen Technologien aufmerksam. Ein geradezu erschütterndes Zeitdokument ist die »Balsa de Lampedusa«. Gezeigt wird ein voll besetztes Flüchtlingsboot, dem der Künstler einen doppelten Sinn zuspricht: Es sei zum einen ein Denkmal für die Flüchtlinge, welche die gefährliche Überfahrt nach Europa schafften, und zugleich auch für all jene, »deren Träume und Hoffnungen am Meeresboden endeten«. Die größte Installation besteht aus einem Kreis von 200 wild ineinander verschlungener menschlicher Leibern – sie stehen dafür, dass alles Leben im Meer seinen Ursprung hat. Der Parcours fungiert als künstliches Riff, das schon bald von der Meeresfauna als Lebensraum in Besitz genommen werden wird. Das »Atlantische Museum« ist übrigens nicht die einzige Arbeit von Jason deCaires Taylor auf Lanzarote – im Hafenbecken von ▶ Arrecife gibt es von ihm eine Installation, die man auch vom Land aus bestaunen kann. (▶ S. 53)

Museo Atlántico: mit Tauchschein über ein zertifiziertes Tauchunternehmen (▶ S. 128); ohne Tauchstein fünfstündige Schnupperkurse, s. https://underwatermuseumlanzarote.com

Auf den Hausberg der Ferienstadt

Montaña Roja

Westlich vom Fährhafen erhebt sich nur wenige hundert Meter landeinwärts ein rötlich eingefärbter Vulkan. Es ist sozusagen der Hausberg von Playa Blanca, dessen Südhang wird bereits von etlichen Bungalowanlagen in Beschlag genommen. Auf einer einfachen kurzen Wanderung können Sie zur Gipfelsäule der Montaña Roja (194 m) aufsteigen und von dort einen spektakulären Ausblick über die Ferienstadt genießen. Der Aufstieg beginnt in der **Urbanización Montaña Baja.** Von dort aus ist der breit ausgetretene Pfad nicht zu verfehlen. Wenn Sie wollen, können Sie auf dem relativ breiten Kraterrand den Vulkan umrunden oder in diesen absteigen, um die dortige Ansammlung von Steinmännchen zu vergrößern.

Promenadenspaziergang zu den Leuchttürmen

Punta Pechiguera

Vom Hafen aus kommen Sie auf der Uferpromenade in westlicher Richtung in knapp anderthalb Stunden zur südwestlichsten Landzunge von Lanzarote. Dort stehen **zwei Leuchttürme.** Der kleinere Turm von 1866 wurde 1986 durch einen 50 m hohen neuen Turm abgelöst. Auf den Felsen vor den Leuchttürmen zeigt sich der Küstenstrich noch von seiner ursprünglichen Seite.

Playas de Papagayo

Badeparadies par excellence

Papageien-strände

Kaum zu glauben, dass dieses Badeparadies in der südöstlichsten Ecke von Lanzarote tatsächlich vollkommen unverbaut ist! Papageien-Strände wird das gute halbe Dutzend **Badebuchten** von unterschiedlicher Größe genannt. In jeder davon erwartet Sie goldgelber Sand und glasklares türkisfarbenes Wasser. Natürlich weckten die **Traumstrände** 5 bis 7 km östlich der Ferienstadt Playa Blanca Begehrlichkeiten. Immer näher haben sich in den letzten Jahren die Hotels an das Badeparadies

Ganz im Süden der Insel erstrecken sich die Playas de Papagayo in ganzer Pracht.

herangeschoben, nicht immer ging es dabei vollkommen legal zu. Umweltschützer wehrten sich mit Erfolg gegen die weitere Bebauung der mittlerweile als Naturschutzgebiet ausgewiesenen Region.

Land- und Wasserwege

Anfahrt

Nicht wenige Gäste von Playa Blanca ziehen die Papagayo-Strände den Hausstränden in Ortsnähe vor und pilgern fast täglich in die attraktive Strandregion. Der **motorisierte Zugang** erfolgt auf einer Schotterpiste, für die eine Maut von 3 € errichtet werden muss. Oberhalb der Strände gibt es einen **riesigen Parkplatz,** von dem in wenigen Minuten die Badebuchten erreicht werden. Reizvoller ist die Anfahrt per **Wassertaxi** von Marina Rubicón aus. Von dort kann auch zu Fuß der Uferpromenade bis zu ihrem Ende an der Playa de las Coloradas (auch Playa de Afe genannt) gefolgt werden. Auf gut ausgetretenen Pfaden wird dann nach 15 Minuten mit der **Playa de Mujeres** (»Strand der Frauen«) der erste der Papagayo-Strände erreicht, ein makelloser Sandstrand von 400 m Länge. Meist bietet ein mobiler Kiosk kalte Drinks an. Die Ruine eines Kalkofens bezeugt, dass in der Bucht einst Kalk gebrannt wurde. Von Landvorsprüngen getrennt schließen sich die **Playa del Caletón** und die **Playa de los Abogaderos** an, zwei kleinere und verhältnismäßig wenig besuchte Buchten. Etwas größer wiederum ist die **Playa del Pozo,** an der es einen in der Kolonialzeit erbauten Brunnenschacht gibt.

Hochbetrieb

Hauptstrand

Für viele Badegäste der schönste Strand ist die **Playa del Papagayo,** die der ganzen Baderegion ihren Namen gab. Wo früher sich Piraten versteckten, herrscht heute meist Hochbetrieb, sodass mitunter kaum noch ein freies Plätzchen zu finden ist. Ein Steilhang rahmt die fast kreisrunde malerische Bucht ein. Im Unterschied zu den Nachbarstränden, wo mitunter auch Wellen für etwas Unruhe sorgen können, ist das türkisfarbene Wasser hier meist glatt wie ein See. Einige Mauerreste auf dem Steilufer erinnern an das bereits im 19. Jh. verlassene Dorf Papagayo, heute gibt es dort zwei einfach Lokale mit Erfrischungen und kleinen Snacks. Im Hinterland der Bucht, begann übrigens die moderne Geschichte von Lanzarote. 1402 ging hier der Inseleroberer **Jeán de Béthencourt** (► Interessante Menschen) an Land und ließ eine erste Befestigungsanlage, das Fort Rubicón, errichten. Davon ist allerdings kaum noch etwas zu sehen, ein Kreuz befindet sich an dem Platz, an dem einst eine kleine Kapelle stand.

Windige Angelegenheit

FKK-Strände

Relativ geruhsam geht es meist jenseits der Punta del Papagayo, der südöstlichen Landspitze von Lanzarote, zu. Dort liegen mit der **Playa del Congrio** und der von FKK-Anhängern bevölkerten **Playa de Puerto Muelas** zwei weitere feine Sandstrände. Hier bläst allerdings mitunter ein ordentlicher Wind.

Weiße Salzhüte und Wasserbecken prägen die Salzgärten.

Salinas de Janubio

Geschütztes Industriedenkmal

Salzgärten

Jenseits der Straße nach Playa Blanca bilden die Salzgärten ein auffälliges geometrisches Muster mit akkurat angelegten Becken. Kaum zu glauben, was es früher für einen Aufwand bedurfte, das »weiße Gold« dem Meer abzugewinnen! **Windmühlen** spielten dabei eine wichtige Rolle.

Die Salzwirtschaft auf Lanzarote reicht bis ins 17. Jh. zurück. Nicht ganz so alt ist die 1895 in Betrieb genommene Saline von Janubio, mit einer Fläche von fast 500 000 m² war sie allerdings die größte Anlage dieser Art auf den Kanaren. Heute wird dort nur noch in bescheidenem Rahmen Meersalz gewonnen, doch der Besuch lohnt allein wegen der fast wie ein Landschaftskunstwerk arrangierten Verdunstungsbecken. Vogelfreunde können hier u. a. Stelzenläufer, Seidenreiher und auch so manchen Zugvogel entdecken. Den besten Überblick über die im Schachbrettmuster angelegten Becken haben Sie übrigens von der Sonnenterrasse des Mirador Las Salinas (► S. 136). Bis Anfang der 1960er-Jahre war die **Salzgewinnung** für Lanzarote ein wichtiger Wirtschaftsfaktor, wurde doch Salz zur Konservierung von Lebensmitteln benötigt. Gerade auf Lanzarote, das über eine große Fischfangflotte verfügte, brauchte man das

SALINAS DE JANUBIO ERLEBEN

SALZVERKAUF

An der Zufahrt zu den Salinen macht ein Schild »Vendemos Sal« auf den Salzverkauf aufmerksam. Der Verkaufstand ist in einer großen Lagerhalle untergebracht, Hier bekommen Sie grob- bis feinkörniges Salz in Abpackungen von bis zu 20 kg! Fein und teuer ist das in kleineren Gebinden angebotene »Flor de Sal«.

MIRADOR LAS SALINAS €€

In dem Panoramalokal über den Salinen sind selbstverständlich alle Gerichte mit Lanzarote-Salz verfeinert. Die Terrasse erlaubt eine wunderbare Aussicht auf die imposante Salinenanlage.
an der LZ 703 bei km 2
Tel. 928 17 30 70
Do. Ruhetag

»weiße Gold« in Mengen. Mit dem Aufkommen der Tiefkühlung in großem Maßstab sank die wirtschaftliche Bedeutung der Salinen. Allein schon aus touristischen Erwägungen ist man jedoch bestrebt, die Salinas de Janubio als **Industriedenkmal** zu erhalten. So wird hier auch heute noch – allerdings nur in geringen Mengen – Salz gewonnen. Früher pumpte man mit Windmühlen, heute mit elektrischen Pumpen das Meerwasser in die flachen, unterschiedlich großen Becken der Salinen. Für die vollständige **Verdunstung des Meerwassers** rechnet man etwa einen Monat. Auf dem Beckengrund bleibt dann eine Salzlake zurück, die in den eigentlichen Salinen weiter ausgetrocknet wird. Auf diese Weise wurden früher hier im Sommer 30 t Salz täglich produziert, im Winter etwa die Hälfte. Der Gesamtertrag lag pro Jahr bei 10 000 t Salz.

Rund um die Salinas de Janubio

Ungeschminkt, wild und zum Schwimmen meist zu gefährlich

Playa de Janubio

Westlich der Salinas de Janubio erstreckt sich die Playa de Janubio, ein **herrlicher dunkler Sandstrand.** Ein Parkplatz liegt direkt nördlich des Strandes an der nach Los Hervideros weiterführenden Straße. Man erreicht die Playa de Janubio jedoch auch von Süden her über eine Piste, die von der alten Hauptstraße Playa Blanca – Yaiza abzweigt.

Am südlichen Rand des meist von ungestümen Brandungswellen aufgewühlten Strandes beginnt ein kleiner Uferpfad, auf dem Sie innerhalb einer halben Stunde zu einer **Meerwasserentsalzungsanlage** kommen. Je nach Gusto erreichen Sie von dort aus auch nach einer weiteren Gehstunde die runde Messsäule auf der

Punta de Piedra Alta. Ganz in der Nähe von dieser versteckt sich die in das Küstenplateau eingelassene Meereshöhle **El Convento.** Gehen Sie auf die Suche.

Brandungshöhlen und Brodeltöpfe

Die spektakuläre Küste muss man aus allernächster Nähe sehen: Vom Parkplatz an der Straße zwischen den Salinen von Janubio und El Golfo sind Sie in wenigen Schritten am Rand der abrupt abbrechenden **Steilküste.** Das Meer hat hier über Jahrhunderte das Basaltgestein so ausgewaschen, dass Brandungshöhlen entstanden, in denen das Wasser – besonders im Winter – laut tosende Gischtfontänen aufschäumt. Los Hervideros (von »hervir« = kochen, brodeln) werden die »Brodeltöpfe« genannt. Auf einem Pfad kann zu einer wie ein Adlerhorst an den dunklen Basaltfelsen klebenden Aussichtskanzel abgestiegen werden. Darunter klatscht das Wasser gegen den Fels, bei rauer See spritzt es durch Felsöffnung ungestüm nach oben.

PUERTO CALERO

Höhe: 100 m. ü. d. M | **Einwohnerzahl:** ca. 300

Gefischt wurde in Puerto Calero noch nie. Doch dafür gibt es einen schicken Jachthafen, von dem Sie eine Bootsexkursion unternehmen oder in einem »Yellow Submarine« auf den Meeresgrund abtauchen können. Oder Sie spazieren einfach nur über die Mole, nehmen in einem der Terrassenlokale Platz und genießen bei einem Café con Leche die beschauliche Atmosphäre.

Der Sportboothafen, 3 km westlich von der Ferienstadt Puerto del Carmen, entstand Ende der 1980er-Jahre. Ausführender Architekt war der Manrique-Freund Luíz Ibáñez, Hauptinvestor der einheimische Multimillionär José Calero Rodríguez, der sich mit der Wahl des Hafen- und Ortsnamens sein eigenes Denkmal setzte. Nach anfänglichen Startschwierigkeiten, der Restaurant- und Ladenkomplex an der **Mole** stand jahrelang so gut wie leer, hat sich Puerto Calero zu einem exklusiven **Freizeithafen** mit Hotels und zahlreichen Restaurants entwickelt. Ursprünglich sollte die zugehörige Urbanisation auf 200 Gästebetten der gehobenen Kategorie begrenzt bleiben. Heute gibt es oberhalb des Hafenbeckens zwei große Komforthotels und auch etliche Apartment- und Bungalowanlagen, die meisten davon werden privat genutzt. Feriengäste schätzen an Puerto Calero vornehmlich die Ruhe.

PUERTO CALERO ERLEBEN

LINEAS ROMERO
Das Wassertaxi (»Water Bus«) verkehrt 5 Mal täglich zwischen den Häfen Puerto Calero und Puerto del Carmen.
Tel. 928 84 20 55
www.lineasromero.com

SUBMARINE SAFARIS
45 Minuten abtauchen, ohne nass zu werden? Möglich ist das auf einem U-Boot-Ausflug. Getaucht wird bis in 30 m Tiefe, große Bullaugen geben den Blick auf die Unterwasserwelt frei. Damit man tatsächlich etwas sehen und erleben kann, lockt ein gut mit Futter ausgerüsteter Taucher die Fische an. Für den Tauchgang werden pro Person ca. 50 € verlangt.
Modulo C, Local 2
Tel. 928 51 28 98
www.submarinesafaris.com

CATLANZA
Mit dem Katamaran können täglich das ganze Jahr über vierstündige Segeltouren entlang der Ostküste von Lanzarote unternommen werden. Eines der angesteuerten Ziele sind die Papagayo-Strände, die zum Schwimmen einladen. Die Exkursion kostet inklusive Bordverpflegung ca. 60 €.
Catlanza SL
Tel. 638 45 45 39
www.catlanza.com

In dem langen Gebäude parallel zur Mole gibt es mehrere Boutiquen mit Mode von Armani bis Hugo Boss.

AMURA €€€€
Die spanisch-mediterrane Feinschmeckerküche des Amura wird auch im Michelin Guide gewürdigt. Hier sitzen Sie unter großen weißen Segeln oder auf der aussichtsreichen Terrasse im Obergeschoss in einer vom Kolonialstil inspirierten Anlage.
Urbanización Puerto Calero, s/n
Tel. 928 51 31 81
www.restauranteamura.com

CAFÉ MILLA €€-€€€
In der netten Cafeteria an der Promenade gibt es ab 10 Uhr Frühstück, später können Sie dann von den Tapas oder den frischen Fisch probieren.
Calle Isla Lobos
Tel. 928 51 16 41
Mo. Ruhetag

COSTA CALERO €€€
Für Entspannung sorgt ein Thalassozentrum mit vier Pools. Nach Puerto del Carmen verkehrt mehrmals täglich ein Gratis-Shuttle-Bus.
Urbanización Puerto Calero
Tel. 928 84 95 95
www.hotelcostacalero.com

Wohin in Puerto Calero und Umgebung?

Wasserfront mit Gastrozeile

Jachthafen

Die Uferpromenade, der Paseo Marítimo, ist zwar recht kurz, dennoch lohnt es sich, hier zu flanieren und dabei einen Blick auf die teils superteuren Jachten zu werfen. Die Nachfrage nach Liegeplätzen

Der beschauliche Hafen von Puerto Calero

stieg in jüngster Zeit stark an, sodass deren Zahl auf heute 440 erweitert wurde. An den Pontons können auch richtig große Jachten von bis zu 75 m Länge festmachen. In einem Trockendock am östlichen Rand des Hafenbeckens haben Skipper die Möglichkeit ihre Boote auf Vordermann bringen zu lassen. Parallel zur Mole lädt eine **Gastrozeile** zur Einkehr, hinter dieser gibt es auch etliche **exklusive Boutiquen.** An der Westseite des Hafenbeckens, genau gegenüber vom Restaurant Amura, ziert eine **Sonnenuhr** eine Giebelwand. Eine Inschrift erinnert dort an ein Treffen zwischen »Helmuto Kohl« und »Philippo Gonzales« im Mai 1991. Die bescheidene Badebucht ein paar Gehminuten westlich vom Hafen wird vornehmlich von den Gästen des Nobelhotels Hesperia Lanzarote aufgesucht. Von dort können sie auf einem Küstenpfad in einer guten Stunde ins benachbarte **Playa Quemada** wandern.

Ursprünglich, doch verdammt steinig

Playa Quemada

Der Name verspricht nichts gutes, bedeutet er doch so vie wie »Verbrannter Strand«. Tatsächlich ist der Ortstrand jedoch ziemlich steinig, so dass man beim ins Wasser gehen seine liebe Not hat. Das Dorf selbst ist ein weitgehend **unberührter Fischerort.** Ausflügler besuchen vor allem die direkt am Wasser gelegenen einfachen Lokale. Oberhalb der Bucht haben sich einige wenige Ausländer in Villen eingerichtet.

Nur bei Ebbe leicht zugänglich

Playa de la Arena

Weitaus angenehmer als der Dorfstrand von Playa Quemada ist die westliche, jenseits eines (bei Flut überspülten) Felsvorsprungs gelegene Nachbarbucht, die Playa de la Arena. Der grob- bis feinkiesige dunkle **Strand** duckt sich wildromantisch an einen steil abfallenden Hang. Bei Niedrigwasser erreichen Sie den relativ wenig besuchten Badeplatz von **Playa Quemada** aus immer am Wasser entlang gehend in wenigen Minuten. Bei Flut müssen Sie allerdings einen kleinen Umweg auf sich nehmen – am westlichen Ortsrand von Playa Quemada beginnt am letzten Haus ein Fußweg, der Sie über einen hohen Küstenberg zu dem versteckten Strand bringt.

PUERTO DEL CARMEN

Höhe: 44 m. ü. d. M. | **Einwohnerzahl:** 11.400

C/D 7

Vamos a la Playa! Der größte Badeort Lanzarotes wartet mit gleich acht Sandstränden auf, manche davon sind weniger als 100 m lang, andere mehr als ein Kilometer. Alle liegen zentral und sind von den meisten Unterkünften zu Fuß erreichbar. Abseits der schön angelegten Uferpromenade darf allerdings nicht viel Flair erwartet werden. Dass die Ferienstadt bis noch vor wenigen Jahrzehnten ein beschaulicher Fischerort war, ist lediglich am kleinen Hafen spürbar.

Größte Ferienstadt der Insel

Puerto del Carmen ist Lanzarotes Urlaubzentrum schlechthin. Fast zwei Drittel aller Feriengäste verbringen hier ihren Urlaub. Erholungssuchende aus halb Europa verhelfen dem Badeort zu einer internationalen Atmosphäre mit **kosmopolitischem Anstrich.** Verglichen mit den anderen großen Ferienzentren Costa Teguise und Playa Blanca hat Puerto del Carmen ein mehr städtisches Gepräge, Sehenswürdigkeiten hat der Ort allerdings kaum zu bieten. Dafür lässt die touristische Infrastruktur kaum Wünsche offen. Mit rund 35 000 Gästebetten finden sich Unterkünfte in allen Preisklassen, und bei rund 400 Restaurants, Cafés und Bars dürfte ebenfalls für jeden Geschmack etwas dabei sein. Das gastronomische Angebot ist ausgesprochen vielfältig, neben spanischer Küche gibt es sehr viele italienische, indische und chinesische Lokale. Und anders als in anderen Orten auf Lanzarote ist das Unterhaltungsangebot riesig – in den Pubs und Bars an der Uferstraße ist fast immer etwas los. Auf Ruhe bedachte Gäste finden jedoch auch Wohnviertel abseits vom Trubel in der zweiten oder dritten Reihe, müssen dann allerdings unter Umständen etwas weitere Wege zum Strand einplanen.

Vom Fischerdorf zur Freizeitmetropole

Ortsbild

Eine Schönheit ist Puerto del Carmen nicht unbedingt. Die rasante touristische Entwicklung in den vergangenen drei Jahrzehnten hat hier deutlich sichtbare Spuren hinterlassen. Auf einer Länge von fast 10 km reihen sich entlang der Küste Apartmentanlagen, Restaurants und Autovermietungen fast endlos aneinander. Immerhin ist die **Avenida de las Playas,** die zentrale Uferstraße, teils nur einseitig bebaut, so dass man bei einem Bummel auf der **Promenade** das Meer fast immer im Blick hat. Ein großes Plus ist ferner die Gebäudehöhe: Nur in Ausnahmefälle wurde über ein oder zwei Stockwerke hinaus gebaut, von daher gibt es weder Hochhäuser noch Bettenburgen. Die allerdings großflächige Bebauung reicht weit ins Hinterland hinein, die östlichen Ortsteile grenzen ziemlich nahe an den Flughafen.

Wohin in Puerto del Carmen?

Altstadt mit Hafenatmosphäre

La Tiñosa

Der »La Tiñosa« genannte alte Ortskern von Puerto del Carmen liegt am westlichen Rand des touristischen Geschehens. Hier ist noch etwas von der früheren Atmosphäre zu erahnen, als der Ort noch eine bescheidene Fischersiedlung war. Von einem der Restaurants rund ums Hafenbecken können Sie entspannt das Treiben an der Mole beobachten. Eines der ältesten Häuser am Platz ist die bis auf das Jahr 1850 zurückgehende Casa Roja, das Rote Haus, in dem heute ebenfalls ein Lokal untergebracht ist. Ein paar Schritte oberhalb davon liegt das in den 1990er-Jahren eröffnete Centro Civico El Fondeadero, ein Zentrum für verschiedene kulturelle Veranstaltungen. Meist wirken das Gebäude, in dem ein kleines Büro der Touristeninformation untergebracht ist, und die zugehörige Plaza allerdings ziemlich verwaist. Gegenüber davon steht **La Lonja,** die zu einem Gastronomiebetrieb umgebaute ehemalige Fischhalle. Zumindest gibt es dort noch ein kleines Geschäft (Pescadería), in dem täglich der fangfrische Fisch des Tages verkauft wird. Die **Iglesia Nuestra Señora del Carmen** daneben ist der Schutzpatronin der Fischer geweiht, der schlichte Bau mit aufgesetztem Glockengiebel wurde 1890 errichtet. Oberhalb des Hafens lädt ein Spaziergang durch Gassen ein, in denen noch ein paar einfache Fischerhäuser stehen.

Für Strandgänger und Nachteulen

Avenida de las Playas

Die Lebensader der Ferienstadt zieht sich östlich vom Hafenviertel bis fast zum Flughafen. Sie verbindet die drei Hauptstrände von Puerto del Carmen miteinander und wird von unzähligen Restaurants, Apartmentanlagen und mehreren großen Einkaufszentren gesäumt, dessen Bars und Clubs für ihr ausschweifendes Nachtleben bekannt sind. Bis noch vor wenigen Jahren staute sich hier der Verkehr bis spät in die Nacht hinein. Nach dem Rückbau der Avenida zu einer Einbahnstraße und der **Verbreiterung der Uferpromenade** lädt sie heute mehr denn je zum Bummeln und Flanieren ein. Für etwas Grün sorgen stolze Palmen und teils hübsch angelegte Rabatte mit subtropischen Ziergewächsen.

Frische Kunst an einem Platz für alle Fälle

Plaza de las Naciones

Der Platz der Nationen im Ortsteil an der Playa de los Pocillos wurde von dem Künstler **Ildefonso Aguilar** (▶ Interessante Menschen) angelegt. Er grenzt unmittelbar an die große Badebucht; hier werden unter freiem Himmel öffentliche Veranstaltungen, u. a. ein Sommerfest, abgehalten. Die großzügig gestaltete Fläche zieht auch viele Inlineskater an.

Was ein beliebter Badeort braucht

Strände im Ortsbereich

Die Ferienstadt verdankt ihre Beliebtheit dem guten bis sehr guten Angebot an Stränden, alle zusammengenommen bringen es auf eine Gesamtlänge von mehr als 4 km Länge. Der Badebetrieb konzentriert sich vornehmlich an den drei großen Stränden Playa Grande, Playa de los Pocillos und Playa de Matagorda. Von West nach Ost beginnt die Strandzone mit der kleinen **Playa Pila de la Barrilla,** einer nur 100 m langen, von zwei Felszungen eingefassten Badebucht. Schnorchler erkunden hier gern die Unterwasserwelt. Ebenfalls winzig, aber sehr gepflegt ist die **Playa Chica.** Hauptstrand von Puerto del Carmen ist die **Playa Grande.** Von der hübsch gestalteten Promenade führen überall Treppen hinunter zum relativ feinsandigen, 1000 m langen Strand mit vielen Liegestühlen und bunten Sonnenschirmen. Die **Playa de la Peñita** ist eine dunklere, von Felsen umgebene, winzige Bucht, zu der eine Treppe hinabführt. Etwas versteckt unterhalb der Küstenstraße findet man in der Nähe auch das hübsche Restaurant Terraza Playa, in dem man den Strandtag bei einem Aperitif bestens ausklingen lassen kann (▶ S. 143).

An der **Playa del Barranquillo** mit goldfarbenem Sand haben immerhin 200 Sonnenliegen Platz. Die **Playa de los Pocillos** ist mit einer Länge von 1500 m der größte Strand des Touristenzentrums. Von vielen wird sie besonders geschätzt, weil man hier von dem städtischen Treiben und der viel befahrenen Uferstraße deutlich weiter entfernt ist. Dort gibt es neben den Bungalow- und Apartmentanlagen nur wenige Restaurants, Kneipen und Cafés. Auch an der **Playa de Matagorda** geht es vergleichsweise geruhsam zu. Allerdings badet man hier unmittelbar in der Einflugschneise des nahen Flughafens. An der 700 m langen und ca. 40 m breiten Playa Matagorda bestehen ideale Bedingungen zum Windsurfen und für Funboarding. Am Ostrand von Puerto del Carmen liegt die **Playa de Guacimeta,** ein 700 m langer, wenig besuchter Sandstrand. Der Grund dafür: Die Start- und Landebahn des Flughafens verläuft teilweise direkt am Strand entlang.

PUERTO DEL CARMEN ERLEBEN

OFICINA MUNICIPAL DE TURISMO

Ein zweites Büro gibt es oberhalb vom Hafen in der Calle Lanzarote 1.
Avenida de la Playas
(an der Playa Grande)
Tel. 928 51 33 51
www.puertodelcarmen.com
Mo.–So. 10–18 Uhr

Auf dem Platz vor dem Hafen wird so.vormittags ein touristischer Markt u. a. mit Kunsthandwerk und Kulinaria abgehalten. Längs der Küstenpromenade finden sich Einkaufszentren (Centros Comerciales). Eine gute Adresse für Olivin- und Lavaschmuck ist Chévere an der Avenida de las Playas 111 (beim Centro Aquarium). Biogemüse und Naturkost gibt es in dem kleinen Laden in der anthroposophisch geführten Apartmentanlage Tamarindos (Calle Salinas 12).

❶ CASA ROJA €€€

Das »Rote Haus« steht schon seit 1850 am Hafenbecken. Früher diente es zeitweise als Viehstall, heute schaut man von der überdachten Terrasse auf im Wasser dümpelnde Boote. Zweifelsohne die beste Lage am Hafen, auch die Küche ist gut.
Avenida del Varadero 22
Tel. 928 51 58 66
www.casarojalanzarote.com

❸ EL ANCLA €€

In dem alteingesessenen Lokal lebt man von der zentralen Lage am Hafen. Von der Terrasse kann man zuschauen, was gerade auf der Boulebahn vor dem Lokal läuft. Gut sind die Fischgerichte, alles andere ist eher Durchschnitt.
Avenida El Varadero 2
Tel. 928 51 36 39

❷ COFRADÍA DE PESCADORES LA TIÑOSA €€-€€€

Das Lokal der Fischergenossenschaft liegt direkt am Hafen. Zu den Spezialitäten des Hauses gehört die gemischte Fischplatte. Doch vielleicht bestellen Sie einfach den frischen Fisch vom Tage (»pescado freso del día«).
Plaza del Varadero
Tel. 660 43 35 78

❹ LA CASA DEL PARMIGIANO €€

Die gepflegte Trattoria liegt neben dem Sportzentrum Los Fariones. Probieren Sie mal die hausgemachten Auberginenravioli mit Dreierlei Käse. Der Gastraum ist zwar gemütlich eingerichtet, doch die meisten Gäste wählen lieber einen Platz auf der Außenterrasse, für den Abend sollten Sie für dort besser reservieren.
Calle Alegranza 1
Tel. 928 51 27 31
www.lacasadelparmigiano.es

❺ CAFÉ LA OLÁ €€

Das riesige Lokal mit mehreren Ebenen gehört zu den beliebtesten Treffs an der Uferstraße. Abends werden zu mediterraner und asiatischer Küche Flamencoshows und lateinamerikanische Musik geboten, tagsüber können Sie wunderbar auf einer Terrasse über dem Wasser entspannen.
Avenida de las Playas 10
Tel. 928 51 55 00
www.cafelaola.com

❻ TERRAZA PLAYA €€

Eine Oase abseits des lauten Vergnügens: man sitzt auf einer schönen Ter-

rasse unter Palmen am Meer, es gibt gute Paella mit Wein oder Sangría.
Avenida de las Playas 28
Tel. 928 51 54 17

5 LOS JAMEOS PLAYA €€€€

Das Viersternehaus der deutschen Seaside-Gruppe, zu der u. a. noble Hotels in Hamburg und Dresden gehören, überzeugt neben seiner ansprechenden Architektur auch mit gutem Service und dem opulenten gastronomischen Angebot. Mit 530 Zimmern und Suiten ist es eines der größten Resorts am Platz, groß ist hier auch das Angebot an Sport, Wellness und Beauty.
Calle Marte 2 (Playa de los Pocillos)
Tel. 928 51 17 17
www.los-jameos-playa.de

3 LANI'S BEACHFRONT SUITES DE LUXE €€€€

An diesem neuen Designerhotel gibt es kaum etwas auszusetzen: das Meer liegt vor der Haustür und mit nur 25 Suiten ist die kleine Luxusoase vor allem sehr persönlich und überschaubar. Der Gast sollte hier mindestens 16 Jahre alt sein.
Avenida de las Playas 26
Tel. 928 59 60 68
www.lanissuites.com

4 RIU PARAISO LANZAROTE €€€

Das schon etwas in die Jahre gekommene All-inclusive-Resort der mallorquinischen Riu-Kette bietet gewohnt soliden Viersternekomfort. Es grenzt an die Playa de los Pocillos und ist nur durch eine Straße von dieser getrennt. Viel gelobt werden die ab-

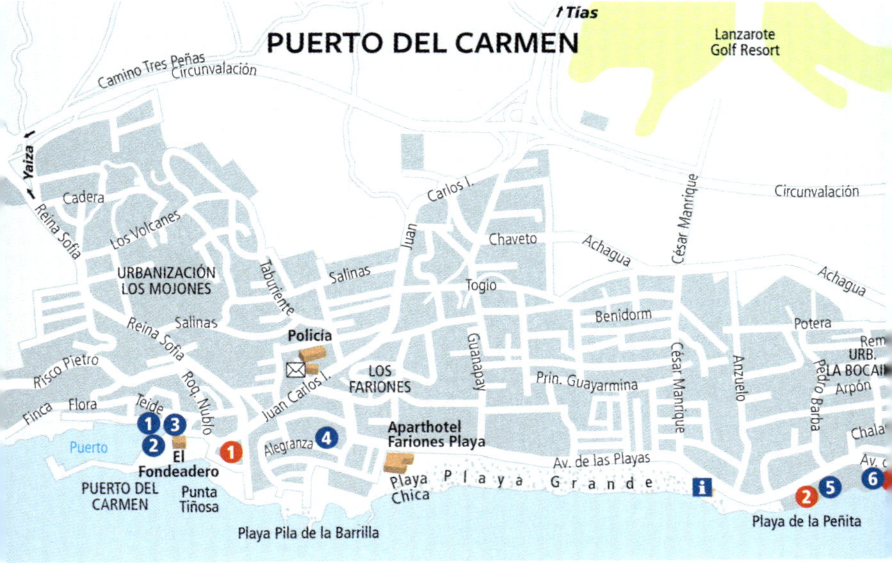

PUERTO DEL CARMEN

Tías
Lanzarote Golf Resort
Camino Tres Peñas
Circunvalación
Yaiza
Cadera
Reina Sofía
Los Volcanes
URBANIZACIÓN LOS MOJONES
Taburiente
Salinas
Juan Carlos I.
Chaveto
Achagua
César Manrique
Circunvalación
Togio
Benidorm
Potera
Policía
LOS FARIONES
Guanapay
Prín. Guayarmina
Anzuelo
Pedro Barba
URB. LA BOCAI
Arpón
Risco Pietro
Finca
Flora
Teide
Roq. Nublo
Alegranza
Aparthotel Fariones Playa
Av. de las Playas
Puerto
El Fondeadero
PUERTO DEL CARMEN
Punta Tiñosa
Playa Chica
Playa Grande
Playa Pila de la Barrilla
Playa de la Peñita

wechslungsreiche Küche und das Spa-Zentrum namens »Body Love«.
Calle Suiza 6, Playa de los Pocillos
Tel. 928 51 24 00,
www.riuhotels.com, 253 Z.

❷ BUNGALOWS VELAZQUEZ €€-€€€

Hohe Fächer- und Dattelpalmen beschatten die Bungalowanlage, diese liegt unterhalb von der Uferpromenade und grenzt direkt an den hier allerdings felsigen Küstenstrich. Doch zur feinsandigen Playa Grande sind es nur fünf Gehminuten. Man wohnt sehr zentral und doch abgegrenzt vom Rummel auf der Avenida de las Playas. Einziges Manko ist der mitunter vom benachbarten Lokal La Ola kommende Geräuschpegel.
Avenida de las Playas 8
Tel. 928 51 38 00
www.bungalowsvelazques.com

❻ COSTA SAL € €

Diese ansprechende Anlage liegt etwas außerhalb von Puerto del Carmen in Richtung Flughafen nur wenige Gehminuten von der Playa Matagorda entfernt. Außer in einem Standard-Apartment können Sie gegen einen kleinen Aufpreis auch in etwas komfortableren Bungalows wohnen.
Calle Agonal 6
Tel. 928 51 42 42
www.costasal.com

❶ MAGEC €

Eine der ganz wenigen einfachen, preisgünstigen und familiären Pensionen in Puerto del Carmen.
Calle Hierro 11
Tel. 928 51 51 20
www.pensionmagec.com, 14 Z.

Rund um Puerto del Carmen

Domizil für einen Nobelpreisträger

Tías

Die meisten Feriengäste machen um das Gemeindezentrum, dem auch Puerto del Carmen untersteht einen großen Bogen. Hier, wo die Mieten erschwinglich sind, wohnen viele Insulaner, die in der Tourismusindustrie arbeiten. Und weil die Hauspreise gleichfalls relativ niedrig sind, haben sich hier auch zahlreiche Einwanderer angesiedelt. Einer von ihnen war der 2010 verstorbene Literaturnobelpreisträger **José Saramago** (▶ Interessante Menschen): das Haus, in dem er lebte und starb, kann besichtigt werden. Ein 4 m großer Olivenbaum aus Eisen weist den Weg zur **Casa Saramago.** Täglich außer Sonntag kann man an einer Führung in spanischer Sprache teilnehmen und das Anwesen mit Bibliothek, Wohnraum und Küche kennenlernen. Auch viele Bilder erinnern an den Schriftsteller und sein Werk.

Casa Saramago: Calle Los Topes 2 (Bus 5, 19, 34 oder 60, Haltestelle Tías Centro)| Mo.–Sa. 10–14.30, letzter Einlass 13.30 Uhr
Eintritt: 8 € | www.acasajosesaramago.com

★ SAN BARTOLOMÉ

Höhe: 240 m. ü. d. M. | **Einwohnerzahl:** 18 151

Zugegeben, es gibt schönere Ortschaften auf Lanzarote. Zwei Anlaufpunkte, die einen Besuch dennoch lohnen, sind ein ethnografisches Museum und der von Rathaus, Kirche und Theater eingefasste Hauptplatz. Ganz in der Nähe, im geografischen Zentrum der Insel, beherrscht weithin sichtbar ein riesiges Schrottkunstwerk von César Manrique die Landschaft.

Pendlervorstadt von Arrecife

San Bartolomé ist ein relativ unspektakulärer Wohnort an der viel befahrenen Straße zwischen Arrecife und dem Inselzentrum. Auf den Feldern im Umland wurden hier früher im Trockenfeldbau vor allem Süßkartoffeln und Zwiebeln angebaut; heute pendeln viele Einwohner zur Arbeit in die Verwaltungsmetropole Arrecife oder verdienen sich ihren Lebensunterhalt in den nahe gelegenen Ferienzentren. Die Kleinstadt ist das Verwaltungszentrum einer der sieben Gemeindebezirke von Lanzarote, zu dem außer den benachbarten Dörfern Montaña Blanca, El Islote und Güime auch der 10 000 Einwohner große Küstenort Playa Honda gehört. Hausberg des Ortes ist die **Montaña Mina,** ein 444 m hoher Vulkankegel, der leicht an der auf dem Gipfel stehenden Sendestation zu bestimmen ist. Eine bei vorsichtiger Fahrweise auch im Pkw befahrene Erdstraße führt auf den wie eine Pyramide zugespitzten Berg hinauf.

Wohin in San Bartolomé?

Stilles, doch stilvolles Ortszentrum

Iglesia de San Bartolomé

Wer von der Hauptstraße abfährt, wird nach einem richtigen Ortszentrum lange suchen. Schließlich stößt man aber doch auf den Hauptplatz, die Plaza Léon y Castillo, um die sich das Rathaus mit dem hohen Turm, das Teatro Municipal und die Iglesia de San Bartolomé gruppieren. Die hübsche kleine **Kirche** mit der Basalteinfassung an der Fassade und einem schweren Holztor stammt aus dem Jahr 1789. Das Innere, das für seine Akustik bekannt ist, ziert eine geschnitzte Holzdecke.

Hier wurde nichts weggeworfen

Museo Etnográfico Tanit

Das ethnografische Privatmuseum südlich von der Plaza ist in einer schmucken Villa untergebracht, die für sich alleine schon den Besuch lohnt. Seit über 200 Jahren hat Familie Ferrer nichts weggeworfen und stellt nun in ihrem **zweihundertjährigen Herrenhaus** in San Bartolomé all jene Dinge aus, die vom Alltag anno dazumal erzählen: sehr viel Kinderspielzeug, historische Fotos, Weinetiketten und Bücher, Mobiliar, Werkzeug und vieles mehr. Es gibt eine Hauskapelle und in der Familien-Bodega eine alte Presse und Weinfässer. In einem Extra-Raum stehen punische Amphoren, die vor Lanzarotes Küsten gefunden wurden. Benannt ist das Museum nach einer karthagischen Fruchtbarkeitsgöttin, deren Symbol auf Lanzarote gefunden wurde.

Calle Constitución 1 | Mo.–Sa. 10–14 Uhr | Eintritt: 6 €
www.museotanit.com.

300 Jahre alt: Herrschaftliches Kulturforum

Casa Ajei

In San Bartolomé gibt es etliche eindrucksvolle Herrenhäuser. Zu ihnen gehört die Casa Ajei in der Calle César Manrique. Diese **Villa** aus dem 18. Jh. wird heute mitunter für Folkloreveranstaltungen und Ausstellungen genutzt. Der Name »Ajei« stammt aus der Sprache der Ureinwohner, die die gesamte Region so bezeichneten.

Rund um San Bartolomé

Schrottkunst und ein idealtypischer Bauernhof

Monumento al Campesino

Verlässt man San Bartolomé in nördlicher Richtung, so erreicht man nach gut 1 km das schon vom Weitem sichtbare Monumento al Campesino/**Monumento Fecundidad** (Fruchtbarkeitsdenkmal).

SAN BARTOLOMÉ ERLEBEN

MONUMENTO AL CAMPESINO €€€

Spanferkel, Zicklein und gebeiztes Kaninchen – das riesige Lokal mit Platz für 400 Personen fährt praktisch alles auf, was die traditionelle kanarische Küche zu bieten hat. Zum Dessert stehen u. a. Armer Ritter und Halbgefrorenes Limetteneis mit Gofio zur Wahl.
Calle Constitución 1
Tel. 928 52 01 36

CASERÍO DE MOZAGA €€-€€€

Hier wohnen Sie in einem typischen Landhaus aus dem 18. Jh., es liegt im geografischen Zentrum der Insel. Das Anwesen mit gemütlichem Salon, Patio und altem Brunnen ist umgeben von Palmen und junge Drachenbäume. Zum Haus gehört ein gutes Restaurant (nur abends).
Calle Malva 8
Tel. 928 52 00 60
www.caseriodemozaga.com
6 Zi., 2 Suiten

Der Entwurf für die mehr als 15 m hohe Skulptur stammt von **César Manrique,** ausgeführt wurde die Arbeit im Jahr 1968. Den Platz, an dem das Denkmal aufgestellt ist, errechnete Manrique als den **geografischen Mittelpunkt der Insel.** Das Monumento al Campesino steht am Rand der weiten Ebene von El Jable; abends wird es angestrahlt und ist dadurch bei Dunkelheit geradezu ein Orientierungspunkt in dieser Region der Insel. Als Material für die Skulptur dienten alte Wassertanks und Teile von verrotteten Schiffen und Fischerbooten. Manrique arbeitete hier schon sehr früh nach einem Recyclingprinzip, noch verwertbare Gegenstände versuchte er in mehreren seiner Arbeiten zur Gestaltung einzusetzen. Er ließ ein plastisches Werk zusammenschweißen, das in sehr abstrahierter Form einen Bauern in Begleitung seines Viehs – eines Kamels und eines Esels – zeigt. Das verrostete Material wurde blendend weiß angestrichen.
Zum Komplex beim Monumento al Campesino gehört eine **Töpferei.** In traditioneller Inselmanier wird hier Keramik ohne Töpferscheibe hergestellt. Auffallend sind in Ton gearbeitete weibliche und männliche Figuren mit extrem großen Genitalien. Die »Novios del Mojón« (»Brautleute von Mojón«) erinnern an einen altkanarischen Brauch bei der Brautwerbung: Der Mann schickte seiner Angebeteten ein männliches Exemplar. War die Dame geneigt, die Werbung anzunehmen, so sandte sie eine weibliche Figur zurück.

★ Casa-Museo del Campesino

Von legendären Ureinwohnern und leckerem Essen
Neben dem Denkmal hat Manrique ein einstiges Bauerngehöft renovieren lassen. Das Casa-Museo del Campesino ist **Museum und**

Restaurant in einem. Verschiedene Ausstellungsräume können besichtigt werden: Es gibt u. a. eine **Sammlung von Keramikfiguren,** die legendäre Ureinwohner darstellen, und Modelle fast aller Inselkirchen. In den kunsthandwerklichen Werktsätten werden Sticken, Weben, Korbflechten und Töpfern vorgestellt. Wer nach dem Museumsbesuch Hunger verspürt, lässt sich im angeschlossenen Restaurant oder in der gemütlichen Tapasbar einheimische Speisen servieren.
tgl. 10–17.45 Uhr | Eintritt frei

Weinbauzentrum für den Malvasier

Mozaga

Der Monumento al Campesino steht am südlichen Ortsrand von Mozaga. Die kleine Streusiedlung ist ein Zentrum des Weinanbaus, bis heute wird in der Umgebung vor allem die **Malvasiertraube** kultiviert. Auf kleinen Feldern gedeihen daneben Kartoffeln und Zwiebeln. Probieren kann man den Wein der Region in einigen kleinen Bodegas.

TAHÍCHE

Einwohnerzahl: 4340

Auf den ersten Eindruck mag es erstaunen, warum sich der Künstler César Manrique ausgerechnet in Tahíche niederließ. Doch spätestens bei einem Rundgang durch seine als Museum zugänglich gemachte Villa wird die spektakuläre Lage inmitten von einem großen Lavafeld begeistern. Und ebenfalls einmalig: Das ehemalige Wohnhaus vermittelt einen hervorragenden Einblick in den extravaganten Lebensstil von Manrique.

In der großen Streusiedlung nur wenige Kilometer nördlich von Arrecife sind mittlerweile zahlreiche wohlhabende Hauptstädter Manriques Beispiel gefolgt. Überall sieht man ganz in weiß gehaltene schicke Villen inmitten der anthrazitfarbenen Lavalandschaft herausstechen. Kontrastreich ist das Städtchen also allemal. Die Einwohnerzahl hat sich in den letzten zwei Jahrzehnten auf mehr als 4000 fast verdoppelt. Verwaltet wird der Ort nicht vom nur 4 km entfernten Arrecife, sondern von der alten Hauptstadt Teguise. Zwei Einrichtungen, die man in Tahíche nicht vermuten würde: Zum einen werden in der Escuela Universitaria de Turismo Nachwuchskräfte für die Tourismusbranche ausgebildet, zum anderen steht hier das Inselgefängnis.

FUNDACIÓN CÉSAR MANRIQUE

OBERGESCHOSS

Terrasse
Eingang
Terrasse
Cafeteria
Shop

1 Privatsammlung (ehem. Wohnzimmer)
2 Skizzen, Fotos
3 Skizzen, Zeichnungen (ehem. Schlafzimmer)
4 Treppe zum Untergeschoss

UNTERGESCHOSS

©BAEDEKER

5 Weiße Blase
6 Rote Blase
7 Swimmingpool
8 Schwarze Blase
9 Gelbe Blase
10 Bilder von Manrique (ehem. Atelier)

Das einstige Wohnhaus Manriques öffnet nun als Museum seine Pforten.

★★ Fundación César Manrique

tgl. 10.30–18 Uhr | letzter Einlass 17.30 Uhr | Eintritt: 8 €
www.fcmanrique.org

Schöner Wohnen im Lavafeld

Manriques Villa

Wie lebte dieser außergewöhnliche Künstler? Ein Rundgang durch sein ehemaliges Wohnhaus offenbart, wie man sich selbst in einem auf den ersten Blick unwirtlich erscheinenden Lavafeld paradiesisch einrichten kann. Die Villa war fast 20 Jahre der Lebensmittelpunkt von César Manrique, (► S. 8) heute ist es eine viel besuchte touristische Attraktion, die Sie keinesfalls versäumen sollten. Am südlichen Ortsrand von Tahíche steht an der nach San Bartolomé führenden Straße der Taro de Tahíche, bis 1987 Wohnhaus von César Manrique und jetzt Sitz der **César-Manrique-Stiftung.** Manrique baute sich dieses Haus 1968 auf einem bei den Vulkanausbrüchen des 18. Jh.s entstandenen Lavafeld. Den »Bauplatz« fand er eher zufällig: Er wunderte sich über die Spitze eines grünen Feigenbaums, der in der lebensfeindlichen Einöde wuchs. Seine Wurzeln waren in einer Vulkanblase, einem Hohlraum im Lavagestein, fest verankert. Manriques Vorstellungen vom Ineinanderwirken von Natur und Architektur ließen sich in dieser außergewöhnlichen Umgebung besonders gut realisieren. Er baute sein Haus um fünf Lavablasen herum. Durch große Fensterfronten wirkt die Atmosphäre der umgebenden Landschaft in das Haus hinein.

Ausstellungscharakter

Werke von Manrique

Manrique zog 1987 nach Haría und baute den Taro de Tahíche zum Museum um. Neben der Funktion als Ausstellungsraum ist nach den Umbauten aber auch noch der ursprüngliche Wohnhauscharakter zu erkennen, was den Besuch umso interessanter macht. Im Jahre 1992 wurde die Fundación César Manrique eingeweiht und ist seitdem für die Öffentlichkeit zugänglich. Außer der ständigen **Manrique-Sammlung** werden in zusätzlichen Räumen wechselnde Ausstellungen gezeigt. Im Eingangsbereich fällt das bunte Windspiel La energia de la Pirámide von Manrique ins Auge.

Skizzen, Pläne und Zeichnungen

Obergeschoss

Der Rundgang durch das Haus führt dann zunächst in das ebenerdige obere Stockwerk. In den weitläufigen Räumen ist **Manriques private Gemäldesammlung** ausgestellt. Unter anderem sind in einem abgetrennten Raum Bilder von Antonio Tàpies, Joan Miró und Pablo Picasso zu sehen. Über eine kleine Terrasse gelangt man in weitere Räume der Privatsammlung, in denen überwiegend Gemälde zeitgenössischer kanarischer Künstler hängen. Aber auch Skizzen, Pläne und Zeichnungen von Manrique selbst sind ausgestellt. In den großzügigen oberen Räumen befanden sich früher mehrere Wohn- und Gästezimmer, eine Küche sowie in dem heutigen »Bocetos«-Saal (Entwurfssaal) das Schlafzimmer. Von hier oben kann man in eine der Lavablasen hinuntersehen.

In der Lava

Unter-geschoss

Im unteren Stockwerk geht man durch das Innere von fünf Blasen, die sich als Hohlräume in dem versteinerten Lavastrom gebildet haben. Schmale Gänge verbinden die teilweise geweißten Lavahöhlen miteinander. Die Bezeichnungen **»Rote Blase«** oder **»Schwarze Blase«** deuten auf die vorherrschende Farbe der Möbel hin. Durch Öffnungen im Vulkangestein fällt etwas Tageslicht in die einstigen Wohnräume herein. Eine Attraktion ist ein bepflanzter Innenhof, in dem Manrique Sitzecken eingerichtet und einen Swimmingpool angelegt hat. Nach der »Gelben Blase« kommt man in weitere Ausstellungsräume, in denen Arbeiten von Manrique zu sehen sind.

Prachtvolles Grün

Garten

Am Ende des Rundgangs kommt man zu dem erst 1992 angelegten Garten mit hübscher Bepflanzung und einem Teich. Das farbige **Wandmosaik** hat Manrique ebenfalls 1992 gearbeitet, es ist eines seiner letzten größeren Werke.

Rund um Tahíche

Versuchsfeld für vulkanische Böden

Granja Agricola Experimental

Fährt man von der Fundación weiter Richtung San Bartolomé, so passiert man bald darauf eine **landwirtschaftliche Versuchsstation** (Granja Agricola Experimental). Hier werden verschiedene Pflanzen angebaut, die traditionell auf Lanzarote nicht genutzt wurden, von deren Anbau man sich aber gute Erträge verspricht. Ein neues Projekt versucht, die Olivenkultur auf der Insel heimisch zu machen.

Besichtigung nur nach vorheriger Anmeldung | Tel. 928 83 65 90

Rätselhafte Relikte vorspanischer Kultur

Quesera de Zonzamas

Bei der Quesera de Zonzamas handelt es sich um längliche Vertiefungen im Felsboden, die auch aus dem westmarokkanischen Raum bekannt sind. Ihre Funktion ist nicht eindeutig geklärt. Vermutungen gehen dahin, sie als **kultische Stätten** anzusehen, die möglicherweise für Blutopfer benutzt wurden; weitere Queseras befinden sich in der Nähe der Cueva de los Verdes. (► S. 56) Um die Queseras de Zonzamas zu erreichen, fährt man an der zuvor beschriebenen Versuchsstation vorbei. Nach 2 km beginnt links der Straße ein Feldweg. Man stellt hier das Fahrzeug ab und folgt dem Weg, der zunächst parallel zur Straße zurück Richtung Küste führt. Nach knapp zehn Minuten endet der Weg an einem Abhang. Hier erkennt man im Gestein die Quesera.

Wohnte hier der letzte König von Lanzarote?

Palacio de Zonzamas

Etwa 800 m hinter der Abzweigung zu der Quesera de Zonzamas passiert man rechts der Straße Richtung San Bartolomé eine leichte Anhöhe. Hier befindet sich ein **archäologisches Ausgrabungsfeld,** das als »Palacio de Zonzamas/**Llano de Zonzamas**« bezeichnet wird. Man nimmt an, dass an dieser Stelle der Palast des Zonzamas, des vorletzten Königs der lanzarotenischen Urbevölkerung, gestanden hat. Zu sehen sind sorgfältig aus losen Steinen aufgeschichtete Mauerreste einer alten Ansiedlung. Die Gebäudegrundrisse sind teilweise sogar noch zu erkennen. Offenbar wurden die Räume unterteilt oder nach außen hin durch runde oder halbrunde Anbauten erweitert. Dadurch war eine sicherere Dachüberspannung möglich als bei einem großen, nur von Außenwänden umgrenzten Raum. Um diese halb in die Erde eingelassenen **Casas hondas** soll einmal ein Besucherzentrum mit archäologischem Museum entstehen – angesichts fehlender Finanzierung kommt das Vorhaben bislang nicht voran.

TAHÍCHE ERLEBEN

TIENDA CÉSAR MANRIQUE

In dem Laden in der Fundación César Manrqiue finden Sie neben Reproduktionen von Manrique-Werken auch Shirts, Taschen, Keramik u. a. mit Manrique-Motiven. Weitere Geschäfte mit Manrique-Souvenirs gibt es in Playa Blanco (Avenida Papagayo 6) und in Teguise (Plaza Clavijo y Fajardo 6).

LEVAIN

Folgt man von dem großen Verkehrskreisel in Tahíche der Straße in Richtung Órzola (LZ 1), ist nach nur 200 m das auffällige Gebäude der »Panadería Artesanal« nicht zu verfehlen. Außer Vollkornbrot gibt es hier wunderbare Obsttörtchen sowie leckeren Streusel- und Käsekuchen.

Avenida de la Torre 22
Tel. 928 84 33 16
Mo. Ruhetag

LOS ALJIBES DE TAHÍCHE €€€

Der Clou von dem Restaurant ist seine Lage neben einer alten Zisterne (span. aljibe). In den 1970er-Jahren von César Manrique restauriert diente diese ursprünglich als Kunstgalerie. Nun hat in dem rustikalen Gewölbe eine Hausbrauerei Platz gefunden, aus der frisch gezapfte Craft-Biere die üppig portionierten Grillgerichte begleiten. Vom Verkehrskreisel am südlichen Ortsausgang kommend liegt das Lokal etwas versetzt an der Straße nach Costa Teguise (LZ 34).
Calle Bravo Murillo 6
Tel. 610 45 42 94
Mo. Ruhetag

TEGUISE

Höhe: 360 m. ü. d. M. | **Einwohner:** 21 700 (ganze Gemeinde)

Kolonialarchitektur in Reinkultur! Bei einem Bummel durch die heimeligen Gassen der alten Hauptstadt von Lanzarote dürfen Sie sich fast wie im ausgehenden Mittelalter fühlen. Repräsentative Bürger- und Adelspaläste und barocke Klosteranlagen prägen die komplett unter Denkmalschutz gestellte Altstadt. Total überlaufen ist Teguise jeweils am sonntäglichen Markt, schauen Sie von daher auch mal unter der Woche rein.

Schönste Kolonialstadt der Kanaren

Trotz des historischen Erbes ist »La Villa Teguise« keine angestaubte Museumsstadt. In den **alten Gemäuern** betreibt eine alternative Szene kleine Boutiquen, Bioläden und Restaurants mit teils vegan und vegetarisch ausgerichteter Küche. Statt in Filialen von internationalen Modehausketten kann man hier noch in persönlich geführten Läden stöbern. Der Ort an den Ausläufern des Famara-Massiv war bis 1852 die Hauptstadt von Lanzarote. Er ist heute das administrative Zentrum einer der sieben Inselgemeinden, zu der auch der Badeort Costa Teguise gehört. Dem Rathaus untersteht zudem die kleine **Nachbarinsel La Graciosa.** Der Sonntagsmarkt von Teguise ist schon seit Jahren eine der größten Touristenattraktionen der Insel. Die Altstadt ist dann für ein paar Stunden vollkommen übervölkert, und die großen Parkplätze an den Zufahrtsstraßen sind hoffnungslos überfüllt. Man sollte Teguise nicht nur zu diesem Anlass besuchen: wochentags strahlt sie eine ausgesprochen ruhige Atmosphäre aus und das architektonische Ensemble kommt dann weitaus besser zur Geltung.

Wiederholtes Ziel für Piratenüberfälle

Stadtgeschichte

Schon zu Zeiten der Ureinwohner gab es an dieser Stelle eine Ansiedlung. 1418 hat Maciot de Béthencourt das zuvor als »Gran Aldea« bezeichnete **Dorf der Ureinwohner** in »Teguise« umbenannt und begann es zu erweitern. Teguise war Sitz diverser adeliger Machthaber, so der Béthencourts, der Herreras und der Spínolas, wie die Paläste dieser Familien noch heute zeigen. Obwohl Teguise im Inselinnern und relativ weit von der Küste entfernt liegt, war die Stadt immer wieder Überfällen von Piraten ausgesetzt. Während der Adel meistens rechtzeitig im nahen Castillo de Guanapay Unterschlupf fand, flüchtete die einfache Bevölkerung vielfach in die Cueva de los Verdes. Im Jahr 1618 war Teguise Schauplatz eines grausamen Angriffs: Sowohl die im Ort verbliebenen Einwohner als auch diejenigen, die sich in der Lavahöhle versteckt hatten, fielen einem 5000 Mann starken Heer in die Hände. Bei diesem Überfall wurde die Stadt fast vollkommen zerstört, sodass die älteste Bausubstanz heute aus dem 17. Jh. stammt.

TEGUISE ERLEBEN

OFICINA DE INFORMACIÓN TURÍSTICA

Plaza de la Constitución
Mo.-Fr. 9-14 Uhr, Sa.-So. 9-15 Uhr
www.turismoteguise.com

MERCADILLO

Der Sonntagsmarkt in Teguise ist der größte, am meisten besuchte und nicht zuletzt auch der stimmungsvollste Markt auf Lanzarote. Das Marktgeschehen spielt sich von 9 bis 14 im Parque La Mareta und den umliegenden Altstadtgassen ab. Wegen des großen Andrangs bestehen von den drei großen Touristenorten Puerto del Carmen, Playa Blanca und Costa Teguise extra dafür eingerichtet Linienbusverbindungen. Angeboten werden neben Kulinaria vornehmlich Textilien und Kunsthandwerk.

ARTESANÍA LANZAROTEÑA

In dem Altstadthaus sind mehrere

TEGUISE

1 Ikarus
2 Acatife
3 Hespérides
4 La Cantina
5 La Tahona

Vera Cruz
Plaza de la R. Ico
Parque La Mareta
Casa Cuartel
N. S. de Guadalupe
Plaza Clavigo y Fajardo
Palacio M. de Herrera y Rojas
Teatro
Plaza de la Constitución
La Cilla
Convento de San Francisco
Plaza de S. Francisco
Casa Torres
Palacio Spínola
Plaza Gen. Franco
Convento de Santo Domingo
Relámpago
Mimosa
Olmo
Puerto y Villa de Garachico
Argote de Molina
Garajonay
Timanfaya
Pelota
Herrera y Rojas
Santo Domingo
Notas
León y Castillo
Gran Canaria
Guadalupe
Avenida Gran Aldea
Haría, Castillo Guanapay
Arrecife
200 m
© BAEDEKER

kleine Boutiquen untergebracht. In einer davon werden witzige Kindermoden offeriert, in einer anderen Ziegenmilchseife und Zigarren aus La Palma.
Plaza de la Constitución 12

EMPORIUM

Das ehemalige Kino von Teguise bietet reichlich Platz für ein großes Angebot an Importware aus Fernost, angefangen von Sandelholzräucherstäbchen und tibetischen Rollbildern bis zu mongolischen Jurten.
Calle Notas 15
www.emporium.es

BIO TIENDA LA VILLA

Das winzige Naturkostgeschäft im Stil eines Tante-Emma-Ladens offeriert neben Vollkornbrot und Tofu auch etwas Biogemüse und Biokäse von der Insel. Einen zweiten Bioladen (Herbolarío) gibt es in der Calle León y Castillo schräg gegenüber vom Restaurant Hespérides.
Calle El Rayo 4

1 IKARUS €€€

Nach vielen Jahren unter deutscher Leitung ging das Lokal in dem alten Stadthaus in spanische Hände über. Als Starter (»para picar«) gibt es etwa gebratenen Lanzarote-Käse oder hausgemachte Kroketten mit luftgetrocknetem Schinken. Die kleinen Gasträume sorgen für eine heimelige Atmosphäre.
Plaza Clavijo y Fajardo 6
Tel. 928 84 57 01
Mo. Ruhetag, Di. und Mi. nur abends

4 LA CANTINA €€-€€€

Das populäre Lokal (es empfiehlt sich zu reservieren) hat sich auf Tapas und Burger spezialisiert. Besonderen Wert legt man darauf, möglichst lokale Produkte zu verwenden, so kommen etwa das Gemüse, die Kräuter und der Ziegenkäse aus dem Umland von Teguise. Bier wird von kleinen kanarischen Brauereien ausgeschenkt, der Kaffee stammt aus fairem Handel.
Calle León y Castillo 8
Tel. 928 84 55 36
www.cantinateguise.com

2 ACATIFE €€€

Das Traditionslokal ist in einem alten Bürgerhaus untergebracht, man speist in einem der fünf kleinen Gasträume unter hohen Decken. Auf der Speisekarte stehen Klassiker der kanarischen Küche, etwa geschmortes Zicklein und Kaninchen in Rotweinsauce.
San Miguel 4
Plaza de la Constitución
Tel. 928 84 50 37
Mo. geschl.

5 LA TAHONA €€

Hier wird noch wie zu Großmutters Zeiten gekocht, Spezialitäten sind kanarische Eintöpfe, Ziegenfleisch und ein Kichererbsengericht namens Ropa y Vieja (»Alte Wäsche«). Das Lokal liegt etwas ab von der üblichen »Rennstrecke« neben dem alten Dominikanerkloster.
Calle Santo Domingo 3
Tel. 928 84 58 92
Mi. Ruhetag

3 HESPÉRIDES €€€-€€€€

Neben einem großen Angebot an vegetarischen Gerichten (Falafel, Tofu und Seitan) werden Räucherlachs aus Uga und Entrecote vom Angus-Rind angeboten, das mit hausgemachten Bio-Pommes-frites auf den Tisch kommt. Auch viele der anderen Zutaten stammen aus ökologischer Landwirtschaft.
Calle León y Castillo 3
Tel. 928 59 31 59
www.restaurantehesperides.com

Wohin in Teguise?

Koloniale Pracht in der Altstadt

Casco antiguo

Teguise ist ein architektonisches Schmuckstück! Mit seinem sanierten mittelalterlich anmutenden Kern gehört das Stadtbild zu den schönsten im Kanarischen Archipel. Gleich nach der spanischen Inseleroberung gegründet, ist sie zugleich eines der ältesten Orte der Kanaren überhaupt. Der kompakte Ortskern wurde 1973 komplett unter Denkmalschutz gestellt. Ein Rundgang beginnt am besten im Ortszentrum an der **Plaza de la Constitución,** an der mit der Hauptkirche, dem Zehnthaus und dem Palacio Spínola gleich einige der wichtigsten historischen Bauten stehen. Den Platz mit hübschem Brunnen in der Mitte säumen stattliche Palmen und Norfolktannen. Für den Besuch der Stadt sollte Sie gut zwei Stunden einplanen, mit Besichtigung der Museen kann man hier auch leicht einen halben Tag verbringen.

Blickfang und Wahrzeichen zugleich

Iglesia Nuestra Señora de Guadalupe

Weithin sichtbar ist die Kirche Nuestra Señora de Guadalupe, auch Iglesia de San Miguel genannt, mit dem für Lanzarote ungewöhnlichen Turm aus rotem Backstein. Sie wurde in der ersten Hälfte des 15. Jh.s gebaut und war lange Zeit Hauptkirche von Lanzarote. Sie beherbergte daher einen wertvollen Kirchenschatz und war folglich bei Angriffen besonders gefährdet. So wurde sie 1568, 1569, 1571 und 1596 bei **Überfällen** ausgeraubt. Bei dem Angriff des Jahres 1618 wurde sie dann vollkommen zerstört, 1680 jedoch mit Spenden der Bevölkerung wiederaufgebaut. Schließlich brannte die Kirche 1909 noch einmal fast vollständig aus, diesmal allerdings bedingt durch die Unachtsamkeit eines Ministranten. Bis 1922 dauerte der Wiederaufbau. Von der alten Bausubstanz sind heute nur noch Teile des Turms erhalten.

Früher Zehnthaus, heute Bank

La Cilla de Diezmos

An der Südseite des Hauptplatzes steht das **»Zehnthaus«,** La Cilla de Diezmos. In dem schlichten Bau (erste Hälfte des 17. Jh.s) mussten die Bauern früher ein Zehntel ihrer Ernteeinnahmen abgeben. Bereits Jeán de Béthencourt hatte im 15. Jh. eine Steuer zugunsten des Klerus erhoben. In dem kleinen Kolonialbau ist eine Bankfiliale untergebracht, werfen Sie während der Öffnungszeiten mal einen Blick ins Innere.

Hommage an die kanarische Mini-Gitarre

Palacio Spínola/ Casa-Museo del Timple

Eine der Hauptsehenswürdigkeiten von Teguise ist der auch als Gouverneurspalast bezeichnete Palacio Spínola, der heute das Casa-Museo del Timple beherbergt. Der Stadtpalast an der Westseite der Plaza de la Constitucion wurde zwischen 1730 und 1780 im Auftrag von José Feo Peraza erbaut. 1895 tauchte erstmals der Name der Familie

Spínola in Zusammenhang mit dem Gebäude auf, als sich Doña Adelina Feo Curbelo mit Don Angel Spínola Cancio verheiratete. 1974 erwarb der Konzern Rio Tinto das Gebäude und ließ es nach Plänen von Fernando Higueras und César Manrique restaurieren.
Der Palast vermittelt einen guten Eindruck von der Wohnkultur des Adels im 18. Jahrhundert. Untergebracht ist hier ein Timple-Museum. Die Timple, ein ursprünglich kanarisches Instrument, ist eine fünfseitige Gitarre. Das Museum informiert über ihre Geschichte und Herstellung, so auch mit einer Original-Werkstatt. Wunderschön ist der große **Patio** mit einem Feigenbaum.
Porträts machen mit den berühmtesten kanarischen Timple-Spielern bekannt. Über das kanarische Nationalinstrument hinaus werden auch andere Instrumente ausgestellt, etwa eine indische Sitar, eine Balalaika aus Russland und eine Kora aus Burkina Faso. Wunderschön ist der Patio, in dem neben einer Zisterne ein Feigenbaum etwas Grün spendet.
Mo.–Sa. 9–16 (im Sommer bis 15), So. 9–15 Uhr | Eintritt: 3 €
www.casadeltimple.org

Löwenköpfe und Guillotine-Fenster

Casa Torres

Wenige Schritte westlich vom Spínola-Palast steht in der Calle Nueva 5 die Casa Torres, ein **repräsentatives Gebäude** aus dem 18. Jh., in dem sich früher das Pfarramt befand. Es ist heute im Privatbesitz und steht nicht zur Besichtigung offen. Bemerkenswert sind die Türklopfer aus Löwenköpfen und die typisch kanarischen Guillotine-Fenster.

Ein Platz für Goethes Dramenheld

Plaza Clavijo y Fajardo

Nördlich vom Hauptplatz erreichen Sie über die Calle Higuera die Plaza Clavijo y Fajardo. Sie ist nach dem berühmtesten Sohn von Teguise benannt (▶ Interessante Menschen). Auch wenn man kein Buch ausleihen möchte, sollte man dort einen Blick in die **Biblioteca Municipal,** die Stadtbibliothek, werfen – sie präsentiert sich fast wie ein Museum. An der Nordecke des Platzes steht die um 1700 erbaute Casa Cuartel, die ehemalige Militärkaserne. Ein Stück nördlich von der Plaza Clavijo y Fajardo kommen Sie zur **Ermita de la Vera Cruz.** Die Kapelle ist ein Bau aus dem 17. Jahrhundert. Er entstand damals in einem Ortsteil, in dem Teguises ärmere Bevölkerung wohnte. Die relativ schmucklose Kirche beherbergt eine Christusfigur portugiesischer Herkunft aus dem 17. Jahrhundert. Die Holzschnitzereien im Chor und an der Kanzel sowie das Taufbecken aus Vulkangestein stammen aus dem 19. Jahrhundert.
Biblioteca Municipal: Mo.–Fr. 9–14 und 16–20 Uhr

Durch die Blutgasse zum Marktplatz

Parque La Mareta

Westlich von der Guadalupe-Kirche führt eine schmale Gasse namens Callejón de la Sangre nach Norden. Der Name »Blutgasse« erinnert an die **verheerenden Piratenüberfälle** insbesondere in der zweiten Hälfte des 16. Jh.s, bei denen etliche Einwohner der Stadt, aber auch zahlreiche Angreifer ihr Leben lassen mussten. Die Blutgasse mündet nach wenigen Schritten in den Parque La Mareta, den größten Platz der Stadt. Hier wird jeden Sonntag der viel besuchte Markt abgehalten. Als »Mareta« wird die unter dem Platz befindliche Zisterne bezeichnet, die vermutlich bereits im 15. Jh. angelegt wurde. Mit einem Durchmesser von etwa 40 m und einer Tiefe von 9 m ist sie das größte Wasserreservoir der Insel.

Umfunktioniert! Ein Adelspalast wird zum Restaurant

Palacio Marqués de Herrera y Rojas

Die Calle de la Sangre trifft südlich auf die Calle Marqués de Herrera, über die man in östlicher Richtung den gleichnamigen Palast erreicht. Der Palacio Marqués de Herrera y Rojas wurde Mitte des 15. Jh.s um einen Innenhof errichtet. Nach umfassender Restaurierung beherbergt der **Stadtpalast** heute ein sehr hübsches Café und eine Weinhandlung.

Von einer Kirche zum Theater

Teatro Municipal de Teguise

Gleich gegenüber verdient das Teatro Municipal Beachtung. Es ist eines der drei ältesten Theater der Kanarischen Inseln. Das Gebäude aus dem 17. Jh. wurde im 18. Jh. als **Klosterkirche** benutzt, später dienten die Räumlichkeiten als **Krankenhaus,** dann wiederum als **Waisenhaus.** 1825 wurde hier erstmals ein öffentliches Theater eingerichtet, das auf Initiative einer Laienspielgruppe entstanden war.

Kopf hoch zur mudéjaren Holzdecke!

Convento de San Francisco

Den Stadtrundgang beschließen kann der Besuch von zwei alten Klöstern. Am Ostrand der Altstadt befand sich einst das **Kloster des Franziskanerordens.** Es wurde 1590 errichtet, fiel jedoch schon 1618 einem Piratenangriff zum Opfer. Der Bau konnte jedoch mittels Spenden aus der Bevölkerung wieder aufgebaut werden, bis er nach der Säkularisierung 1835 schließlich an die Gemeinde Teguise überging. Vom ursprünglichen Konvent ist heute lediglich die ehemalige Klosterkirche erhalten. Sie besteht aus zwei Schiffen, die – wie so oft auf Lanzarote – unterschiedlich lang sind. Bemerkenswert sind die im **Mudéjarstil** gearbeitete Holzdecke sowie die prächtige Holzkanzel. Die Klosterkirche beherbergt heute ein Sakralmuseum **(Museo Diocesano de Arte Sacro),** zu den Schätzen gehört eine Sammlung von volkstümlichen Christusdarstellungen aus dem 18. / 19. Jahrhundert.

Museo Diocesano de Arte Sacro: Di.–Sa. 9.30–16.30, So. 10–14 Uhr
Eintritt: 2 €

Aufsehenerregende Mumien unter dem Fußboden

Convento de Santo Domingo

In dem Dominikanerkloster am südlichen Ortsrand sorgten 1988 vorgenommene Restaurierungsarbeiten für viel Aufruhr, weil dabei unwiederbringliche Kunstschätze zerstört wurden – darunter allegorische Freskenmalereien und die polychrome Decke der Sakristei. Immerhin: Durch Zufall stieß man bei der Aktion auf mehr als 100 Skelette und Mumien, die unter dem Fußboden eingelagert waren. In der ehemaligen Klosterkirche zeigt heute eine **Kunstgalerie** (Centro de Arte) wechselnde Ausstellungen.

Rund um Teguise

Exponierte Lage auf einem Vulkankegel

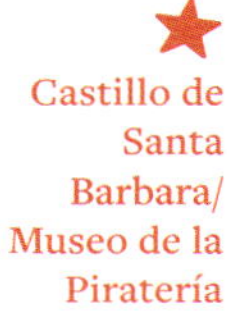

Castillo de Santa Barbara/ Museo de la Piratería

Am östlichen Ortsrand von Teguise erhebt sich auf einem 452 m hohen Vulkankegel, dem Guanapay, das Castillo de Guanapay. Eine Straße führt hinauf. Oben fährt man in einem Bogen auf dem Kraterrand entlang zum Kastell, wobei sich ein hervorragender Blick in den Krater hinein bietet. Zur anderen Seite hat man eine sehr schöne Aussicht auf das etwa 150 m tiefer gelegene Teguise. Das Castillo de Santa Bárbara hat seinen Ursprung wahrscheinlich im 14. Jahrhundert. Man nimmt an, dass bereits unter Lancellotto Mallocello hier oben ein Befestigungsturm errichtet wurde. Dieser Wachturm wurde Mitte des 16. Jh.s im Auftrag von Augustín Herreras y Rocha zu einer Festung erweitert, die dazu dienen sollte, eindringende Piraten abzuwehren. 1586 wurde der Bau bei einem **Piratenangriff** in Schutt und Asche gelegt. 1588 beauftragte Philipp II. den italienischen Architekten und Ingenieur Leonardo Torriani damit, die Reste des ehemaligen Kastells wieder zu einer funktionstüchtigen Verteidigungsanlage aufzubauen. Torriani übernahm die ursprüngliche rhombische Grundform und rüstete das Bauwerk mit einem Waffenlager, Beobachtungstürmen, Schießscharten und einem Burggraben zu einer massiven Festung auf. Im 18. Jh. gab es mit der Konstruktion eines Sammelbeckens für Regenwasser in dem Vulkankegel eine letzte bauliche Aktion. Danach verfiel das Kastell, da die Verteidigungsfunktion sich erübrigt hatte. Auf Privatinitiative hin wurde das Kastell 1960 und 1977 wiederaufgebaut. Das Kastell beherbergt das **Museo de las Piratería**. Anschaulich zeigt es die vielen Piratenüberfälle auf, die die Lanzaroteños im Lauf mehrerer Jahrhunderte erleiden mussten.

Aus Sicherheitsgründen bis auf Weiteres geschlossen
www.museodelapirateria.com

Dorf im touristischen Windschatten

El Mojón

Über den von maurischen Sklaven gegründeten Weiler Teseguite – sie durften sich in der damaligen Inselhauptstadt nicht ansiedeln – gelangt man in das 5 km östlich von Teguise gelegene Dorf El Mojón. Hübsch präsentiert sich die **Ermita de San Sebastián.** Sie entstand im 16. Jh. in der damals typischen Bauweise mit Verstrebungen an den Außenmauern. Bis auf die kleine runde Öffnung

Piratenangriffe muss das Castillo de Santa Barbara heute nicht mehr fürchten. So thront es seelenruhig über der Stadt.

oberhalb der schweren Eingangstür ist die Kapelle fensterlos. Der Weiler El Mojón war einst ein Zentrum für traditionelle Keramik, nach alten Vorlagen wurde hier ohne Töpferscheibe Gebrauchskeramik hergestellt.

Ein Hollywoodstar, der vom Glückspiel nicht lassen konnte

In der Villensiedlung Oasis de Nazaret 2 km südlich von Teguise liegt eines der außergewöhnlichsten Anwesen von Lanzarote, in dem, ähnlich wie in Manriques Wohnhaus in ► Tahiche, Natur und Architektur eine glückliche Verbindung eingehen. Es ist als das **Haus von Omar Sharif** bekannt, der 1973 auf Lanzarote den Film »Herrscher einer versunkenen Welt« drehte. Einer Anekdote zufolge gehörte das Haus dem Schauspieler (»Doktor Schiwago«) nur wenige Stunden – er soll es noch am Tag des Kaufs am Kartentisch verspielt haben. Ursprünglich befand sich auf dem Gelände ein Steinbruch, in den der Architekt Jesús Soto (1928–2002) grottenartige Wohnun-

gen bauen ließ. Das Haus, es ist heute im Besitz des deutschen Architekten Dominik von Boettinger, steht als Museum zur Besichtigung offen. Abends können Sie die spektakuläre Atmosphäre auch bei einem Dinner in dem zugehörigen Restaurant genießen. Mittelpunkt von Lagomar ist ein von Palmen gesäumter **türkisfarbener Pool.** An seiner rechten Seite führt ein Weg durch einen Tunnel und von diesem auf teils steilen Treppenweg in die erste Etage hinauf. Dort wurde neben der Küche ein Aussichtspunkt angelegt. In der Etage darüber gibt es ein Schlafzimmer und einen fast runden Wohnraum mit großem Panoramafenster, in dem ein Porträt des Architekten Soto hängt. Ganz oben in dem verschachtelt gebaut Komplex steht in einem kleinen Raum der besagte Bridgetisch, an dem Omar Sharif das Haus verlor. Wieder zurück unten am Pool können Sie von dort zu einem weiteren Aussichtspunkt aufsteigen, dort zeigt eine Galerie wechselnde Kunstausstellungen.

Museo Lagomar: Calle Los Loros 2 | tgl. 10–18 Uhr, das Restaurant hat ab 18.00 geöffnet, Tel. 928 84 56 65 | Eintritt: 6 € | www.lag-o-mar.com

TIAGUA

Einwohnerzahl: 306

Der Ort am Rand der von Sandverwehungen aufgeworfenen Dünenlandschaft von El Jable gehört zu den ruhigsten Ecken auf der Insel und ist für die wenigen Ausflügler meist nur Durchgangsstation auf dem Weg zur Famara-Bucht. Ein Halt lohnt im landwirtschaftlichen Freilichtmuseum El Patio.

Tiagua wird traditionell von der Landwirtschaft geprägt. Im 16. Jh. war die Region eine der Kornkammern der Insel, wovon noch zwei Windmühlen zeugen. Wie aus einer Beschreibung des Chronisten Leonardo Torriani hervorgeht, soll es zu jener Zeit gar fließende Gewässer gegeben haben. Genauso wie die Nachbarorte Tinajo und Mancha Blanca war Tiagua 1824 Schauplatz von gewaltigen Vulkanausbrüchen. Sichtbare Zeichen der Eruptionsserie sind die Montaña del Clerigo Duarte (303 m) im Osten und die Montaña Tamia (509 m) südlich vom Ort. Auf mit Lapilli abgedeckten und von Lesesteinmauern begrenzten Feldern werden heute Zwiebeln und Wein kultiviert. Etliche Palmen und junge Drachenbäume sorgen für etwas Grün, in kleinen Hausgärten stehen Norfolktannen und Papayabäumchen.

Das Lagomar schmiegt sich an die sanften Hügel der Siedlung Oasis de Nazaret.

TIAGUA ERLEBEN

EL TENIQUE €€
In der touristisch kaum erschlossenen Region gibt es nur wenige Einkehrmöglichkeiten. Eine davon ist das Restaurant am westlichen Ortsrand von Tiagua, wo die Straße nach Sóo abzweigt. Hier bekommen Sie annehmbare Fleischgerichte vom Grill, der Milchkaffee ist allerdings nicht besonders.
Calle Tiagua 100
Tel. 928 52 98 56
Mo. Ruhetag

Wohin in Tiagua?

Museo Agricola El Patio

Ein Freilichtmuseum zum Landleben
Kernstück des Landwirtschaftsmuseums ist ein gut 150 Jahre alter Bauernhof. Dieser ging in den 1970er-Jahren in den Besitz des Kinderarztes José Maria Barreto über, der die Gebäude restaurierte und landwirtschaftliches Gerät zu sammeln begann. 1993, nach dem Tod von Barreto, setzte seine Familie die Arbeit fort. Auf dem Gelände stehen **verschiedene Mühlentypen,** darunter eine instandgesetzte Windmühle, mit der früher das Getreide zur Gofioherstellung gemahlen wurde. Auch gibt es zwei Zugmühlen (»tahonas«), sie wurden von einem Esel oder einem Dromedar angetrieben. Für Kinder interessant: Dromedar und Esel gehören genauso zum »lebenden Inventar« des Museums wie ein Ziegengehege. Botanisch sind ein Kaktusgarten und eine kleine Sammlung mit inseltypischen Pflanzen interessant.

Museo Agrícola El Patio: Mo.–Fr. 10–17, Sa. bis 14 Uhr | Einlass jeweils bis eine Stunde vor Schließzeit | Eintritt: 6,50 € (inklusive kleine Wein- und Käseprobe)

TINAJO

Höhe: 195 m ü. d. M. | **Einwohnerzahl:** 5924

Der lang gestreckte Ort offenbart seine Reize erst auf den zweiten Blick: Tinajo überrascht mit einer hübschen Pfarrkirche und einem tollen Aussichtspunkt auf die stark vom Vulkanismus geprägte Landschaft. Und für Wanderer interessant: Die raue Lavaküste westlich von Tinajo lädt zu einsamen Wanderungen ein.

Tinajo ist seit 1802 eine eigenständige Gemeinde. Man lebt hier noch von etwas Landwirtschaft. Nicht unbeträchtliche Einnahmen fließen von dem zur Gemeinde gehörenden Clubhotel La Santa in die Finanzkasse. Der Ort ist auch in sportlicher Hinsicht bekannt – von hier kommt eine der besten Ringkampfmannschaften von Lanzarote.

Wohin in Tinajo?

Archaisch: Drachenbäume auf dem Kirchplatz

Iglesia San Roque

Schmuckstück der Ortschaft ist die **Pfarrkirche San Roque.** Sie ging aus einer um 1679 errichteten Kapelle hervor. Mehrfach erweitert präsentiert sich die Kirche heute mit einer angebauten Taufkapelle und einer in einem zarten Kobaltblau gefärbten Decke. Den Hauptaltar schmückt eine Arbeit des aus Gran Canaria stammenden Bildhauers Luján Pérez, dessen Christusfiguren und Madonnenstatuen in vielen kanarischen Kirchen bestaunt werden können. Auf dem Kirchplatz sorgen ein Indischer Lorbeerbaum und junge Drachenbäume für etwas Schatten. Vom Kirchplatz können Sie übrigens auf dem Dach eine **Sonnenuhr** ausmachen (zwischen dem linken und mittleren pyramidenförmigen Aufbau). Sie wurde 1851 von einem lokalen Handwerker gebaut.

Landwein aus dem Vulkankrater

Mirador Guiguan

Am Ortsausgang von Tinajo, fast schon im Nachbarort Mancha Blanca, weist ein unscheinbares Schild auf den Aussichtspunkt von Guiguan hin. Vom Geländer am Straßenrand schauen Sie in eine **riesige Caldera** hinab, an deren Hängen auf terrassierten Feldern Mais, Zwiebeln und Kartoffeln kultiviert werden. Auf den vulkanischen Böden der Region baut die Bodega Guiguan Malvasier- und Moscatel-Trauben an und keltert daraus ansprechende Landweine.

Rund um Tinajo

Wallfahrtskirche für die Schmerzensmadonna

Mancha Blanca

Mancha Blanca (»Weißer Fleck«), südlicher Nachbarort von Tinajo, ist eines der Dörfer, die etwas vergessen am Rand der Timanfaya-Region liegen. Im Jahr 1736 schob sich ein Lavastrom bedrohlich auf den Ort zu. In diesen grauenvollen Stunden richteten die Dorfbewohner ihre Gebete an die Schmerzensmadonna in der Iglesia de San Roque im benachbarten Tinajo. **Nuestra Señora de los Dolores** scheint die Bitten erhört zu haben, denn die Lava kam kurz vor ihrem Dorf zum Stillstand. Daraufhin wurde beschlossen, der Madonna ein Zeugnis der Dankbarkeit zu erbringen und ihr eine neue Kirche zu errichten. Es blieb bei den guten Vorsätzen und – so sagt die Legende – die Madonna ließ durch ein Hirtenkind die Warnung überbringen, dass es erneut

Katastrophen gäbe, wenn das Versprechen nicht in die Tat umgesetzt würde. 1780 wurde daraufhin in Windeseile die **Iglesia de los Dolores** hochgezogen und das Bildnis der Señora de los Dolores hier aufgestellt. Die Madonna wird seither auch als Nuestra Señora de los Volcanes verehrt und alljährlich mit einer großen Fiesta gefeiert.
Die einschiffige Kirche ist für eine lanzarotenische Dorfkirche relativ hoch gebaut. Über dem Altar mit einem Madonnenbildnis spannt sich eine Kuppel, die oben mit einer Licht spendenden Laterne abgeschlossen ist. Diese wurde erst eingesetzt, nachdem die Kuppel im 19. Jh. eingestürzt war.

VULKANISCHE WUNDERWELT

Mitten in der bunten Mondlandschaft der Caldera Colorada erhebt sich ein skurriler, einem Hinkelstein ähnelnder Koloss. Der ist allerdings keineswegs Obelix zu verdanken, sondern den enormen Kräften der unter der Oberfläche schlummernden Erdhitze! Der genaue Ursprung bleibt ein Rätsel: Wurde dieser Brocken tatsächlich während einer Eruption durch die Luft geschleudert oder kullerte er einfach nur den Hang des feuerrot eingefärbten Kraters hinab? Die vulkanische Bombe mit einem Durchmesser von fast 5 m können Sie am Fuß der Caldera Colorada entdecken.

Lehrpfad zu einer vulkanischen Bombe

Caldera Colorada

Unter hohem Druck werden bei Vulkanausbrüchen mitunter Gesteinsmassen herausgeschleudert, die durch die Rotation zu riesigen Bällen geformt wurden. Ein besonders stattliches Exemplar einer solchen **Vulkanbombe** finden Sie am Fuß der Caldera Colorada südlich von Mancha Blanca. Am Wanderparkplatz an der LZ 56 (bei km 3,4) beginnt ein vulkanischer Lehrpfad, auf dem in östlicher Richtung nach wenigen Gehminuten die am Wegrand stehende »Bombe« erreicht werden kann – sie misst einen Durchmesser von fast 5 m!

Bilderbuchkrater wie auf dem Mond

Caldera de los Cuervos

Folgt man der LZ 56 weiter nach Süden fällt rechter Hand die aufgerissene Caldera de los Cuervos ins Auge. Auch hier gibt es einen Wanderparkplatz, von dem aus die Caldera auf einem Pfad umrundet werden kann. Besonders spektakulär: ein bequemer Durchgang gibt den Weg ins Innere des Vulkankessels frei.

Wilder Strand am Nationalparkrand

Playa de la Madera

Von Tinajo führt eine stellenweise ruppige Erdstraße zur 10 km entfernten Playa de la Madera. Einen lieblichen Strand darf man sich hier nicht vorstellen, dafür eine von dunklen Felsen gesäumte Bucht, in der sich ungestüm die Wellen brechen. Am Westrand des dunklen Lavastrandes beginnt das Gebiet des Nationalparks Timanfaya. Auf einem Schlackenpfad können Sie von dort in zwei Stunden zur völlig ab vom Schuss gelegenen **Playa del Cochino** wandern, die ebenfalls nicht recht ins übliche Bild von einem Strand passen will. Die etwas anstrengende Wanderung sollte keinesfalls unterschätzt werden; wegen der scharfkantigen Lava sind Wanderstiefel ein Muss. Auch an ausreichend Trinkwasser sollte man denken, da es weder am Ausgangspunkt noch unterwegs keine Versorgungsmöglichkeiten gibt. Biegen Sie in Tinajo am Supermarkt Unide links in ein Teersträßchen (Calle La Guneta) ein und verlassen dieses nach knapp 4 km geradeaus in eine Erdstraße. Dann immer geradeaus haltend erreichen Sie nach weiteren 6 km kurz vor der Playa de la Madera einen Parkplatz.

Lavaland – ungeschminkt, rau und einsam

Playa de Teneza

Fährt man auf halben Weg zur Playa de la Madera nicht geradeaus, sondern hält sich rechts, dann kommt man zur Playa de Teneza. Dort hat sich eine einfache Kolonie aus Wochenendhäuschen breit gemacht. Vom Parkplatz am linken Rand der Siedlung beginnt etwas oberhalb der ausgefransten Lavaküste **ein Pfad,** auf dem man etwa eine knappe Stunde nach Westen wandern kann, bis sich der Weg in der schroffen Lavalandschaft verliert. Hier fühlt man sich wie auf einem anderen Planeten.

TINAJO ERLEBEN

FIESTA

15. September: Während der Fiesta de la Virgin de los Dolores, einem der größten Inselfeste, steht die wundertätige Schutzheilige im Mittelpunkt, sie soll vor dem Dorf Mancha Blanca einen zerstörerischen Lavafluss gestoppt haben.

GRILLEN €€€

Das Abendlokal (ab 18.30 Uhr) am Ortsausgang Richtung La Santa ist wegen seiner guten Grillgerichte und Burger bekannt. Besonders reizvoll: Von den beiden verglasten Gaststuben schaut man über schwarze Lavafelder zum Meer.
Avenida Lomo de los Señores 9
Tel. 619 23 90 95
www.grillen.es
So. Ruhetag

MEZZA LUNA €-€€

In dem schlicht ausstaffierten Lokal stehen Minestrone, Pizza und Pasta im Vordergrund, das dazu gereichte Brot wird selbst gebacken. Das Lokal ist nicht zuletzt wegen der kleinen Preise beliebt, es hat auch über Mittag geöffnet.
Avenida La Cañada 22
Tel. 928 84 01 41

PASTELERÍA MANCHA BLANCA €

In der Konditorei an der Dorfstraße (nahe der Kirche) gibt es cremige Torten, an einem der runden Tischchen kann man auch einen Milchkaffee trinken.
Avenida de los Volcanes 7
Tel. 928 84 04 92

VILLA EL INTI €€-€€€

Stillvoll wohnen auf dem Lande? Dies können Sie in dem von deutschen Einwanderern geführten Haus. In der Villa gibt es zwei Apartments und drei liebevoll mit Holz und Naturstein gestaltete Suiten. Das reichhaltige Frühstück sorgt für einen guten Start in den Tag.
Calle La Costa 6
Tel. 928 83 89 80
www.elinit.com

★ YAIZA

Höhe: 192 m ü. d. M. | **Einwohnerzahl:** 16 257

Yaiza ist ein Musterdorf, das bei der »Wahl zum schönsten Dorf Spaniens« schon zwei Mal ganz vorne lag. Bereits an der Dorfeinfahrt wird der Besucher von Palmen und im Winter blühenden Aloen empfangen. Strahlend weiß getünchte Häuser vor dem Hintergrund der Feuerberge sorgen für Kontraste. Nach einem Ausflug in den nahe gelegenen Nationalpark bietet sich der Ort als gute Einkehrmöglichkeit an.

Yaiza ist der Verwaltungssitz der südlichsten und flächenmäßig größten Gemeinde von Lanzarote. Der Ort ist hübsch in eine weite Senke gebettet. Nach Norden hin schaut man auf die Feuerberge, südlich begrenzen die Ausläufer des Höhenzugs Los Ajaches die Ortschaft. Während der sechsjährigen Eruptionsserie von 1730 bis 1736 flossen von den Feuerbergen die Lavaströme bis ins Dorf hinein, nur wenige Häuser überstanden unbeschadet das Inferno und praktisch alles musste neu aufgebaut werden. Doch diese Aufgabe wurde mit Bravour gemacht. Heute hinterlässt der Ort einen wohlhabenden Eindruck, was nicht zuletzt daran liegt, dass dem Rathaus von Yaiza die boomende Ferienstadt ► Playa Blanca unterstellt ist. Die dortigen Playas de Papagayo zählen zu den schönsten Strandregionen der Kanarischen Inseln.

Ortsbild

Weiße Mauern, kubische Landhäuser

Fast alle Häuser sind im traditionellen Landhausstil der Insel gehalten. Die Straßen werden von weißen kubischen Häusern und Villen gesäumt. Selbst bei der Post und dem Supermarkt an der Hauptstraße hat man auf Ästhetik geachtet. Besonders hübsch nehmen sich die beiden Plätze vor und hinter der Kirche Nuestra Señora de los Remedios aus. Der größere ist die **Plaza de los Remedios,** der als Festplatz dient und an der Südseite vom Kulturhaus begrenzt wird. Auf der Rückseite der Kirche liegt die mit Geranien bepflanzte und von hohen Dattelpalmen gesäumte Plazoleta de Víctor Fernández. Den kleinen Platz ziert die Plastik einer kanarischen Bäuerin. Sichtlich gut getan hat dem Ort der Bau der Umgehungsstraße.

Wohin in Yaiza?

Iglesia Nuestra Señora de los Remedios

Eigenwilliger Sakralbau mit Mondsichelmadonna

Die Iglesia de Nuestra Señora de los Remedios (18. Jh.) auf der Plaza des los Remedios ist ein asymmetrischer Bau, wie man ihn auf den Kanarischen Inseln verhältnismäßig häufig findet. Nur das Mittelschiff erstreckt sich über die gesamte Länge, rechtes und linkes Seitenschiff sind jeweils unterschiedlich verkürzt. Auf dem Hochaltar im Chor steht das **Bildnis der Madonna,** das jedes Jahr an ihrem Festtag im September abgenommen wird.

Casa de la Cultura

Kunstforum am zentralen Platz

Die gegenüberliegende Seite der Plaza de los Remedios säumt die Casa de la Cultura. Diese alte kanarische Villa, die sich um einen hübschen Patio zieht, ist das **Geburtshaus des Literaten und Politikers Benito Pérez Armas** (1871–1937). Heute ist das Haus öffentlich zugänglich. In den Räumlichkeiten sind eine Bibliothek und Ausstellungsräume untergebracht, in denen kanarische Künstler ihre Werke präsentieren können.

Forum der lokalen Kunstszene

Galería Yaiza

Der deutsche Maler **Veno** (Wilfried Leitz ,1928–1997) machte die kleine Galerie am zur ersten Adressen in Sachen Kunst. Zur Eröffnung 1984 kam César Manrique, dessen Werke wie auch solche von anderen zeitgenössischen Künstlern hier ihre Käufer fanden. Seit dem Tod von Veno (mit bürgerlichem Name Wilfried Leitz) ist es um die Galerie zwar etwas stiller geworden, unter der Leitung des Sohnes Jochen Leitz ist sie dennoch nach wie vor ein Forum der lokalen Kunstszene.

Carretera General 13 | Mo.-Sa. 17-19 Uhr

Historisches Landgut wie aus dem Bilderbuch

La Era

Der bekannte Landgasthof am Ostrand des Dorfes ging aus einem **300 Jahre alten Landgut** hervor, das man am im Rahmen einer Einkehr kennen lernen kann (► S. 172). Es ist eines der wenigen Häuser in Yaiza, das so gut wie unbeschadet die Vulkanausbrüche im 18. Jh. überdauerte. In den 1970er-Jahren von César Manrique und dem Architekten Luis Ibañez Margalef stilvoll restauriert verkörpert das Anwesen mit um den großen Innenhof angeordneten niedrigen Wirtschaftsgebäuden und ehemaligen Stallungen das Idealbild lanzarotischer Landarchitektur.

Rund um Yaiza

Vorsicht Dromedare!

Uga

Uga – fast schon mit dem Nachbarort Yaiza zusammengewachsen – ist bekannt als »Schlafstadt« für die Dromedare, die tagsüber Touristen durch den Timanfaya-Park tragen. Die Lasttiere sind in mehreren Ställen im und um den Ort untergebracht. Nachmittags kommen die Kameltreiber nach getaner Arbeit mit ihren Tieren aus den Montañas del Fuego zurück. Feinschmecker zieht es in die Lachsräucherei von Uga (an der Hauptstraße; tgl. außer So.). Im Hinblick auf die Blumenpracht versucht Uga mit dem größeren Yaiza zu konkurrieren. Straßen und Plätze sind üppig begrünt und bilden einen reizvollen Kontrast zur dunklen Vulkanerde. Gerade durch ihre Schlichtheit beeindruckt im Zentrum die einschiffige Kirche San Isidro Labrador. Einen Besuch lohnt ferner die große Halle am Ortsrand, in der regelmäßig für die Lucha Canaria, den Kanarischen Ringkampf, trainiert wird.

Luftiger Kammweg zu einem Aussichtsgipfel

Wanderung auf den Atalaya de Femés

Yaiza ist Ausgangspunkt für eine Wanderung in die **Bergwelt von Los Ajaches** im Inselsüden. Während der Tour steigt man von 183 m (Yaiza) auf 608 m (Atalaya de Femés) an. Für den Aufstieg benötigt man knapp zwei Stunden, hin und zurück rund drei Stunden.

Man verlässt Yaiza bei der Kirche in südöstlicher Richtung. Zunächst folgt man der Straße nach **La Degollada,** biegt jedoch etwa 50 m vor

dem mit weißen Mauern umgrenzten Friedhof nach links ab. Die asphaltierte Straße geht am Ortsrand von Yaiza in eine befestigte Piste über, der man immer geradeaus folgt. Der Weg führt durch eine Talsenke und weiter aufwärts an der Ruine einer Windmühle vorbei. Ein breiter Weg zieht sich halbrechts den Berghang hinauf; auf ihm kommt man nach einiger Zeit zu einer Weggabelung. Man hält sich rechts, kurze Zeit später an einer zweiten Weggabelung nochmals rechts. Zunehmend gewinnt man an Höhe und erreicht schließlich den Kammweg.
Hier beginnt der schönste Teil der Wanderung, denn es bietet sich ein weiter Blick über große Teile der Insel. Nordwestlich sieht man in das Tal und auf die Häuser von La Degollada, nach Südosten hin schaut man auf das weite, rötlichbraun schimmernde Tal von **Femés.** Der 608 m hohe Atalaya de Femés, der »Hausberg« von Femés, ist der höchste Berg im Inselsüden. Oberhalb von Femés stößt der Kammweg auf eine Piste, die vom Ort aus auf den Atalaya hinaufführt. Nur noch wenige Minuten dieser folgend, erreicht man den Gipfel, auf dem eine Fernsehstation eingerichtet ist. Von hier geht der Blick in alle Himmelsrichtungen: nach Südwesten über die Rubicón-Ebene zur Küste von Lanzarote bis nach Fuerteventura hinüber, nach Norden auf die Timanfaya-Region, in Richtung Osten in die Küstenebene von Arrecife. Hat man sich an den Schönheiten satt gesehen, folgt man dem befestigten Weg in einer halben Stunde hinab in das rund 250 m tiefer gelegene Femés. Von Femés fährt man mit dem Taxi zurück nach Yaiza oder man nimmt wieder die Route zu Fuß auf dem Kammweg.

Vom Atalaya de Femés lässt man den Blick über die karge Vulkanlandschaft und über Yaiza schweifen.

YAIZA ERLEBEN

GALERIA LA VILLA

Die ehemalige Dorfschule beherbergt ein schmuckes kleines Einkaufszentrum. Besonders schön ist der Laden mit marokkanischem Schmuck und handgearbeiteten Kleidern.
Calle La Cuesta 1

AHUMADERÍA DE UGA

Die Räucherei beliefert viele Inselrestaurants mit Lachs, auch private Kundschaft ist willkommen.
Uga (LZ 2, km 19,3)
Tel. 928 83 01 32
Di.–Fr. 16–18.30, Sa. 10–14 Uhr

LA BODEGA DE SANTIAGO €€€

Der Landgasthof fällt durch einen riesigen Gummibaum auf, dessen Blätterdach die große Außenterrasse beschattet. Hier sitzen Sie wunderbar und können die Aussicht auf die Häuser von Yaiza und die Vulkanlandschaft genießen. Empfehlenswert sind die Grillgerichte, ein guter Abschluss ist der mit Kaktusfeigenmarmelade und Palmhonig servierte Ziegenjoghurt.
Calle Montañas de Fuego 27
Tel. 928 83 62 04
www.labodegadesantiago.es
Mo. Ruhetag

LA ERA €€€

In dem stilvoll restaurierten Gutshof am Ortsrand von Yaiza gibt es mit kurzen Unterbrechungen schon seit 1968 ein Lokal. Maßgeblichen Anteil am Umbau hatte César Manrique, der auch das Logo für das Restaurant entwarf. In den sehr stilvoll eingerichteten kleinen Gasträumen sitzt man fast wie in einem Wohnzimmer.
Calle El Barranco 2
Tel. 928 83 00 16
www.laera.com

ANTIGUA ESCUELA DE YAIZA €

Das Café verfügt über einen netten Innenhof, in dem Heiß- und Kaltgetränke sowie Tapas und kleine Gerichte angeboten werden.
Calle La Cuesta 1
Tel. 606 07 29 26

BODEGA DE UGA €€€

Das kleine gelbe Schild am Straßenrand wird oft übersehen: wer von Puerto del Carmen anfährt und an der Lachsräucherei vorbei kommt, ist schon 600 m zu weit gefahren. Die Räucherei beliefert das Lokal mit Lachs, zu dem man am besten einen Salatteller nimmt. Alternativ können Sie den gut zubereiteten Thunfisch probieren. Zum Lokal gehört ein wunderschön angelegter kleiner Garten mit großen »Schwiegermuttersitzen«.
Carretera General de Uga
(LZ 2, km 18,9)
Tel. 928 83 01 47
Do. Ruhetag

LA CASONA DE YAIZA € €

(▶ Baedeker Wissen, S. 242)
Calle El Rincón 11
Tel. 928 83 62 62
www.casonadeyaiza.com

CASA DE HILARIO € €

Das 200-jährige Haus mit Kaminsalon, Pool-Garten und hübscher Terrasse liegt relativ am Ortsrand und erlaubt reizvolle Aussichten auf die Feuerberge (▶ Baedeker Wissen, S. 243).
Calle Garcia Escamez 19
Tel. 928 83 62 62
www.casadehilario.com

MIRADOR DEL RÍO

Wie kein zweiter konnte César Manrique Kunst, Architektur und Natur so in Szene setzen, dass sich unweigerlich ein Gänsehaut-Gefühl einstellt. Der Mirador del Río ist so ein Ort. Hart ans Kliff gebaut öffnet sich von dem Aussichtsbalkon ein traumhaftes Panorama auf die wie im Meer schwimmende kleine Schwesterinsel La Graciosa. Kommen Sie am späten Nachmittag, wenn die meisten Ausflügler schon wieder weg sind. (▶ S. 174)

YÉ

Höhe: 270 m ü. d. M. | **Einwohnerzahl:** ca. 100

Der Weiler 2 km südlich vom Mirador del Río liegt am Fuß des Monte Corona, einem 609 m hohen Vulkankrater, der – mit seiner markant gezackten Krone weithin sichtbar – den Inselnorden beherrscht. Der Ort ist trotz des hier mitunter rauen Klimas ein Zentrum des Weinanbaus.

Anlaufpunkt in der kleinen Siedlung ist außer einem bodenständigen Landgasthof die allein am Ortsrand stehende Dorfkirche mit ihrem aufgesetzten, hübschen Glockengiebel. Nimmt man von Yé aus die

YÉ ERLEBEN

BODEGA LOS ALMACENES

Das über eine holprige Zufahrt erreichbare Weingut am Fuß des Monte Corona verkauft den herben Landwein aus der Region. Zum Sortiment des Hofladens gehören u. a. auch Ziegenkäse, Maulbeermarmelade und ein Likör aus Kaktusfrüchten.
An der LZ-201 in Richtung Arrieta (ca. 500 m nach Yé)
tgl. 11–18 Uhr

VOLCÁN DE LA CORONA €-€€

Der urige Landgasthof offeriert in schlichtem Ambiente große Portionen kanarische Hausmannskost. Fleischgerichte vom Grill sind hier erste Wahl, dazu können Sie ein Gläschen Wein aus der Region probieren.
In Yé am Abzweig zum Mirador del Río
Mo. Ruhetag
Tel. 928 52 65 16

Straße in Richtung Arrieta, macht oben am Hang die einem Schloss nachempfundene **Torrecilla de Domingo** auf sich aufmerksam. Der Herrensitz aus dem 19. Jh. ist in Privatbesitz und nicht zu besichtigen, wohl aber die über einen holprigen Fahrweg erreichbare **Bodega Los Almacenes,** in welcher der lokale Wein verkauft wird.

Mirador del Río

Zufahrt: über die LZ-202

Mit Blick zur Nachbarinsel

Manriques Meisterstück

Der Mirador del Río im äußersten Norden von Lanzarote ist ein Werk von César Manrique aus dem Jahr 1974. Direkt an der Abbruchkante des steil abfallenden Famara-Kliffs ließ er einen geschickt in den Fels gesetzten Aussichtsplatz mit einer Cafeteria errichten.

An dem Platz hoch über der Meerenge von El Río befand sich einst eine Geschützstellung mit Kanonen, mit der die Meerenge zwischen Lanzarote und La Graciosa überwacht wurde. Sie wurde 1898 errichtet, also just in dem Jahr, in dem Spanien nach dem Spanisch-Amerikanischen Krieg seine letzten Kolonien in Übersee verlor. Die Regierung in Madrid fürchtete, die Konkurrenzmacht USA würde sich als nächstes auch die afrikanischen Besitzungen einverleiben. Der nahe Berggipfel wird noch heute als **»Batería del Río«** bezeichnet.

tgl. 10–17 Uhr | Eintritt: 5 €

Perfekte Synthese von Natur und Architektur

Der Mirador

Mit dem Bau des Aussichtspunktes hat **César Manrique** einmal mehr das Konzept verfolgt, Natur und Architektur harmonisch miteinander zu verbinden. Tatsächlich ist das Gebäude von außen kaum als künstliches Bauwerk zu erkennen. Allerdings musste Manrique für die Verwirklichung seiner Pläne diesmal Teile des Berges abtragen lassen. Die Dachkonstruktion wurde anschließend mit Gras bepflanzt.

Runde Wände mit Panoramaverglasung

Innenräume

Das Innere des an den Fels geschmiegten Baus gestaltete Manrique relativ schlicht. Die abgerundeten weißen Wände sorgen für ein ganz eigenes Raumgefühl, der Holzboden ist immer blank gewienert und von der Decke baumelt eine ausladende Metallkonstruktion des Künstlers. Durch ebenfalls abgerundete Panoramascheiben zeigt sich La Graciosa **wie aus dem Cockpit eines Flugzeuges.** Sitzgelegenheiten laden zu längerem Verweilen ein. Über eine Wendeltreppe kommt man in die nächste Etage mit der Tienda, dem Geschäft, in dem man Bücher und Mitbringsel von der Insel kaufen kann.

Über dem Atlantik schweben

Aussicht

Von der **Aussichtsterrasse** aus bietet sich ein imposanter Blick auf den namensgebenden »Río«, die schmale Meerenge zwischen Lanzarote und La Graciosa, sowie bei guter Sicht auf den gesamten Archipiélago Chinijo (▶ La Graciosa). Nördlich von La Graciosa liegen die Insel Montaña Clara, dahinter die größere Alegranza sowie die Felsen Roque del Este und Roque del Oeste. Gut zu erkennen ist das Dorf Caleta del Sebo mit seinen Hafenmolen an der Südküste von La Graciosa. Unterhalb des Mirador sieht man die rosarot gefärbten Salinas del Río; die Färbung stammt von einem kleinen Krustentier, das im Salinenwasser lebt. Ins Inselinnere hinein schaut man über eine landwirtschaftlich genutzte Fläche zum **Vulkan La Corona.** Aus dieser Perspektive hat man einen eindrucksvollen Blick direkt in den Krater des höchsten Berges in Lanzarotes Norden. Weiter sieht man an der Küste entlang auf den Südwestteil von Lanzarote – deutlich zunächst die Ebene von El Jable und dann die Berge des südlichen Inselteils.

Rund um den Mirador del Río

Freie Sicht vom Kliff

Mirador de Guinate

Einen weiteren **spektakulären Aussichtsplatz** vom Rand des Risco de Famara gibt es in Guinate. Etwa 4,5 km südlich vom Mirador del Río zweigt von der LZ-201 eine schmale Teerstraße in den Weiler Guinate ab. Lassen Sie den Linksabzweig zu einer Kapelle unbeachtet, fahren Sie vielmehr geradeaus durch die Streusiedlung, bis die Straße schließlich an der Abbruchkante endet. Im Unterschied zum Mirador del Río haben Sie von hier die Aussicht auf La Graciosa und die dahinter liegenden Inseln meist für sich allein.

Ein perfekter Platz für schöne Erinnerungen: der Mirador del Río

Wanderung zu den Salinas del Río

Wegverlauf

Eine lohnende Wanderung führt von Las Rositas (3 km südlich vom Mirador del Río) hinunter zur Playa del Risco und zu den Salinas del Río. Für die Tour benötigt man etwa zweieinhalb Stunden; man steigt dabei ca. 440 m hinunter und wieder hinauf. Die Wegstrecke ist unproblematisch. Die Wanderung führt zunächst auf einem alten, vor einiger Zeit neu befestigten Pfad abwärts, unten in der Küstenebene geht es dann auf einem etwas breiteren Weg weiter.

Als Ausgangspunkt bietet sich ein Parkplatz bei Las Rositas an. Man folgt der schmalen Straße, die – vom Mirador kommend – am Rand der Steilküste verläuft und biegt kurz vor Las Rositas rechts ab; die kleine Straße mündet in einen Parkplatz. Die Fortsetzung des Weges führt direkt an die Steilküste. Von hier oben zieht sich ein Weg in

Serpentinen am Steilhang hinab. Grandios ist der Ausblick. Tief unten liegt der schmale Meeresarm El Río. Bei guter Sicht kann man den gesamten Archipiélago Chinijo mit La Graciosa im Vordergrund ausmachen. Nach einer knappen halben Stunde stößt man in der Ebene auf einen Weg, der parallel zur Küste nordwärts zu den **Salinas del Río** führt. Bald erstreckt sich links des Weges die **Playa del Risco.** Dann entfernt sich der Weg wieder etwas vom Ufer und erreicht die Salinenbecken, die nicht mehr in Betrieb sind. Man umrundet die Salinen, geht auf der Meerseite zurück und gelangt nach kurzer Zeit zur Playa del Risco. An dem zum Baden geeigneten Sandstrand kann man eine längere Pause einlegen und Kräfte für den Rückweg den Steilhang hinauf nach Las Rositas sammeln. Ausruhen und entspannen kann man sich dann am Mirador del Río.

H
HINTER-GRUND

Direkt, erstaunlich, fundiert

Unsere Hintergrundinformationen beantworten (fast) alle Ihre Fragen zu Lanzarote.

Ganz langsam kämpft sich eine besondere Vegetation durch das Vulkangestein. ►

DIE INSEL UND IHRE MENSCHEN

Bizarrer geht es kaum! Eine Szenerie fast wie auf dem Mond. Die archaisch anmutende Vulkanlandschaft gibt Lanzarote zweifelsohne einen ganz besonderen Anstrich. Dunkel, kahl und auf den ersten Blick vegetationsfeindlich. Doch andererseits viel Sonne mit einem stets angenehmen Klima und Sandstränden, an denen man selbst im tiefsten europäischen Winter nicht auf Badefreuden zu verzichten braucht.

Bizzares Inselglück

Lanzarote ist sicherlich die faszinierendste und bizarrste der »glückseligen« Kanaren. Kein Vergleich mit Teneriffa oder La Gomera, den grünen Inseln im Westen des Archipels! Lanzarote ist karg, und Nordafrika, vor dessen Küste die Insel liegt, ist schon zu spüren. Beim ersten Hinsehen wirkt die Landschaft öde und wüstenähnlich, ja, fast etwas unfreundlich. Braune Farbtöne, ein paar Erhebungen, hier und da eine Palme und sonst nicht viel. Doch je mehr man die Insel kennen lernt, desto mehr weiß man das ungewohnte Bild zu schätzen und zu lieben.

Zwischen der einzigartigen Vulkanlandschaft erstrecken sich fantastische Badestrände wie aus dem Bilderbuch. Dieser Wanderer blickt über die Playas de Papagayo.

Ein Bild von einer Insel

Vulkanlandschaft

Lanzarote hat sehr viel elementare Natur zu bieten: gleißende Sonne, der ständige Passatwind, das endlose Meer, Pflanzen, die mit wenig Regen auskommen und dem Wind standhalten, und Vulkane. Vulkanismus wird auf Lanzarote greifbar wie nur an wenigen Orten der Erde. Ein Großteil der Insel ist im 18. Jh. von Lavamassen überrollt worden und gleicht noch heute einer **fantastischen Mondlandschaft.**

Kunstvoller Weinanbau

In eben dieser Mondlandschaft bewältigen die Lanzaroteños ihren Alltag. Bezeichnend für die Zähigkeit und den Einfallsreichtum der Insulaner ist ihre Art des Weinanbaus: Mitten in die Lava setzten sie Reben und schützen sie in flachen Kuhlen oder mit kleinen Lavawällen vor dem andauernden Wind. Natürlich gibt es hier keine weiten Weinfelder, sondern einzelne flach wachsende Weinreben, die sorgsam gehegt und gepflegt werden (▶ S. 16). Und überall kann man sehen, wie sich die Bewohner der Lavainsel eine Landwirtschaft geschaffen haben, die ihresgleichen sucht und deren Produkte sie über die Zeiten einigermaßen ernähren konnten.

Gestaltete Insel

Die Vulkanausbrüche haben **einzigartige Naturphänomene** hinterlassen. Viele dieser spektakulären Erscheinungen sind zu besichtigen, etwa die kilometerlangen unterirdischen Lavahöhlen. Teils sind sie naturbelassen – wie die Cueva de los Verdes –, teils wurden sie kunstsinnig zu attraktiven Sehenswürdigkeiten hergerichtet. Das gestalterische Element ist unübersehbar. Viele neue Häuser sind in Anlehnung an die traditionelle kanarische Architektur gebaut. Alte Bauernhöfe wurden wunderschön restauriert und zu Museen oder Restaurants umfunktioniert, Bergdörfer und Küstenorte sorgsam herausgeputzt. Oft hatte bei der Gestaltung der Künstler und Architekt **César Manrique** seine Hand im Spiel.

Urlaubsparadies

Die Schönheit der Insel und das **angenehme Klima** lassen die Urlauber in Scharen kommen. Lanzarote lebt heute vom Tourismus, der auch hier Spuren hinterlassen hat. Wer aber Costa Teguise, Playa Blanca oder Puerto del Carmen – die touristischen Zentren – verlässt und die Insel erkundet, wird das Lanzarote kennenlernen, das schon so viele Maler, Fotografen, Musiker und Schriftsteller angezogen hat. Und wer einfach ausspannen möchte, kommt allemal auf seine Kosten: Lanzarote hat ein paar wunderschöne Sandstrände, türkisblaues sauberes Meerwasser, fast jeden Tag Sonnenschein und den Wind, der für angenehme Temperaturen sorgt. In kulinarischer Hinsicht bietet die Insel all denen Genüsse, die einen Bogen um internationale oder Fast-Food-Lokale machen. Vor allem auf dem Land gibt es alteingesessene Restaurants, in denen kanarische Köstlichkeiten auf den Tisch kommen. Kurzum: Auf Lanzarote kann man sich wohlfühlen.

Kanarische Inseln (span. Islas Canarias)
Hauptinseln: Teneriffa, La Palma, La Gomera, El Hierro, Gran Canaria, Lanzarote und Fuerteventura

Fläche:
846 km² (Kanaren gesamt: 7541 km²)

Einwohner: **145 000**
(Kanaren gesamt: 2,1 Mio.)
Hauptstadt von Lanzarote ist Arrecife: **58 500** Einwohner
Lanzarote ist die östlichste Insel des Archipels

Bevölkerungsdichte:
171 Einwohner/km²
im Vergleich:
Gran Canaria
542 Einwohner/km²

▶ Tourismus

Gäste 2019

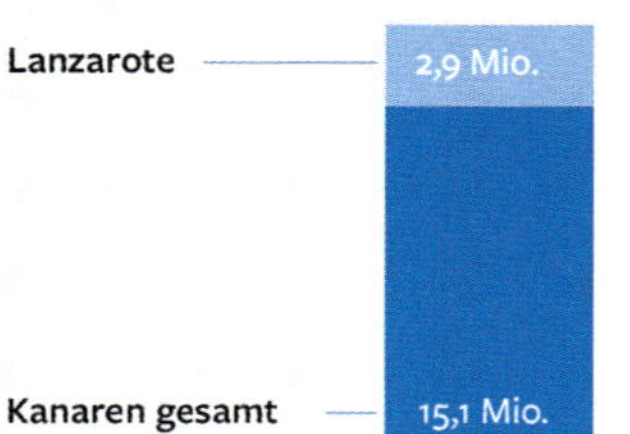

▶ Tourismus

Gäste auf Lanzarote, 2019: 2,9 Mio.

▶ Religion

Überwiegend römisch-katholisch

▶ Verwaltung

Autonome Region: Islas Canarias
Provinz: Las Palmas de Gran Canaria
Sieben Gemeindebezirke
Höchste politische Instanz:
Cabildo Insular (Inselrat)

▶ Ferienzentren

Playa Blanca
Costa Teguise
Puerto del Carmen

Sprache

Spanisch (Castellano)

Wirtschaft (Anteil am BIP)

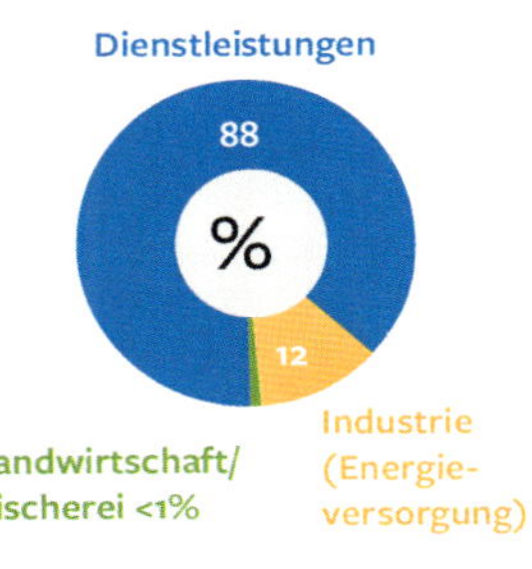

Abweichung von 100 rundungsbedingt

Arbeitslosenquote: ca. 25%

Klimastation Arrecife

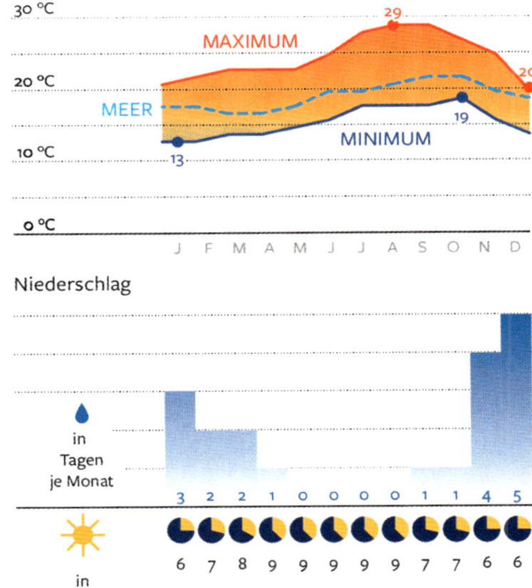

Die vier größten Inseln der Kanaren im Vergleich

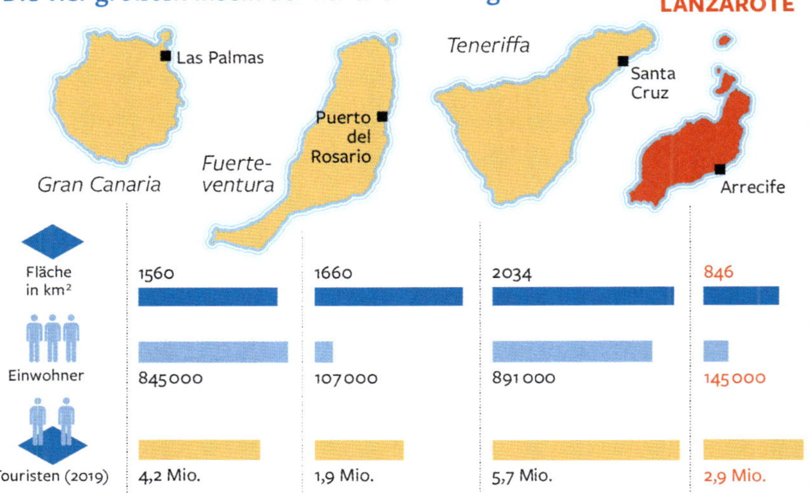

	Gran Canaria	Fuerteventura	Teneriffa	Lanzarote
Fläche in km²	1560	1660	2034	846
Einwohner	845000	107000	891000	145000
Touristen (2019)	4,2 Mio.	1,9 Mio.	5,7 Mio.	2,9 Mio.

Natur und Umwelt

Entstehung des Archipels

Lanzarote kann den vulkanischen Ursprung nicht verbergen, das will die Insel auch gar nicht. Die von Vulkanausbrüchen geformte bizarre Landschaft ist vielmehr das Markenzeichen der »Feuerinsel«. Manche Regionen gleichen einer ausgebrannten Mondlandschaft, mit einer schütteren Vegetation, die erst auf den zweiten Blick ihren Reiz entfaltet.
Die heutige Forschung hält die Kanaren für Erhebungen der rund 4000 m tiefen Schollenbruchstücke des Atlantikbodens, der hier zwischen 150 bis 180 Mio. Jahre alt ist. **Tektonische Kräfte** aus dem Zusammenstoß der europäischen und der afrikanischen Platte haben den ostwärts driftenden Ozeanboden gestaucht, zerbrochen und ineinander geschoben, wobei sich die so entstandenen Schollenbruchstücke wie Keile unterschiedlich nach oben schoben. Entlang den Bruchstellen quoll seit dem mittleren Tertiär (vor ca. 30 bis 40 Mio. Jahren) Magma aus dem Erdmantel nach oben. Letzte Zweifel über den **vulkanischen Ursprung** der Kanaren beseitigte 1999 eine Expedition mit dem Forschungsschiff »Meteor«. Die Wissenschaftler bargen unzählige Gesteinsproben aus bis zu 2500 m Wassertiefe. Das Ergebnis: Alle Gesteine sind vulkanischen Ursprungs. Die Landmasse oberhalb der Wasserfläche ist nur das i-Tüpfelchen dieser Eruptionen: Lanzarote tauchte vor ca. 16 bis 20 Mio. Jahren aus dem Meeresspiegel auf.

Vulkanismus

Bis in die jüngste Vergangenheit waren Lanzarotes Vulkane aktiv und veränderten die Inseloberfläche. Um 1000 v. Chr. entstand das Corona-Gebiet. Erst im 18. Jh. erhielt die Timanfaya-Region ihr heutiges Aussehen. Zwischen 1730 und 1736 wurde dieses Gebiet durch eine **Serie von Vulkanausbrüchen** verwüstet. 1824 gab es nochmals mehrere Eruptionen, die bisher letzten auf Lanzarote. Die hohen Temperaturen, die in der Timanfaya-Region nur wenige Meter unter der Erdoberfläche gemessen werden, lassen aber darauf schließen, dass die Vulkantätigkeit noch nicht endgültig erloschen ist.
Entsprechend der **Vulkantätigkeit in jüngerer Zeit** ist die Insel mit vielfältigem vulkanischem Gestein bedeckt. Das flüssige Magma, das sich in einer Tiefe zwischen 2 und mehr als 50 km in Kammern sammelt, wird bei einem Vulkanausbruch explosionsartig an die Erdoberfläche befördert. Neben Lavaströmen werden Wasserdampf, Gas und so genannte Lockerprodukte herausgestoßen. Lavaströme bilden im Erstarrungsprozess sehr unterschiedliche Formen – Temperatur und damit die Konsistenz der Lava und die Oberfläche des Geländes spielen dabei eine Rolle. So gibt es Laven, die quasi als stehender »See« mit relativ glatter Oberfläche erstarren. Beim Fließen von Lava auf abschüssigem Gelände entwickeln sich mitunter scharfkantige **Schollen und Platten,** die dadurch zustande kom-

men, dass bereits abgekühlte, zähflüssige Lava durch nachfolgende heißere Massen zusammengeschoben und aufgebrochen wird. Große Teile von Lanzarote sind mit solchen Lavaschollen bedeckt. Da sie ein landwirtschaftlich nicht nutzbares Gelände darstellen, werden sie als »malpaís« (»schlechtes Land«) bezeichnet. Auf Lanzarote haben sich Lavaströme auf einer Länge von bis zu 12 km ergossen. Teilweise sind in ihnen regelrechte **Tunnel und Höhlen** entstanden. Zu diesem Phänomen kommt es, wenn die Außenfläche eines Lavastroms bereits abkühlt, während im Innern noch heiße Lava nachströmt, weiter abwärts fließt und erst dann erstarrt.

Vom Winde verweht

Lockerprodukte – also Magma, das unter hohem Gasdruck zerstäubt – werden entsprechend ihrer Größe als Aschen (bis 0,2 cm), Lapilli (bis 6,4 cm) oder als Schlacken bezeichnet. Sie sind nicht nur in unmittelbarer Umgebung des Vulkans zu finden. Vielmehr werden sie bei einem Vulkanausbruch durch Winde in einem weiten Umkreis verteilt. Vor allem in dem Gebiet von **La Geria** werden Lapilliflächen landwirtschaftlich genutzt, da sie zum einen sehr nährstoffhaltig sind und zum anderen als Feuchtigkeitsspender dienen. Unter den Ergussgesteinen ist vor allem der Basalt bekannt, der eine blauschwarze, rostrote und gelbe Färbung annimmt, außerdem der helle raue Trachyt und der graugrünliche Phonolith (= Klingstein). Die Magmaprodukte auf Lanzarote sind größtenteils basaltisches Ergussgestein.

VON VULKANEN GEFORMT

Aufgerissene Krater und bis zu fast 700 m hohe Bergzüge, Dünen und bizarr geformte Küsten. Und nicht zu vergessen feine Sandstrände mit kristallklarem Wasser. Etliche Aussichtspunkte gewähren einen Überblick über die verschieden Landschaften der Insel. Wer den Vulkanismus aus nächster Nähe erleben will, sollte den Nationalpark Timanfaya besuchen!

❶ La Graciosa
La Graciosa ist die größte Insel des Archipelago Chinijo, der Lanzarote im Nordosten vorgelagert ist. Zum Archipel gehören außer La Graciosa die Inseln Alegranza, Montaña Clara, Roque del Este und Roque del Oeste.

❷ Risco de Famara
Das Bergmassiv fällt an der Nordküste als Steilufer ab. Der Peñas del Chache ist die höchste Erhebung des Risco de Famara und zugleich ganz Lanzarotes.

❸ El Jable
Auf der dünenähnlichen Ebene von El Jable wird Landwirtschaft in den meisten Fällen nur noch zum Eigenverbrauch betrieben. Angebaut werden Mais, Getreide, Tomaten, Kartoffeln und Wein.

❹ Arrecife
Die politische wie auch wirtschaftliche Hauptstadt von Lanzarote macht mit ihren knapp 60 000 Einwohnern im Vergleich zu anderen Orten der Insel einen großstädtischen Eindruck.

5

6

7

8

5 Parque Nacional de Timanfaya
Weite Lavafelder und Vulkankegel in Schwarz-, Braun- und Rottönen schimmerndes Gestein – in den Montañas del Fuego erlebt man den Vulkanismus hautnah.

6 Los Ajaches
Die Bergwelt von Los Ajaches im Südwesten der Insel bietet sich für ausgiebige Wanderungen an.

7 El Rubicón
Nach Südwesten brechen die Berge von Los Ajaches zur Ebene von El Rubicón ab.

8 Playas de Papagayo
Etwas abseits gelegen, dafür wunderschön: Die Papageien-Strände blieben vom Bauboom auf Lanzarote bisher verschont.

Dunkle Krater, weite Flächen

Auf keiner anderen Kanarischen Insel ist die Landschaft derart vom Vulkanismus geprägt wie auf Lanzarote. Über die Insel verteilen sich rund **300 Vulkankegel,** die zwischen 400 und 600 m hoch sind. Etwa 20 % der Inselfläche sind durch die Vulkanausbrüche im 18. und 19. Jh. mit Lavagestein bedeckt worden.

Abwechslung auf engstem Raum

Weite Ebenen wie El Jable im Nordwesten und El Rubicón an der Südwestspitze der Insel sowie die Bergregionen Risco de Famara im Norden und Los Ajaches im Süden sorgen für eine abwechslungsreiche Landschaft. Die höchste Erhebung der Insel ist mit 671 m der Peñas del Chache im Risco de Famara. Der **Risco de Famara** fällt an der Nordküste über mehrere Kilometer als Steilufer ab, direkt an der Nordostspitze erhebt sich die Steilwand mit einer Höhe von 479 m über der Meeresenge El Río. Die Berge von Los Ajaches brechen nach Südwesten zur weiten Ebene von El Rubicón ab, die sich bis zur Küste erstreckt. Die Küste ist klippenreich. Jedoch gibt es dazwischen immer wieder auch kleine Strandbuchten mit unterschiedlich gefärbtem Sand und sogar einige kilometerlange Sandstrände (Playas de Papagayo, Playa de Famara und die Strände bei Puerto del Carmen).

Mangelware Wasser

Auf Lanzarote gibt es keine natürlichen Quellen und nur in geringen Mengen Grundwasser, das sich zudem spürbar reduziert. Von alters her wurde auf Lanzarote Regenwasser in Zisternen (»aljibes«) aufgefangen. Regenfälle waren aber immer nur unregelmäßig und blieben mitunter jahrelang aus. Den akuten Wassermangel versuchte man eine Zeit lang durch Wasserlieferungen per Schiff in den Griff zu bekommen. Mit dem Ankurbeln des Massentourismus musste man sich dann aber andere Lösungen einfallen lassen. Heute werden mehr als 90 % des Süßwassers auf Lanzarote in Meerwasseraufbereitungsanlagen hergestellt (▶ Baedeker Wissen, S. 190).

Pflanzen und Tiere

Einmalige Flora

Wer sich für Pflanzen interessiert, sollte als Reisezeit die Monate Februar bis April wählen. Auf dem kanarischen Archipel gibt es rund 2100 Pflanzenarten. Viele davon wachsen nur hier. Fossilienfunde belegen, dass einige dieser Pflanzen einstmals auch im Mittelmeerraum und den Alpen vorkamen, durch klimatische Veränderungen dort aber längst ausgestorben sind.

Es war einmal ein Wald ...

Die Vegetation auf Lanzarote ist nicht eben üppig, aber dennoch sehr interessant. Was man zunächst nicht vermutet: Selbst auf der extrem kargen Kanareninsel sind ca. **570 Pflanzenarten** zu finden. Durch die fehlenden Niederschläge gedeihen im Wesentlichen Pflanzen, die in extremer Trockenheit überleben können. In der nördlichen Bergregion muss es einmal Wälder gegeben haben – heute sieht man überhaupt nur wenige Bäume, geschweige denn einen regelrechten Waldbestand. Allein das geschützte Tal von Haría im Norden ist für seinen Palmenhain bekannt. Das Gebiet des Risco de Famara ist für botanisch Interessierte am ergiebigsten. Ein einmaliges Gebiet ist auch in botanischer Hinsicht der **Timanfaya-Nationalpark.** Hier entwickelt sich nach den Vulkanausbrüchen des 18./19. Jh.s nur langsam wieder eine Pflanzenwelt, die den unwirtlichen Bedingungen der Region trotzt.

Endemiten

Etwa 540 Arten kommen ausschließlich auf den Kanaren vor. Die größte Artenvielfalt der kanarischen Flora gibt es auf Teneriffa, doch auch Lanzarote kann mit gut einem Dutzend Pflanzen aufwarten, die es sonst nirgendwo auf der Welt gibt, etwa das Lanzarote-Aeonium (Aeonium lancerottense), der Lanzarote-Natternkopf (Echium lan-

WIE DER PHÖNIX AUS DER ASCHE

Unendlich lange dauert es, bis das neue Leben die vulkanischen Böden zurückerobert. Doch wenn es dann soweit ist, gleicht jedes entdeckte Pflänzchen einer botanischen Sensation. Zweifelsohne, Lanzarote ist dafür die richtige Insel. Zu den Pionierpflanzen im Nationalpark gehört zum Beispiel das Jochblatt – wegen seiner kleinen Beeren wird es auf der Insel »Meerträubchen« genannt.

BAEDEKER WISSEN

WASSER AUS DEM MEER

Mit gerade einaml 147 mm Niederschlag jährlich ist Lanzarote die zweittrockenste Insel der Kanaren. Bevölkerungszunahme und steigende Touristenzahlen erhöhten den Wasserbedarf erheblich, der heute zu einem guten Teil aus dem Meer gedeckt wird. Nur Arrecife, Puerto del Carmen, Costa Teguise und Playa Blanca werden rund um die Uhr versorgt.

▶ Zwei Methoden, ein Ergebnis

Bei der **mehrstufigen Entspannungsverdampfung (MSF)** wird Salzwasser verdampft und Reinwasser gewonnen. Bei der **Umkehrosmose (RO)** wird Meerwasser durch eine feine Membran (z.B. Polyamid) gedrückt, wobei die Salzmoleküle zurückgehalten werden.

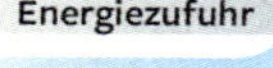

▶ Ertrag und Folgen

Die RO-Methode ist mit zwei bis vier kWh pro Tonne Trinkwasser deutlich effizienter als die MSF-Methode (bis zu 100 kWh/t). Täglich spülen die Anlagen zusätzlich zu der angereicherten Sole 24 t Chlor, 300 kg Kupfer und 65 t andere Substanzen zurück ins Meer. Dadurch steigen in küstennahen Gewässern Salzgehalt und Temperatur.

▶ Meerwasserentsalzungsanlagen auf den Kanarischen Inseln

entsalzte Wassermenge in 1000 Kubikmeter pro Jahr (gesamt: 124 400 m³)

▲ Meerwasserentsalzungsanlagen (je 10 Anlagen, gesamt: 332)

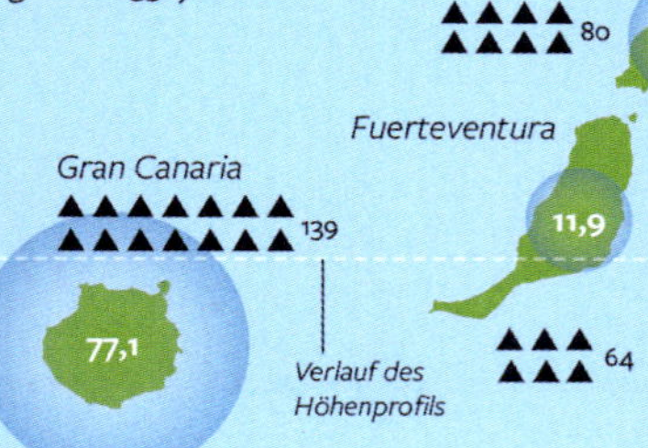

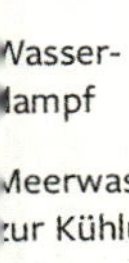

▶ **Mehrstufige Entspannungsverdampfung (MSF)**

▶ **Umkehrosmose (RO)**

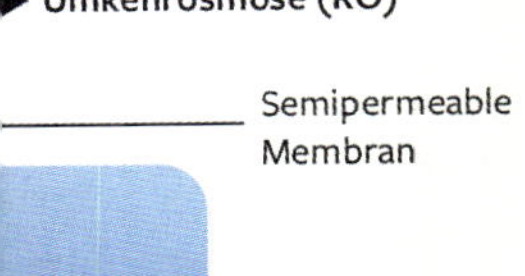

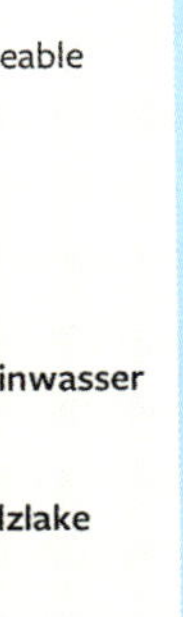

▶ **Meerwasserentsalzung 2008 und 2016**
Staaten mit den höchsten Anlagekapazitäten in Mio. m³ pro Tag

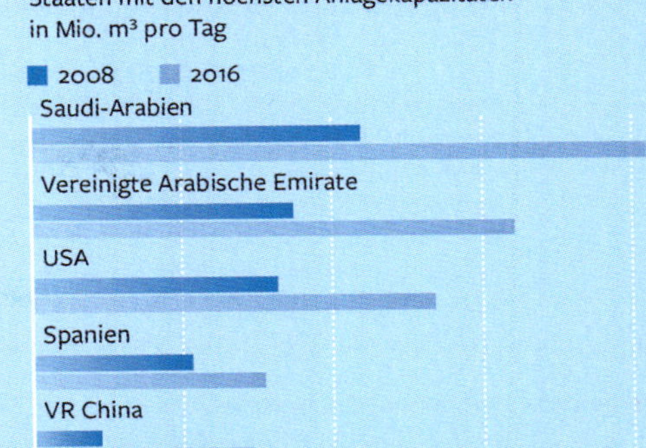

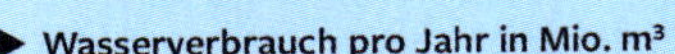

▶ **Wasserverbrauch pro Jahr in Mio. m³**

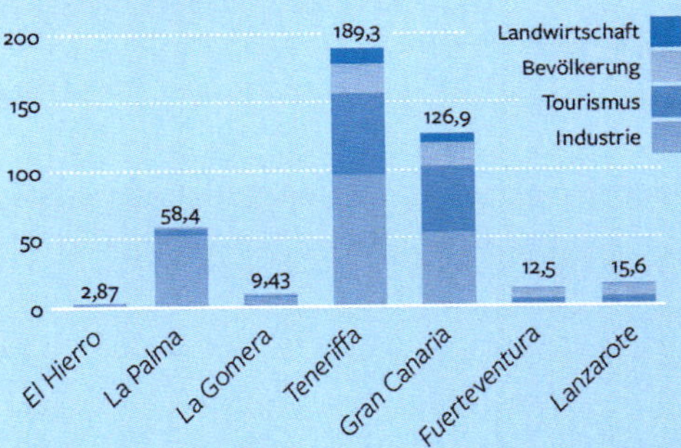

Höhenprofil Kanarische Inseln
Der fast ständig aus Nordosten wehende Wind treibt die Wolken über die flacheren östlichen Kanarischen Inseln hinweg, die dadurch deutlich weniger Niederschlag erhalten als die hohen, im Westen gelegenen Inseln.

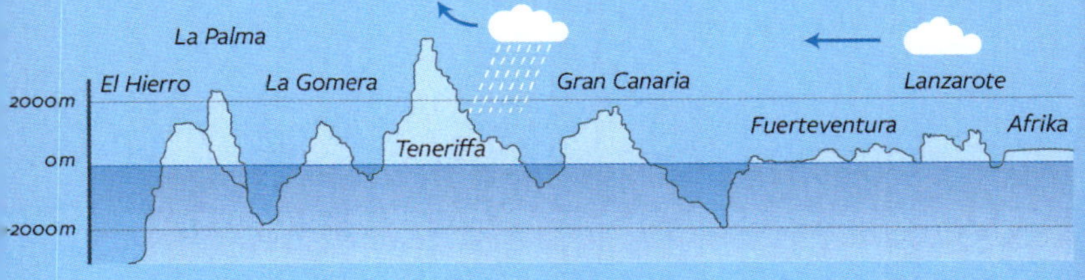

cerottense) oder die ausschließlich auf den Nordosten Lanzarotes begrenzte Eingrifflige Strohblume (Helichrysum monogynum). Witzig ist, wie die im **Risco de Famara** (► S. 95) anzutreffende Madeira-Kanarenmargerite (Argyranthemum maderense) zu ihrem Namen kam. Diese stammt nicht etwa aus Madeira – ihr Entdecker, der englische Botaniker David Don (1799–1841), der auch im Archipel von Madeira botanischen Studien nachging, hatte fälschlicherweise den Standort des hübschen Korbblütlers vertauscht. Etliche Arten schafften von der nur 100 km entfernten afrikanischen Küste den Sprung übers Wasser, so etwa die vornehmlich in Marokko verbreitete Tanger-Reichardie (Reichardia tingitana).

Sukkulenten

Besonders gut gedeihen auf Lanzarote Sukkulenten, die die Fähigkeit haben, über lange Zeit in den Blättern, Stämmen oder Wurzeln Wasser zu speichern, und auf diese Weise auch lange Dürrezeiten überleben zu können. Auf Lanzarote gibt es zahlreiche Euphorbienarten (Wolfsmilchgewächse). Agaven und Kakteen, die man heute vielerorts sieht, gehören nicht zur ursprünglichen Vegetation der Insel; sie wurden erst von den spanischen Eroberern eingeführt.

Kanarische Dattelpalme

Vielerorts setzt die Kanarische Dattelpalme (Phoenix canariensis) Akzente, auf Lanzarote vor allem im »Tal der tausend Palmen« von Haría. Mit ihrer üppigen Krone aus langen Wedeln und großen

Pflanzen, die viel Wasser benötigen, sind auf Lanzarote fehl am Platz.

Fruchtständen gehört sie zu den dekorativsten Vertretern der Palmenfamilie. Die kleinen gelb-orangeroten Früchte sind allerdings holzig und für den menschlichen Genuss nicht geeignet. Von den Kanarischen Inseln verbreitete sich die Kanarenpalme über den gesamten Mittelmeerraum, im gemäßigten mitteleuropäischen Klima steht sie vielerorts als Kübelpflanze in Botanischen Gärten.

Drachenbaum

Nur in Parkanlagen findet man auf Lanzarote den Kanarischen Drachenbaum (Dracaena draco), den wohl bekanntesten Vertreter der Kanarenflora. Wild wachsend kommt er vor allem auf La Palma und Teneriffa vor. Der Drachenbaum gehört zur Familie der Spargelgewächse, hat jedoch im Aussehen nichts mit unserem Gemüsespargel gemein. Sein Stamm wird bis zu 20 m hoch, charakteristisch ist die weit verzweigte schirmartige Krone aus verdickten Ästen, an deren Enden sich ein Schopf aus bis zu 60 cm langen schwertförmigen Blättern bildet. Das dunkelrote Harz des Drachenbaums, das »Drachenblut«, verwendeten die kanarischen Ureinwohner u. a. zur Einbalsamierung ihrer Toten.

Fauna

Weniger artenreich ist die Tierwelt der Kanarischen Inseln. Auch hier gibt es einige endemische Arten, die nur auf den Kanaren vorkommen. Außer Kaninchen und Igeln sind auf Lanzarote keine wild lebenden Säugetiere zu finden. Die Kamele wurden importiert (▶ Baedeker Wissen, S. 194).

Reptilien

Im gesamten Archipel gibt es weder giftige Schlangen noch Skorpione. Dafür sieht man sehr häufig **Eidechsen,** darunter endemische Arten wie die Purpurarien-Eidechse (Gallotia atlantica) und der Purpurarien-Skink (Chalcides simonyi).

Vögel

Auf Lanzarote nisten rund 35 Vogelarten, etwa Turmfalke, Wiedehopf und der scheue Kanarenpieper. Auch eine Unterart der Blaumeise ist hier zuhause. Dazu gesellen sich zahlreiche **Durchzügler und Wintergäste.** An der Küste und in Häfen allgegenwärtig sind Weißkopfmöwen, seltener Gelbschnabelsturmtaucher. Den Kanarienvogel wird man dagegen in freier Natur auf Lanzarote vergebens suchen, er kommt lediglich auf den Zentral- und Westkanaren vor, und dort auch nur als relativ unscheinbare Wildform.

Fische und Meerestiere

In den atlantischen Gewässern rund um die Kanarischen Inseln tummeln sich über **500 Fischarten,** u. a. Thunfische, Barsche, Rochen, Salme, Tintenfische und Muränen. Eine nur hier vorkommende Papageienfischart, die »Vieja«, ist vielen Besuchern von der Speisekarte bekannt. Besonders seltene Fischarten leben im Gebiet des Lanzarote nördlich vorgelagerten Archipelago Chinijo. Haie gibt es zwar in den Gewässern dieser Breiten, in Küstennähe sind sie aber sehr selten.

WÜSTENSCHIFFE AUF DER VULKANINSEL

Ein langsamer Ritt durch die spröde Landschaft von Lanzarote auf dem Rücken eines Kamels gehört zu den beliebtesten Touristenattraktionen auf der Vulkaninsel. Kamele sind heute fast ein Wahrzeichen der nördlichsten kanarischen Insel – dass sie erst seit ein paar Jahrhunderten hier beheimatet sind, scheint eher verwunderlich.

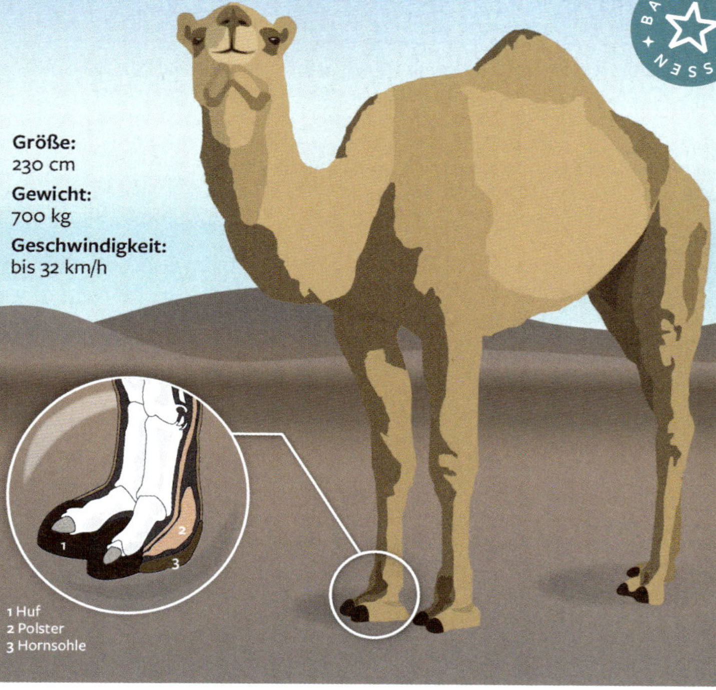

BAEDEKER WISSEN

Größe:
230 cm

Gewicht:
700 kg

Geschwindigkeit:
bis 32 km/h

1 Huf
2 Polster
3 Hornsohle

▶ **Kamelrassen**
Kamele gehören als einzige Paar- hufer zu den Schwielensohlern. Das zweihöckrige Kamel (Trampeltier) und das einhöckrige Dromedar zählen zur Gruppe der Altweltkamele. Die in Südamerika lebenden Neuweltkamele unterteilen sich in die Gattungen Lama (Guanako und das daraus domestizierte Lama) und Vikunja (Alpaka und Vikunja).

Lama
120 bis 150 kg
110 bis 120 cm

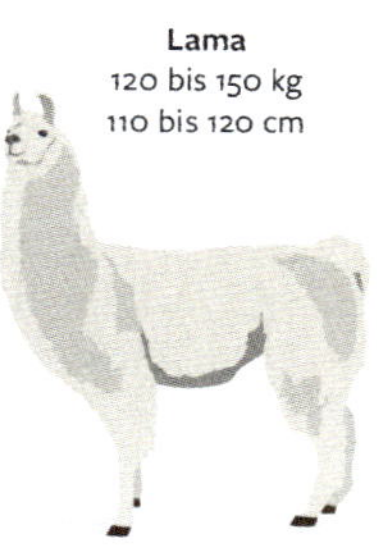

Guanako
100 bis 120 kg
115 bis 120 cm

So kamen die Tiere auf die Insel
Zu Beginn des 15. Jahrhunderts kamen die ersten Kamele nach Lanzarote. Jean de Béthencourt brachte sie aus Marokko auf die Insel, wo sie als Nutztiere in der Landwirtschaft hervorragende Arbeit leisteten. Für die Bedingungen auf der heißen, trockenen Vulkaninsel waren sie wie geschaffen.

Früher Nutztier, heute Touristenattraktion
Anfang des 20. Jh.s gab es auf Lanzarote noch etwa 3000 Kamele. Heute werden sie in der Landwirtschaft kaum noch eingesetzt, stattdessen können Touristen einen Kamelausflug über die Insel buchen.

▶ **Kamelmilch ist gesund**
Kamelmilch schmeckt etwas salzig. Die von Natur aus fettarme Milch hat einige Besonderheiten:

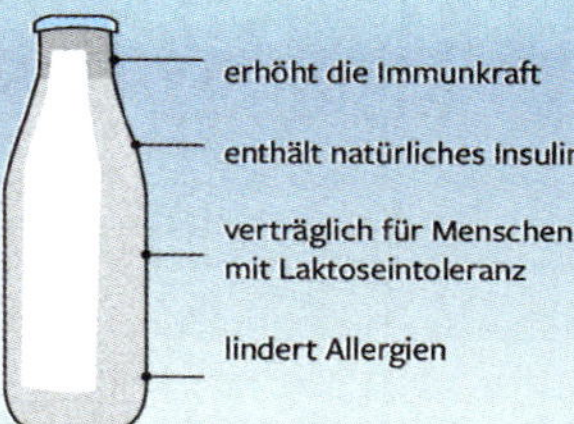

500 Kamele leben derzeit auf der Insel

288 davon sind zur Beförderung von Touristen zugelassen

Durchhalten in der Wüste

Durch Fetteinlagerung im Höcker
30 Tage ohne Nahrung

Durch Wasserspeicher im Magen
14 Tage ohne Wasser

Wasseraufnahme
100 Liter Wasser in 10 min.

Trampeltier
450 bis 500 kg
180 bis 230 cm

Vikunja
40 bis 50 kg
90 bis 100 cm

Alpaka
55 bis 65 kg
100 bis 110 cm

Bevölkerung und Politik

Demographische Entwicklung

Das Leben der lanzarotenischen Bevölkerung ist von jeher durch wirtschaftliche Schwierigkeiten geprägt. Hungersnöte und Arbeitslosigkeit waren immer schon Gründe zur Emigration. Dies änderte sich erst mit dem einsetzenden Tourismus, der einer zunehmenden Zahl von Menschen einen Arbeitsplatz bescherte.
Lanzarote hat eine rasante demographische Entwicklung hinter sich. Der Aufschwung zu einer beliebten Ferien- und Badeinsel zog neben vielen Festlandspaniern und Rückwanderern aus Übersee auch zahlreiche EU-Bürger auf die Insel. So hat sich die Bevölkerung seit 1986 von damals 57 000 auf heute 145 000 fast verdreifacht.

Autonome Gemeinschaft

Anders als etwa im Baskenland oder jüngst in Katalonien war das Streben nach einer Loslösung von Spanien beziehungsweise die Forderung nach mehr Autonomie bis auf vereinzelte Aktionen in den 1970er-Jahren auf den Kanaren nie ein großes Thema. Natürlich fühlt man sich nicht zuletzt durch die große räumliche Distanz zu Madrid mitunter benachteiligt, über eine völlig selbstständige Inselrepublik denkt auf den Kanaren heute allerdings niemand ernsthaft nach. Seit 1982 ist der kanarische Archipel innerhalb Spaniens eine von 17 autonomen Gemeinschaften (Comunidades Autónomas). Jede Insel wird von einem Inselrat (Cabildo insular) verwaltet. Vor allem in Bezug auf die Resorts Bildung, Kultur und touristische Entwicklung genießen die Inseln eine **weitreichende Selbstbestimmung.**

Wirtschaft

Strukturwandel

Auf Lanzarote setzte ab den 1970er-Jahren ein fundamentaler Wirtschaftswandel ein. War bis dahin die Landwirtschaft die Haupterragsquelle, hat diese Rolle heute der Tourismus übernommen. Das Geschäft mit den Fremden brachte Lanzarote einen allerorten spürbaren Aufschwung. Dennoch profitiert ein großer Teil der Bevölkerung weniger vom Gästestrom als zu erwarten wäre, denn die Haupteinnahmen fließen am »kleinen Mann« vorbei in die Kasse großer Touristikunternehmen. Mit etwa 25 % ist die Arbeitslosenquote ausgesprochen hoch.

Tourismus

Der mit Abstand wichtigste Wirtschaftszweig auf Lanzarote ist der Tourismus. Jährlich besuchen mehr als 2 Mio. ausländische Gäste die Ferieninsel, die meisten davon kommen aus England, Deutschland und Italien. Der Fremdenverkehr konzentriert sich in den großen Badeorten Puerto del Carmen, Costa Teguise und Playa Blanca. Die Westküste und der Inselnorden dagegen sind mangels geeigneter Strände kaum erschlossen. Im Landesinneren besetzt der Finca-Tourismus eine kleine Nische. Die Zahl der Gästebetten in Hotels, Apartmenthäusern und Landhotels beläuft sich derzeit auf 80 000. Nach den Vorstellungen privater Investoren könnte sich die Bettenzahl noch erheblich erhöhen. Die Inselregierung versucht allerdings schon seit Jahren, den Neubau von Unterkünften einzuschränken. Umweltschützer meinen, dass bereits jetzt die touristische Aufnahmekapazität der Insel überschritten ist.

Landwirtschaft und Fischerei

Bis Ende der 1960er-Jahre war die Landwirtschaft der wichtigste Wirtschaftsfaktor der Insel. Das mutet bei einer derart kargen Oberfläche Lanzarotes seltsam an. Jedoch haben die hiesigen Bauern es verstanden, die unwirtliche Natur nach den ihr eigenen Gesetzen zu nutzen und zu beackern. Sie haben weltweit einmalige Anbaumethoden entwickelt, nachdem sie entdeckt hatten, dass **Vulkanasche und Kalksande** die Fähigkeit zur Wasserspeicherung besitzen. Auf diese Weise konnten Weinreben, Kartoffeln, Getreide, Zwiebeln, Linsen, Tomaten, Tabak, Mais, Kürbisse, Mandeln und Feigen kultiviert werden. Heute geschieht dies fast nur noch für den Eigenbedarf. Eine Ausnahme bildet der Wein (▶ S. 16). In jüngster Zeit besetzt der Anbau von Aloe vera eine Nische. Die anspruchslose Heilpflanze kommt hervorragend mit dem trockenen Klima auf Lanzarote zurecht.
Rund 98 % der auf Lanzarote angebotenen Fleischprodukte werden heute importiert. Nicht viel besser ist es um die Fischerei bestellt. Die Kanarischen Inseln hatten bis in die 1980er-Jahre hinein eine ertragreiche Fischerei. Dabei verfügte Lanzarote über eine der größten **Fischfangflotten** des Archipels. Inzwischen kann man der besser gerüsteten internationalen Konkurrenz aber nicht mehr standhalten.

Industrie und Handel

Industrie spielt auf Lanzarote kaum eine Rolle. Außer einem Elektrizitätswerk, einer Ölraffinerie und etwa 50 kleinen und großen Meerwasserentsalzungsanlagen (▶ Baedeker Wissen, S. 190) gibt es keine industriellen Unternehmen. Frühe ansässige Fischfabriken mussten angesichts des Rückgangs der Fangquoten und vor allem wegen der geänderten Verbrauchernachfrage (weg von der Konserve, hin zu Frischfisch) den Betrieb einstellen. So hält sich die Umweltbelastung erfreulicherweise in sehr engen Grenzen. Einer der größten Arbeitgeber ist der Hafen von Arrecife, über den fast die ganze Einfuhr abgewickelt wird, vor allem Erdöl, Konsumgüter und Kraftfahrzeuge.

Natur- und Umweltschutz

Umweltprobleme sind in erster Linie auf die direkten Auswirkungen des Tourismus zurückzuführen. Neben der zersiedelten Küstenzone gibt es unter anderem bei der Müllentsorgung, der Klärung des Abwassers und vor allem beim Wasserhaushalt (▶ Baedeker Wissen, S. 190) Probleme. Zudem ist eine ständig wachsende Zahl an Mietwagen auf der Insel unterwegs.

Ein Teufelchen markiert den Eingang zum Nationalpark Timanfaya.

Naturschutzgebiete

Rund 40 % der Inselfläche steht heute unter Naturschutz. Als größtes Gebiet wurde 1974 der **Nationalpark Timanfaya** gegründet, ein etwa 85 km² großer Vulkanpark, der teils nur mit Führung zugänglich ist. Weitere vulkanische Schutzgebiete sind der Monte Corona und der Barranco Tenegüime im Inselnorden sowie die Ajaches-Berge im Südteil. Streng geschützt ist zudem der aus den kleinen Nachbarinseln La Graciosa, Montaña Clara und Alegranza bestehende Naturpark **Archipiélago Chinijo**. Als geschützte Kulturlandschaft ist zudem die Weinregion **La Geria** ausgewiesen. 1993 erklärte die UNESCO Lanzarote zu **Biosphärenreservat.**

GESCHICHTE

Weltbewegendes geschah auf Lanzarote nie wirklich. Was passierte, bewegte allerdings den kleinen Kosmos der Insulaner: angefangen bei der Eroberung durch Jean de Béthencourt vor 600 Jahren über die verheerenden Vulkanausbrüche im 18. und 19. Jh. bis hin zum Wandel zu einer Ferieninsel, die jährlich von einem Millionenpublikum besucht wird.

Erste Entdecker

Trotz der Nähe zum afrikanischen Kontinent – die Insel liegt gerade mal 100 km vor der marokkanischen Küste – blieb Lanzarote genauso wie die Nachbarinseln jahrtausendelang ein unentdecktes Eiland im Atlantik. Vermutlich die ersten, die einen Fuß auf Lanzarote setzten, waren **phönizische Seefahrer,** die mit ihren hochseetauglichen Schiffen auf der Suche nach Holz und Purpur bereits im ersten Jahrtausend v. Chr. die nordwestafrikanische Küste in ihr

EPOCHEN

EROBERER UND BESIEDLER

1. Jt. v. Chr.	Phönizier landen auf der Insel.
500 v. Chr.	Berber besiedeln die Inseln.
3. Jh. n. Chr.	Römische Schiffe legen auf den Kanaren an.
1312	Lancellotto Mallocello entdeckt die Insel für die Europäer.
1402	Jean de Béthencourt erobert Lanzarote.

ÜBERFÄLLE UND KATASTROPHEN

16. Jh.	Überfälle aus dem europäischen und nordafrikanischen Raum
1618	Fast die gesamte Bevölkerung von Lanzarote gerät nach einem erneuten Überfall in Gefangenschaft.
18. Jh.	Vulkanausbrüche verwüsten Teile der Insel.

19. JH. BIS HEUTE

1852	Arrecife wird Hauptstadt von Lanzarote.
1936	Militärputsch; Beginn des Spanischen Bürgerkriegs
1993	Die Kanaren werden Mitglied der EU.
1993	Lanzarote wird von der UNESCO zum Biosphärenreservat erklärt.
2014	Felipe VI. wird neuer König Spaniens.
2017	Wirtschaftlicher Aufschwung nach schwerer Wirtschaftskrise
2020/2021	Die Corona-Pandemie verläuft vergleichsweise glimpflich.

Netz von Handelsrouten einbezogen. Zeugnisse für ihre Anwesenheit fand man 2010 bei Ausgrabungen in der Nähe von Tiagua und 2012 auf dem Fuerteventura vorgelagerten Eiland Lobos. Um 500 v. Chr. ließen sich schließlich **Nordafrikaner** auf der Insel nieder. Ein erstes schriftliches Dokument stammt von Plinius d. Ä. (23–79 n. Chr.): Er erwähnt einen Archipel, bei dem mit einiger Sicherheit die Kanarischen Inseln gemeint sind – allerdings sind die geografischen Daten nicht korrekt. In seiner »Historia Naturalis« sind auch Hinweise auf eine Expedition enthalten, die der mauretanische König Juba II. († 23 n. Chr.) zu den Inseln schickte. Plinius' Anmerkungen zufolge müssen die Schiffe den Archipel erreicht haben, mehr ist den Andeutungen nicht zu entnehmen. Im 2. Jh. legte der griechische Naturforscher Ptolemäus die erste Weltkarte mit Gradeinteilung an. Auch die Kanarischen Inseln sind dort eingezeichnet. Ptolemäus zog den Nullmeridian – damals das Ende der bekannten Welt – durch das Westkap von El Hierro.

Römische Schiffe landeten im 3. Jh. auf den Kanarischen Inseln; bei La Graciosa im Norden von Lanzarote wurden römische Amphoren gefunden, in denen Garum, eine bei den Römern beliebte würzige Fischsoße, aufbewahrt und transportiert wurde.

Eroberung durch die Europäer

Da der Landweg von Europa aus in das gewürzreiche Indien unter Kontrolle der Araber war, suchten die Europäer einen Weg über den Atlantik in den Fernen Osten. So war es nur eine Frage der Zeit, dass europäische Seeleute auf die Inseln vor der nordwestafrikanischen Küste stießen. 1312 landete der Genuese **Lancellotto Mallocello** auf Lanzarote und baute dort eine erste Festung. Lanzarote wurde später nach ihm benannt – auf der Weltkarte eines Mallorquiners ist die Insel mit seinem Namen bezeichnet. In der Folge kreuzten europäische Seeleute wiederholt im Gebiet der Kanarischen Inseln auf der Suche nach Sklaven und nach der Orchilla-Flechte. Lanzarotes Bevölkerung wurde damals durch Sklavenjäger aus dem iberischen Raum dezimiert.

1344 ernannte Papst Clemens VI. den aus Kastilien stammenden Grafen von Clermont, Luís de la Cerda, zum König der Kanarischen Inseln und beauftragte ihn mit der Missionierung der heidnischen Bevölkerung. Der Graf indes ergriff keinerlei Initiative, die Kanarischen Inseln tatsächlich zu erobern. Ende des 14. Jh.s verlieh Heinrich III. dem Grafen Roberto de Bracamonte die Königswürde, aber auch dieser unternahm keinen Eroberungsversuch. Im Jahr 1402 war es dann Bracamontes Vetter, der normannische Adelige **Jeán de Béthencourt,** der Lanzarote eroberte – als erste der Kanarischen Inseln. Der französische Abenteurer Gadifer de la Salle beteiligte sich. Heinrich III. gab sein Einverständnis für die Expedition und erteilte Béthencourt nach der Eroberung den Titel »König der Kanarischen Inseln«. Der Papst unterstützte die Aktion. Béthencourt landete an der

Südküste von Lanzarote östlich des heutigen Playa Blanca und ließ dort im damaligen Rubicón eine Festung und eine christliche Kirche bauen. Ein Teil der rund 1000 Ureinwohner, die zum Christentum bekehrt werden sollten, ließ sich taufen und zog es vor, mit den Konquistadoren zusammenzuarbeiten und bei der Eroberung anderer Inseln mitzuhelfen, wofür eigenes Land geboten wurde. Wer sich nicht taufen ließ, wurde festgenommen und als Sklave auf andere Inseln verschleppt oder auf dem spanischen Festland verkauft. 1404 wurde Rubicón zum ersten Bischofssitz der Kanarischen Inseln erklärt. 1485 wurde der Bischofssitz nach Las Palmas/Gran Canaria verlegt.

Die anderen Inseln fallen

1405 konnte Jean de Béthencourt mit Verstärkung durch die kastilische Krone Fuerteventura besetzen. Auch El Hierro und La Gomera wurden eingenommen, die Eroberung von Gran Canaria und La Palma dagegen gelang nicht. Lanzarote, Fuerteventura, El Hierro und La Gomera erhielten – als von einem Adeligen eroberte Inseln – den Status der **»Islas de Señorio«:** Das Land gehörte dem Eroberer, gegen eine Steuer überließ er aber die landwirtschaftliche Nutzung den einheimischen Bauern. 30 % der Erträge mussten abgegeben werden. Béthencourt gab die Verwaltung an seinen Neffen Maciot de Béthencourt ab und kehrte in die Normandie zurück. Nur wenige Jahre später, 1418, übergab Maciot de Béthencourt die Kanarischen Inseln dem andalusischen Grafen von Niebla als Schenkung. 1433 erhielt schließlich der Portugiese Heinrich der Seefahrer per päpstlicher Bulle das Recht über die Inselgruppe. Drei Jahre später erhoben sowohl Portugal als auch Kastilien Ansprüche auf den Archipel. Erst 1479 wurde der Konflikt im **Vertrag von Alcaçovas** beigelegt: Kastilien erhielt die Kanarischen Inseln, Portugal Westafrika und die übrigen vorgelagerten Inseln. Erst in den folgenden Jahren wurde die europäische Eroberung de facto vollendet: Gran Canaria wurde ab 1478 besetzt, La Palma 1492/1493. Teneriffa wurde 1496 als letzte Insel des Archipels eingenommen. Die Inseln unterstellte man direkt der spanischen Krone. Die Herrschaftsgewalt hatten so genannte Capitanes Generales, die Nutzungs- und Wasserrechte vergaben.

Überfälle auf Lanzarote

Im 16. Jh. wurde Lanzarote mehrfach Ziel verheerender Überfälle aus dem europäischen und nordafrikanischen Raum. Heere unter Calafat (1569), unter dem algerischen Hauptmann Dogali (1571), unter Amurat (1586) und unter Jorge Cumberland (1596) griffen die Insel an. Dem Adel diente das Castillo de Guanapay bei Teguise als Festung und große Teile der Bevölkerung versteckten sich in den Lavahöhlen. Auf den Inseln lebte damals ein Völkergemisch, das sich aus überlebenden Ureinwohnern, Europäern und schwarzafrikanischen Sklaven zusammensetzte. Der Handel mit Sklaven wurde nach der Eroberung der Inseln zwar verboten, das Verbot jedoch vielfach gebrochen. Papst Paul III. stellte Sklavenhandel erneut unter Strafe. 1618 gab es den wohl massivsten Angriff auf die Insel durch ein 5000 Mann starkes Heer der Piraten Jaban und Soliman. Dabei geriet fast die gesamte Bevölkerung von Lanzarote in Gefangenschaft und die Hauptstadt Teguise wurde zerstört.

Vulkanausbrüche

Im 18. Jh. vernichteten schwere Vulkanausbrüche im Südwesten der Insel etliche Dörfer und landwirtschaftliche Anbauflächen. Die Bevölkerung der betroffenen Region siedelte sich in anderen Teilen Lanzarotes neu an oder floh auf benachbarte Inseln. Bis heute ist in dem Gebiet kaum neues Leben entstanden; das Terrain ist zum Nationalpark Timanfaya erklärt worden. Knapp 100 Jahre später, im Jahr 1824, gab es im Südwesten von Lanzarote erneute Vulkanausbrüche – seitdem ruhen die Inselvulkane. Auf La Palma hingegen brach 1971 der Volcán de Teneguía aus. Die jüngste vulkanische Aktivität ereignete sich 2011/2012 vor der Südküste El Hierros – nach monatelangen Eruptionen entstand unter Wasser ein neuer Vulkankegel.

Verwaltungsreformen

Das 19. Jh. war von einem interinsularen Streit geprägt, dem **»pleito insular«,** in dem es um die Verwaltung der Kanarischen Inseln ging. 1822 wurde Santa Cruz auf Teneriffa zur Verwaltungshauptstadt der gesamten Inselgruppe erklärt. Lanzarote verlor den bis dahin gültigen Status der »Isla de Señorio«. Arrecife wurde 1852 statt Teguise Hauptstadt von Lanzarote. Die spanische Königin Isabella II. erklärte die Kanarischen Inseln zur Freihandelszone. 1912 billigte man den einzelnen Inseln schließlich das Recht zur Selbstverwaltung zu – seitdem gibt es die Cabildos Insulares, die die Regierung der jeweiligen Insel übernehmen. 1927 teilte man die Kanarischen Inseln dann in **zwei spanische Provinzen** auf: Seitdem gehören Lanzarote, Fuerteventura und Gran Canaria zur Provinz Las Palmas de Gran Canaria sowie Teneriffa, La Gomera, La Palma und El Hierro zu Santa Cruz de Tenerife.

Spanischer Bürgerkrieg

1936 putschten spanische Militärs, unter ihnen **General Franco,** der damals Befehlshaber des Militärbereichs der Kanarischen Inseln war, gegen die demokratisch gewählte republikanische Regierung auf Teneriffa – eine Aktion, die schließlich zum Spanischen Bürgerkrieg führte. Zwar entstand auf den Inseln eine Opposition gegen die Militärs, letztlich wurde aber jeglicher Widerstand gewaltsam niedergeschlagen.

Demokratisches Spanien

Nach dem Sieg Francos lebten die Bewohner der Kanarischen Inseln ebenso wie die Spanier unter einer jahrzehntelangen Diktatur, die erst 1975 mit dem Tod Francos endete. **König Juan Carlos** wurde Staatsoberhaupt von Spanien. 1978 trat eine neue demokratische Verfassung in Kraft; Spanien wurde konstitutionelle Monarchie. Nach der Abdankung des durch Skandale angeschlagenen Regenten wurde 2014 sein Sohn als **Felipe VI. König.**

Nach vielen Vulkanausbrüchen dringt langsam das grün wieder durch die bizarre Mondlandschaft

Autonomiebestrebungen und EU-Mitgliedschaft

Auf den Kanarischen Inseln entwickelten sich in den 1970er-Jahren Vorstellungen einer weitreichenden Autonomie von Spanien. Seit 1986 ist Spanien Mitglied der EU. Die Volksvertretung der Kanarischen Inseln lehnte die spanischen EU-Beitrittsverträge ab, um ihren Status der Freihandelszone zu sichern. Schließlich wurde für die Inseln wegen der spezifischen Insellage ein **Sonderabkommen** geschlossen. 1989 entschied man sich auf den Kanarischen Inseln doch für einen EU-Beitritt, u. a. um von EU-Subventionen zu profitieren und Zugang zum europäischen Binnenmarkt zu haben. 1993 wurden dann auch die Kanarischen Inseln in die Europäische Union aufgenommen.

Biosphärenreservat

1993 ernannte die UNESCO Lanzarote zum Biosphärenreservat, was u. a. bedeutet, dass ökologische Fragen bei der wirtschaftlichen Entwicklung vorrangig berücksichtigt werden müssen. Von diesem Status erhoffte man sich eine gewisse touristische Attraktivität. Ein Tourismusmoratorium aus dem Jahr 2000 begrenzte die Zahl der neuen Hotelbetten bis zum Jahr 2010 auf rund 10 000 – in der Realität gab es aber einen Bettenzuwachs von weit über 60 %. Besonders im Süden um Playa Blanca wurde in großem Umfang gebaut, hier ist nun die Küste auf etwa 8 km Länge zugebaut – teilweise auf naturgeschütztem Gelände.

Erdöl-bohrungen

Der spanische Mineralölkonzern Repsol begann 2013 trotz vehementer Proteste seitens der kanarischen Bevölkerung vor den Küsten von Fuerteventura und Lanzarote mit Probebohrungen nach Erdöl. Nach nicht befriedigenden Ergebnissen sowohl bezüglich der Menge als auch der Qualität des gefundenen Öls wurde die Suche nach dem Rohstoff wieder eingestellt.

Wirtschaftlicher Aufschwung

Nach einer 2012 einsetzenden Rezension, in der Spanien unter den Rettungsschirm der EU schlüpfen musste, erholt sich die spanische Wirtschaft wieder spürbar. Die Arbeitslosenquote liegt mit etwa 16 % zwar immer noch über dem EU-Durchschnitt, sank seither jedoch um etwa 10 Prozentpunkte. Auf den Kanaren boomt der **Tourismus** – bis 2020 Corona kam. Von der Pandemie ist die Insel nach Fallzahlen vergleichsweise gering betroffen.

KUNST UND KULTUR

Lanzarote ist ein Gesamtkunstwerk! Angefangen bei der wie dahingetupften großartigen Weinlandschaft von La Geria über die von César Manrique gestalteten Lavagrotten bis hin zur strahlend weiß getünchten Dorfkirche vor schwarzem Lavafeld. Alles wirkt wie aus einem Guss. Lediglich die kulturellen Zeugnisse aus der vorspanischen Epoche sind dünn gesät.

Altkanarische Kultur

Los Majos

Die Ureinwohner der Kanarischen Inseln werden häufig etwas ungenau als »Guanchen« bezeichnet. Dieser Begriff bezog sich jedoch nur auf die Bewohner von Teneriffa, die Wurzel des Wortes bedeutete in der Sprache der Altkanarier »Der von Teneriffa«. Auf allen übrigen Inseln nannten sich die Einwohner anders – auf Lanzarote »Majos«. Allgemein hat sich heute für die Urbewohner des gesamten Archipels die Bezeichnung »Altkanarier« **(»antiguos canarios«)** durchgesetzt.

Herkunft

Die Europäer trafen im 14./15. Jh. auf eine einfache **Hirten- und Bauernkultur,** die ohne jegliche Verbindung zur übrigen Welt zu sein schien. Man geht heute davon aus, dass die Kanarischen Inseln von Nordafrika aus besiedelt worden sind. Dafür sprechen zum einen **Skelettauswertungen,** die eine Verwandtschaft zwischen altkanarischen und nordafrikanischen Völkern nahelegen, zum anderen die zahlreichen Übereinstimmungen mit berberischen Kulturen. Durch

Kohlenstoffproben und zeitliche Vergleiche mit nordafrikanischen Kulturen konnte man die Besiedlung auf die Epoche ab frühestens 500 v. Chr. datieren.

Per Schilfboot aus Afrika?

Wie die Urbewohner auf die Kanarischen Inseln kamen, ist bis heute rätselhaft, da man keine Spuren von Booten fand. Möglicherweise erreichten sie die Kanaren mit Schilfbooten, die später verrotteten. Doch warum wurde die Schifffahrt **aufgegeben** und warum übersiedelten sie überhaupt auf die Kanarischen Inseln? Für das Verlassen des afrikanischen Kontinents werden unterschiedliche Vermutungen angestellt. Als Gründe werden die zunehmende Verwüstung der Region ebenso angeführt wie zu einem späteren Zeitpunkt der Druck der römischen Besatzung.

Siedlungen

Die Altkanarier nutzten die natürlichen Gegebenheiten der Inseln als Wohnräume: So dienten zum einen vulkanische **Tunnel und Höhlen als Unterkünfte,** außerdem aber auch »casas hondas«, halb in die Erde gebaute Häuser mit mehreren apsisähnlichen Ausbuchtungen, die aus unbehauenen Steinen bestanden. Eine solche Siedlung befand sich auf Lanzarote in der Nähe von Tahíche (Palacio de Zonzamas).

Ernährung

Das Hauptnahrungsmittel der Altkanarier war **Gofio,** der auch heute noch auf dem Speiseplan der kanarischen Bevölkerung steht. Gofio ist eine Zubereitung aus geröstetem Getreide; bei den Altkanariern war es Gerste, die gemahlen und mit Flüssigkeit zu einer Masse verarbeitet wurde. Außerdem ernährten sich die Altkanarier von Ziegen- und Schaffleisch, Milchprodukten und Fisch.

Gesellschaftsformen

Die soziale Gliederung war auf den einzelnen Inseln sehr unterschiedlich. Auf fast allen Inseln gab es mehrere Herrschaftsgebiete, denen jeweils ein Häuptling vorstand. Offenbar existierte ein **hierarchisches System,** das aus der Königsfamilie, dem Adel verschiedener Ordnungen und Handwerksleuten und Bauern, die den größten Teil ausmachten, bestand. Auf den kleineren Inseln waren die Unterschiede nicht so klar zu definieren. Die Erbfolge bestimmte sich auf einigen Inseln über die weibliche Linie.

Religion

In der Religion der Altkanarier gab es eine oberste Gottheit, die auf jeder Insel einen anderen Namen hatte. Vermittler zwischen Menschen und dem göttlichen Wesen waren auf Lanzarote eine Priesterin und als höchste religiöse Autorität ein Priester, der Faycan, dem man Einfluss auf Wind und Regen sowie die Gesundheit der Tiere zuschrieb. Rätsel geben die auf Lanzarote entdeckten **Queseras de Zonzamas** auf. Forscher vermuten, dass die länglichen Vertiefungen im Felsboden kultischen Zwecken dienten.

Sprache

Auf den Kanarischen Inseln wurden unterschiedliche Dialekte einer Sprache gesprochen, die Ähnlichkeiten mit Berbersprachen und eine symbolhafte Schrift aufweist. Heute sind noch in vielen Ortsbezeichnungen **Reste der altkanarischen Sprache** (»tamazigh«) erhalten. Namen wie Timanfaya, Guatiza, Tinajo, Tahíche und Tiagua stammen aus vorspanischer Zeit. Das Wort »gofio« gab es auf mehreren Inseln. Das Wort »Sonne« hieß unterschiedlich: auf Lanzarote »alio«, auf La Gomera »lion«, auf Teneriffa »magec«, auf Gran Canaria hieß die Sommersonne »lia«, die Wintersonne »mag«.

Kultur- und Kultgegenstände

Relativ zahlreich sind **Keramikfunde** aus vorspanischer Zeit. Die in die Tongefäße geritzten ornamentalen Muster lassen Ähnlichkeiten zur nordafrikanischen Berberkultur erkennen. Viele Fundstücke sind nicht eindeutig als Gebrauchs- oder Kultgegenstände zu definieren. Man fand verschieden große Steinplatten, die entweder Schmuckstücke waren oder für kultische Handlungen eingesetzt wurden. Als eindeutige Kultgegenstände identifizierte man tierförmige Idole aus Sandstein. Auf Gran Canaria fand man wunderschöne, geometrisch angelegte **Höhlenmalereien.**

Kunstgeschichte

Architektur

Schöne Beispiele **spanischer Kolonialarchitektur** finden sich in der alten Hauptstadt Teguise. Viele der dortigen Bauten gehen bis ins 17. Jh. zurück, wobei vornehmlich Stilelemente aus Renaissance und Barock aufgegriffen wurden. Aus dem 18. Jh. stammen kanarische Patrizierhäuser, etwa der Palacio Spínola in Teguise und die Casa de los Arroyo in Arrecife, beide wurden nach alten Vorlagen restauriert. Aus Andalusien übernommen wurde der Patio, der früher Mittelpunkt des sozialen Lebens und zugleich ein Zeichen von Wohlstand war. Typisch kanarisch sind die Holzbalkone, angesichts des Holzmangels auf Lanzarote konnten sich diese nur gut situierte Bürger leisten. In Haría im Norden Lanzarotes gibt es ebenfalls einige hübsche Herrenhäuser, die meisten zeichnen sich durch schlichte, doch ansprechende Formen aus. Ein schönes Beispiel einer kanarischen Dorfkirche aus dem 18. Jh. ist die Ermita de San Marcial in Femés. Überhaupt sind die immer **weiß getünchten Inselkirchen** und Kapellen ein Genuss fürs Auge. Aus Furcht vor Piratenüberfällen wurde manche davon als Wehrkirchen mit auffälligen Seitenverstrebungen und nur kleinen Fenstern errichtet.

Holzschnitzkunst

In den meisten Kirchen auf Lanzarote fallen die schönen Decken auf, die im **Mudéjarstil** gearbeitet wurden. Der Mudéjarstil, eine Verknüpfung aus maurischen und gotischen Elementen, war in Spanien von Mauren entwickelt worden, die unter christlicher Herrschaft arbeiteten. Auf Lanzarote gestaltete man die Kirchendecken Jahrhunderte später in diesem Stil. Auffällig sind außerdem an vielen kanarischen Häusern die hübschen Holzbalkone.

Neokanarischer Stil

Im Zuge der touristischen Erschließung ab den 1970er-Jahren entstanden entlang der Strände Ferienstädte fast wie vom Reisbrett. Anders als etwa auf Mallorca oder an der Costa Brava, aber auch auf Teneriffa und Gran Canaria, gibt es auf Lanzarote nur wenige Hotelburgen. Statt auf Hochhäuser setzte man mehr auf Bungalowanlagen und maximal zwei- bis dreigeschossige Apartmenthäuser. Als Richtlinie diente eine **Maxime des Inselgestalters** César Manrique (▶ Interessante Menschen): Kein Haus auf Lanzarote sollte höher als eine Palme sein. Zwar wurde diese Vorgabe nicht überall, doch weitgehend eingehalten. Das Ergebnis sind heute relativ raumgreifende Urbanisationen, wie sie sich vor allem in Puerto del Carmen, Costa Teguise und Playa Blanca finden. In vielen Touristenunterkünften spiegeln sich einige **Elemente der traditionellen Inselarchitektur** wider: Innenhöfe, Torbögen, Zinnen und Kamintürmchen geben vielen Resorts einen betont verspielten Eindruck. Ebenfalls auf Manriques Empfehlung hin fand eine Rückbesinnung auf die auf der Insel üblichen Farben **Weiß und Grün** statt. Weiße Fassaden, weiße Dächer und grün gerahmte Fenster und Türen sind zu einem Markenzeichen geworden. Man findet diese außer an den meisten Apartmenthäusern auch an den einfachen Bauernhäuschen auf dem Lande. Eines der gelungensten Beispiele des neokanarischen Stils ist die Urbanisation Marina Rubicón in Playa Blanca, Mittelpunkt der dortigen Touristenzone ist ein im traditionellen Stil angelegter Dorfplatz.

Kunst des 20. Jahrhunderts

Auf Lanzarote hat sich eine Kunstszene entwickelt, die in ihren Arbeiten sehr stark mit der Insel verbunden ist bzw. sich von der Landschaft inspirieren lässt. Auffällig sind die vielen »Multitalente« – so **César Manrique,** der als Maler, Bildhauer, Architekt und Landschaftsplaner arbeitete, und **Ildefonso Aguilar,** der als Maler, Architekt, Fotograf und Komponist tätig ist. Einen Namen hat sich in den letzten Jahren der 1957 in Uga geborene Maler **Pedro Tayó** gemacht. Unter den kanarischen Künstlern ist vor allem **Manolo Millares** aus Gran Canaria bekannt geworden, der sich in seinem Werk mit den Wurzeln der kanarischen Kultur und seiner Bewohner auseinandersetzte. Er arbeitete als Maler und Bildhauer.

Folklore

Folkloredarbietungen gehören zu allen Festen, die auf Lanzarote gefeiert werden. So haben Besucher fast das ganze Jahr über die Möglichkeit, im Rahmen von Heiligenfesten folkloristische **Tanz- und Musikgruppen** in ihren traditionellen Trachten zu erleben. Es gibt einige Musikgruppen, die CDs aufgenommen haben, welche man in vielen Souvenirläden oder in Musikgeschäften erwerben kann. Zu den bekanntesten Gruppen von Lanzarote zählen »Los Buches« und »La Perla« aus Arrecife. Das wichtigste Instrument der Folkloremusik ist die kanarische **Timple,** eine spezielle Gitarre, die auf Lanzarote heute noch von zwei Instrumentenbauern in Teguise hergestellt wird. Dort befindet sich auch ein sehenswertes Timple-Museum. Die Gitarre hat normalerweise fünf Saiten, mitunter auch nur vier, und wird aus unterschiedlichen Holzarten fabriziert: Kiefer, Buche, Mahagoni oder auch brasilianischen Hölzern. Die Wirbel wurden einst aus Kamelknochen geschnitzt, heute sind sie aus Holz oder Plastik. Weitere Instrumente sind Flöten, Tamburine und Kastagnetten.

Kanarischer Ringkampf

Volkssport auf den Kanaren ist die **Lucha Canaria,** eine Form des bis in die Zeit der Altkanarier zurückgehenden Ringkampfs. Dabei stehen sich zwei Mannschaften mit je zwölf Ringern gegenüber. Gekämpft wird auf einem runden Sandfeld mit einem Durchmesser von 12 bis 15 Metern. Jeweils zwei Ringer treten gegeneinander an. Ein Kampf dauert maximal drei Runden von jeweils drei Minuten. Sieger ist, wer in dieser Zeit den Gegner zweimal zu Fall gebracht hat. Auf Lanzarote gibt es in vielen Ortschaften teils große Ringkampfarenen. Für ihre Kampfstärke bekannt sind etwa die Mannschaften von Tao und Tinajo. Eine Kostprobe der Lucha Canaria kann man mitunter auch auf einer Dorffiesta miterleben, dort gehören Schaukämpfe oft zum Rahmenprogramm.

INTERESSANTE MENSCHEN

Manriques Nachfolger: Ildefonso Aguilar

*1945
Künstler und Multitalent

Der in Salamanca geborene Ildefonso Aguilar lebt seit seinem zweiten Lebensjahr auf Lanzarote und ist einer der bekanntesten Künstler der Kanarischen Inseln. Ildefonso Aguilar ist Maler, Architekt, Fotograf und Komponist und gilt außerdem als einer der wichtigsten Ökologievertreter der Insel. Für seine Arbeiten verwendet Aguilar neben Acrylfarben in erster Linie **Naturmaterialien,** die deutlich seine Verbundenheit mit Lanzarote zeigen: Sand und Vulkanasche sind die Stoffe, aus denen er seine Landschaftsimpressionen produziert. Die vier Elemente sind immer wieder Thema seiner Bilder. Als Architekt verfolgt er ein Konzept, das traditionelle und moderne Bauweise in Einklang bringt und ebenfalls einen engen Bezug zur Vulkaninsel aufweist. Sein eigenes Haus hat er direkt in ein Lavafeld gebaut. Als Kulturbeauftragter von Lanzarote in den 1980er-Jahren holte er zeitgenössische Künstler aus aller Welt auf die Insel. Er initiierte das **Festival Visueller Musik,** das hier von 1989 bis 2002 alljährlich stattfand und namhafte Musiker und Komponisten zusammenbrachte. Seine eigenen Kompositionen sind hin und wieder über Lautsprecher in den zugänglichen Teilen der Höhlen auf Lanzarote zu hören.

Eroberer von Lanzarote: Jeán de Béthencourt

1359–1425
»König der Kanarischen Inseln«

Mit der Inbesitznahme von Lanzarote durch den normannischen Adeligen begann die Eroberung der Kanarischen Inseln durch die Europäer und die weitgehende Vernichtung der altkanarischen Bevölkerung. Im Jahre 1402 startete Béthencourt gemeinsam mit **Gadifer de la Salle** von La Rochelle in Richtung Kanarische Inseln. Beweggrund war vor allem die marode wirtschaftliche Situation des adeligen Béthencourt, die er u. a. durch Sklavenhandel und durch das Geschäft mit der Färberflechte aufzubessern suchte. Von Norden kommend, stieß er zunächst auf die Lanzarote vorgelagerten kleinen Inseln, die er in seiner Begeisterung mit den Namen Alegranza (= Freude) und La Graciosa (= die Anmutige) versah. Béthencourt und de la Salle konnten Lanzarote schnell unter ihre Herrschaft bringen. Um dann auch noch Fuerteventura erobern zu können, bat Béthencourt um Beistand beim damaligen König von Kastilien. Während seines Besuchs bei Heinrich III. zeichnete dieser ihn mit dem Titel **»König der Kanarischen Inseln«** aus. 1405 nahm Béthencourt die Insel Fuerteventura ein, gründete dort die nach ihm benannte Hauptstadt Betancuria und eroberte schließlich noch El Hierro und La Gomera. Die Einnahme von La Palma und Gran Canaria scheiterte am Widerstand der Bevölkerung. Kurze Zeit später kehrte er in die Normandie zurück. Dort starb er im Jahr 1425.

Goethes Dramenheld: José Clavijo y Fajardo

1730–1806
Schriftsteller und Gelehrter

Der auf Lanzarote geborene Schriftsteller und Gelehrte wurde von **Goethe** zur **Hauptfigur in seinem Trauerspiel »Clavigo«** (nach Beaumarchais) erkoren und ging damit in die europäische Literaturgeschichte ein. Lanzarotes frühere Hauptstadt Teguise war Geburtsort von José Clavijo y Fajardo. Im dortigen Dominikanerkloster erhielt er eine umfassende Ausbildung, anschließend ging er nach Madrid. Clavijo war ein Vertreter der europäischen Aufklärung und stand mit Voltaire und Buffon, dessen Naturgeschichte er ins Spanische übersetzte, in freundschaftlicher Verbindung. In Madrid lernte Clavijo y Fajardo die hübsche Louise Caron, die Schwester des Dichters Pierre Augustin Caron de Beaumarchais (»Der Barbier von Sevilla«), kennen. Er versprach ihr die Ehe, löste dieses Versprechen aber kurze Zeit später wieder. Daraufhin eilte Beaumarchais herbei und forderte ihn zum Duell. Diese Episode nahm Goethe zum Anlass für seine Tragödie, die er im Alter von 25 Jahren auf Bitten seines Freundeskreises innerhalb von einer Woche niederschrieb – 1774, also zu Lebzeiten von Clavijo. Goethe übernahm Beaumarchais' Bericht seiner Spanienerlebnisse fast wörtlich, allerdings fügte er den historischen Ereignissen den Tod der Verlassenen und ein Duell zwischen Beaumarchais und Clavigo zu, bei dem Clavigo umkam. Goethe interessierte an dem Stoff insbesondere der Konflikt, in den Clavigo geriet, als er sich zwischen einer bürgerlich-behaglichen Ehe und einem beruflichen Aufstieg entscheiden musste. Clavijo y Fajardo zeigte sich an der Geschichte sehr interessiert – sein häufiger Bühnentod in deutschen Theatern hat ihn offenbar erheitert.

Ausstatter der Filmwelt: Paco Delgado

*1965
Kostümbildner

Mittlerweile kennt den berühmten Filmkostüm-Designer auf Lanzarote fast jeder. Er war Enkel der lokalen Sozialrevolutionärin Dolores Pérez und von José López Betancort, der während der Zweiten Republik (1931–1936) Inselpräsident Lanzarotes war. Für seine Arbeit beim Film »Schneewittchen« (2013) erhielt er den begehrten Goya und wurde für »Les Misérables« im gleichen Jahr **für den Oscar nominiert.** Eine weitere Oscar-Nominierung brachte ihm seine Arbeit am Film »The Danish Girl« (2016) ein. Auch an vielen Filmen von Pedro Almodóvar hat er mitgewirkt. Wenn er auf Lanzarote ist, lebt er im ehemaligen Haus seiner Großmutter in La Vegueta.

Zwischen Pop und Avantgarde: Brian Eno

*1948
Musiker

Unter den vielen berühmten Gästen der Insel hat er hörbar Spuren hinterlassen: Brian Eno, britischer Pop-Musiker, Avantgarde-Komponist und Multi-Instrumentalist. In seiner musikalischen Laufbahn wird eine unglaubliche **Vielseitigkeit und Experimentierfreude** offenkundig. Mit Bryan Ferry zusammen gründete er 1971 die britische Artrock-Band Roxy Music. Neben seiner anschließenden Solo-Karriere machte sich Eno als zeitgenössischer Komponist und Arrangeur einen Namen. Immer hatte er nur eine relativ kleine, dafür weltweite und sehr treue Anhängerschaft. Unter anderem mit Robert Fripp (Gründungsmitglied von King Crimson) erprobte Eno unterschiedliche Klangverbindungen, deren Ergebnis oft meditativ-fließende, einfache Lautmalereien oder voluminöse, sphärische Klangwände sind. Sein mit David Byrne aufgenommenes Album »My Life in the Bush of

Brian Eno konnte auf der Insel musikalisch experimentieren.

Ghosts« (1981) gilt als bahnbrechendes Projekt der **Samplingtechnik.** Als Produzent arbeitete Brian Eno mit namhaften Pop-Größen zusammen, etwa mit David Bowie, Paul Simon und Depeche Mode. Für die irische Band U2 produzierte er u. a. das **Nummer-eins-Album »The Joshua Tree«** (1987) und das zum Teil in den Berliner Hansa-Studios eingespielte Album »Achtung Baby« (1991). Während seiner zahlreichen Aufenthalte auf Lanzarote faszinierten den Musiker die Klangmöglichkeiten, die sich in der unterirdischen Lavawelt der Insel boten. 1989 rief er gemeinsam mit Ildefonso Aguilar (► s. o.) das **Festival de Musica Visual** (Festival Visueller Musik) ins Leben, Bühne dafür war das Auditorium in Jameos del Agua. Politisch engagiert ist Eno im 2016 vom ehemaligen griechischen Finanzminister Yanis Varoufakis gegründeten Democracy in Europe Movement 2025.

Lanzarotes berühmtester Spross: César Manrique

1919–1992
Künstler und Multitalent

Dem Namen César Manrique – Maler, Architekt und Landschaftsgestalter in einem – begegnet man auf Lanzarote auf Schritt und Tritt. Der berühmteste Sohn der Insel hatte entscheidenden Anteil an der touristischen Entwicklung seiner Heimatinsel (► S. 8).

Einwanderer mit Nobelpreis: José Saramago

1922–2010
Schriftsteller

Als der portugiesische Schriftsteller José Saramago 1993 von Lissabon nach Lanzarote übersiedelte, ahnte niemand, dass damit ein zukünftiger **Nobelpreisträger** auf die Insel kam. José Melrinho de Sousa hieß er eigentlich. Am 16. November 1922 wurde er in Portugal als zweiter Sohn von José de Sousa und Maria da Piedade Melrinho geboren. Da der Beamte, der seine Geburt ins Register eintragen sollte, reichlich getrunken hatte, notierte er als Nachnamen Saramago, wie die Landarbeiterfamilie väterlicherseits in dem kleinen Dorf in der Provinz Ribatejo üblicherweise genannt wurde. 1924 zog die Familie nach Lissabon, der Vater nahm dort eine Stelle als Polizist an. Saramago, dessen falscher Nachname erst 1929 entdeckt wurde, als er in die Grundschule kam, wuchs in der portugiesischen Hauptstadt in ärmlichen Verhältnissen auf. Seine berufliche Ausbildung begann mit einer Lehre als Maschinenschlosser – für eine weitergehende Schulausbildung war kein Geld vorhanden. Er erarbeitete sich Kenntnisse als technischer Zeichner, wurde Verwaltungsangestellter. Sein **profundes kulturelles Wissen** und literarische Kenntnisse eignete er sich autodidaktisch in der Lissabonner Stadtbibliothek an. Ab den 1950er-Jahren verkehrte er in der Lissabonner Künstler- und Intellektuellenszene, verdiente seinen Lebensunterhalt als Übersetzer und Literaturredakteur in einem Verlag. Zwischen 1972 und 1975 war er Journalist bei verschiedenen Tageszeitungen, danach arbeitete er als freier Übersetzer und Autor.

Seinen ersten Roman veröffentlichte Saramago bereits 1947. Doch sollten dreißig Jahre vergehen, bis der zweite folgte. Auch im Ausland bekannt wurde er durch den 1980 erschienenen Roman »Hoffnung im Alentejo«. Den wirklichen Durchbruch erreichte er 1982 mit dem **Erfolgstitel »Das Memorial«,** der in 28 Sprachen übersetzt wurde. Weitere wichtige Romane sind »Das Todesjahr des Ricardo Reis« (1984), »Das steinerne Floß« (1986), »Geschichte der Belagerung von Lissabon« (1989), »Das Evangelium nach Jesus Christus« (1991), »Die Stadt der Blinden« (1995) und »Alle Namen« (1997). Alle seine Romane sind groß angelegt und **geprägt von politischer Stellungnahme** – 1969 trat Saramago der Kommunisti-

Auf Lanzarote stößt man früher oder später auf seine Einflüsse: César Manrique.

schen Partei Portugals bei, deren Positionen er fortan weitgehend vertrat – und kritischer, zumeist kulturpessimistischer Auseinandersetzung mit der Geschichte Portugals. Sein Buch »Das Evangelium nach Jesus Christus« wurde in Portugal extrem kontrovers diskutiert. Die Regierung sah darin einen Angriff auf das religiöse Denken der Portugiesen. Sie nahm das Buch von der Vorschlagsliste zum Literaturpreis der Europäischen Union. Enttäuscht von dieser »Rückkehr zur Inquisition«, zog sich Saramago nach Lanzarote zurück, wo er mit seiner spanischen Ehefrau, der erheblich jüngeren Journalistin Pilar del Río, bis zu seinem Tod lebte. Saramagos Tagebuchaufzeichnungen (»Cuadernos de Lanzarote 1993–1995«) bestätigen, dass der 1998 mit dem Literaturnobelpreis ausgezeichnete Schriftsteller **Lanzarote lieben gelernt** hatte. Er schrieb darin über die Insel: »Sie ist nicht mein Land, aber schon meine Heimat geworden«. Saramago zeigte großes Engagement für die César-Manrique-Stiftung und meldete sich in Sachen Umweltschutz immer wieder zu Wort. Sein Wohnhaus in Tías wurde in ein attraktives Museum umgestaltet (▶ S. 146). Ein halbes Jahr vor der Nobelpreisverleihung ehrte die Inselregierung den Schriftsteller mit der Auszeichnung »Adoptivsohn von Lanzarote«.

Literaturnobelpreisträger José Saramago machte Lanzarote zu seiner Wahlheimat.

Der Erfinder des Reiseführers: Karl Baedeker

1801–1859
Verleger

Als Buchhändler kam Karl Baedeker viel herum, und überall ärgerte er sich über die »Lohnbedienten«, die die Neuankömmlinge gegen Trinkgeld in den erstbesten Gasthof schleppten. Nur: Wie sollte man sonst wissen, wo man übernachten könnte und was es anzuschauen gäbe? In seiner Buchhandlung hatte er zwar Fahrpläne, Reiseberichte und gelehrte Abhandlungen über Kunstsammlungen. Aber wollte man das mit sich herumschleppen? Wie wäre es denn, wenn man all das zusammenfasste?
Gedacht, getan: Zwar hatte er sein erstes Reisebuch, die 1832 erschienene »Rheinreise«, noch nicht einmal selbst geschrieben. Aber er entwickelte es von Auflage zu Auflage weiter. Mit der Einteilung in »Allgemein Wissenswertes«, »Praktisches« und »Beschreibung der Merk-(Sehens-)würdigkeiten« fand er die klassische Gliederung des Reiseführers, die bis heute ihre Gültigkeit hat. Bald waren immer mehr Menschen unterwegs mit seinen **»Handbüchlein für Reisende, die sich selbst leicht und schnell zurechtfinden wollen«.** Die Reisenden hatten sich befreit, und sie verdanken es bis heute Karl Baedeker.

E
ERLEBEN & GENIESSEN

Überraschend, stimulierend, bereichernd

Mit unseren Ideen erleben und genießen Sie Lanzarote.

In Playa Blancas »Princesa Yaiza« erlebt man den kanarischen Flair. ►

ENTSPANNEN UND BEWEGEN

Nicht nur Weltmeister und Triathleten aus Europa fühlen sich auf Lanzarote bestens aufgehoben. Auf der Feuerinsel können Sie fast in jedweder Form aktiv werden - außer im, unter und über Wasser natürlich auch mit dem Rennrad oder dem Golfschläger. Und klammheimlich hat sich die Insel zu einer veritablen Wanderdestination mit zahlreichen ausgeschilderten Trails entwickelt.

Wassersport

Surfen, Tauchen

Tauchen und Windsurfen sind die Sportarten, deretwegen manche Sportler zielgerichtet nach Lanzarote fahren. Durch den steten Wind sind die Bedingungen zum Wind- und Kitesurfen an einigen Küstenabschnitten für Könner ideal, für Anfänger ist der Wind allerdings oft zu stark. Reizvolle Surfreviere sind die Playa de los Pocillos (Puerto del Carmen), Playa de las Cucharas (Costa Teguise) und Playa de Famara im Nordwesten (▶ Baedeker Wissen, S. 100). Auch für Taucher sind die Kanarischen Inseln ein Unterwasserparadies. Entsprechend groß ist das Angebot an Tauchzentren und -schulen.

Badeurlaub

Windiges Baden

Generell gilt: Starker Wind kann das Vergnügen an den Sandstränden etwas verderben. Besonders an der Nordwestküste ist man Wind und Flugsand ungeschützt ausgesetzt – für robuste Wind- und Kitesurfer gut, für Sonnenanbeter mitunter unangenehm. Die bevorzugen daher meist die Strände bei Puerto del Carmen bzw. bei Playa Blanca (▶ Baedeker Wissen, S. 220).

Arrecife

Am eigentlich recht schönen Stadtstrand **Playa del Reducto** am Gran Hotel sowie an der **Playa Honda** und der **Playa del Cable** sind vorrangig die Hauptstädter selbst zu finden.

Arrieta

Hier gibt es nur vergleichsweise wenig Bademöglichkeiten an kleinen, ortsnahen Stränden. Die **Playa de la Garita** bei Arrieta ist einer der saubersten Strände auf Lanzarote.

Bajo de los Sables

Südöstlich von Órzola locken in der ansonsten kargen Landschaft einige hellsandige Buchten Touristen zum Sonnen und Baden an; die schönste ist Bajo de los Sables.

Costa Teguise

Die Sandstrände des Touristenzentrums Costa Teguise sind durch Dämme und Aufschüttungen vor Wind und Wellen geschützt. An der **Playa de las Cucharas** treffen sich die Surfer.

El Golfo, Playa de Janubio

Bei El Golfo gibt es kleine dunkelsandige Buchten. Sehr schön ist die Szenerie an der unweit südlich gelegenen, ebenfalls dunkelsandigen Playa de Janubio.

La Caleta

Die kilometerlange helle **Playa de Famara** bei La Caleta ist sicher landschaftlich der schönste Strand der Insel. Allerdings kann hier das Sonnen- und Badevergnügen durch starken Wind beeinträchtigt werden, Strandspaziergänger kommen allerdings auf ihre Kosten.

Playa Blanca

Etwas umständlich über holperige Geröllpisten zu erreichen, sind die bei Insulanern wie bei Urlaubern beliebten **Papagayo-Strände**

STRÄNDE WIE IM PARADIES

Ohne Wenn und Aber! Die Papagayo-Strände an Lanzarotes Südküste gehören zu den allerfeinsten Baderevieren der Kanaren. Goldgelber Sand, kristallklares Wasser mit einem leicht ins türkis übergehenden Blau. Und so gut wie jeden Tag im Jahr von der Sonne verwöhnt. Dass hier bislang kein einziges Hotel steht, grenzt fast an ein Wunder. (▶ S. 132)

ABTAUCHEN UND SONNE TANKEN

BAEDEKER WISSEN

Die bevorzugten Strände für Sonnenanbeter und Badeurlauber liegen an der Ostseite und im Süden der Insel. Vor allem an der Nordwestküste kann starker Wind das Vergnügen beim Sonnenbaden etwas verderben, hier ist man Wind und Flugsand ungeschützt ausgesetzt – für Surfer und Kitesurfer oder für Strandspaziergänge ist der Nordwesten dagegen ideal.

▶ **Strände** ⌖ Lage ⓘ Besonderheiten

1 **Playa de Famara**	2 **La Graciosa**	3 **Bajo de los Sables**
⌖ 7 km nördlich von Teguise	⌖ Auf der kleinen Vulkaninsel ca. 1,5 km nördlich von Lanzarote	⌖ Südöstlich von Órzola
ⓘ Natur total: Kilometerlanger heller Sandstrand vor spektakulärer Felskulisse, immer ein kräftiger Wind und viel Brandung.	ⓘ Menschenleere, meist hellsandige Strände in schöner Landschaft	ⓘ In der kargen Landschaft locken einige schöne hellsandige Strandbuchten hin und wieder auch Touristen an.
4 **Playa de la Garita**	5 **Playa de las Cucharas**	6 **Playa del Reducto**
⌖ Südlich von Arrieta	⌖ Direkt in der Stadt Costa Teguise	⌖ In Lanzarotes Hauptstadt Arrecife
ⓘ Der kleine Strand ist einer der saubersten Strände auf Lanzarote.	ⓘ Der Touristenstrand von Costa Teguise liegt geschützt in einer weiten Bucht, hier kann man gut baden und schwimmen.	ⓘ Der Stadtstrand von Arrecif ist kein Urlauberstrand, kann aber dennoch schön für eine Pause bei der Stadtbesichtigung sein.
7 **Playa de los Pocillos**	8 **Playas de Papagayo**	9 **Playa de Janubio**
⌖ In Puerto del Carmen	⌖ Südöstlich von Playa Blanca	⌖ Südlich des Timanfaya Nationalparks
ⓘ Der größere der beiden Touristenstrände von Puerto del Carmen. Lebhafter Badebetrieb, aber man findet immer noch ein Plätzchen.	ⓘ Bei Insulanern und Urlaubern beliebte Badebuchten mit großen hellsandigen Stränden, die man über Geröllpisten erreicht.	ⓘ Wen richtig dunkler Sand nicht stört, der findet südlich von El Golfo diesen landschaftlich besonde schönen Strand.

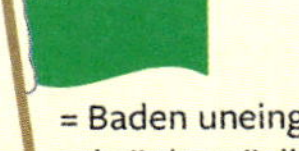
= Baden uneingeschränkt möglich

= Baden gefährlich

= Baden verboten

213 Küstenkilometer

(x) Strände

(x) Tauchreviere

LA GRACIOSA

LANZAROTE

Teguise

Tinajo

San Bartolomé

Yaiza

Puerto del Carmen

Arrecife

Tauchen auf Lanzarote
Lanzarote ist ein ideales Tauchrevier. An Riffs und in Höhlen begegnet man einer enormen Artenvielfalt – und das das ganze Jahr über bei angenehmen Wassertemperaturen und ausgezeichneten Sichtverhältnissen.

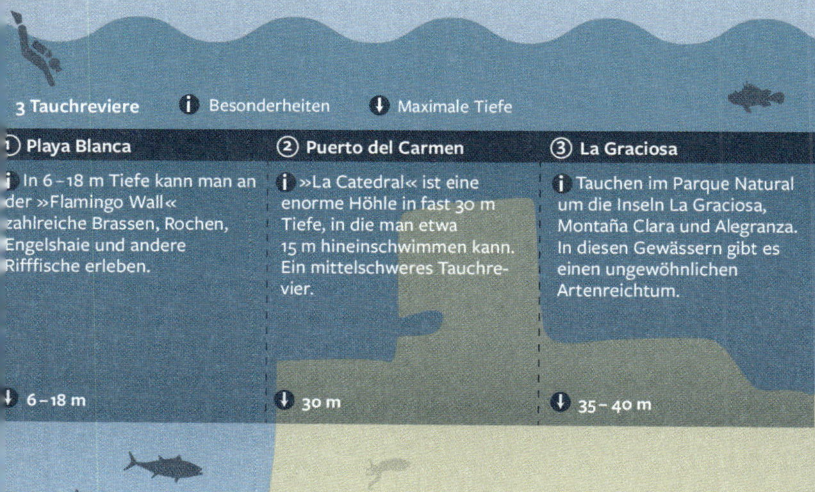

3 Tauchreviere — (i) Besonderheiten — (↓) Maximale Tiefe

① Playa Blanca	② Puerto del Carmen	③ La Graciosa
(i) In 6–18 m Tiefe kann man an der »Flamingo Wall« zahlreiche Brassen, Rochen, Engelshaie und andere Rifffische erleben.	(i) »La Catedral« ist eine enorme Höhle in fast 30 m Tiefe, in die man etwa 15 m hineinschwimmen kann. Ein mittelschweres Tauchrevier.	(i) Tauchen im Parque Natural um die Inseln La Graciosa, Montaña Clara und Alegranza. In diesen Gewässern gibt es einen ungewöhnlichen Artenreichtum.
(↓) 6–18 m	(↓) 30 m	(↓) 35–40 m

östlich von Playa Blanca: durch Steilufer relativ geschützte (unverbaute) Buchten mit hellem Sandstrand. Direkt in Playa Blanca gibt es kleinere Ortsstrände, an denen Dämme für gefahrloses Baden sorgen.

Puerto del Carmen

Hervorragende ausgedehnte Sandstrände sind die **Playa Grande** und die **Playa de los Pocillos** direkt am Ort. Ebenfalls einladend: die östlich anschließende **Playa de Matagorda.**

La Graciosa

Wunderschön und teilweise menschenleer sind die Strände auf La Graciosa. Ein Strandtag oder auch eine Übernachtung auf der kleinen Insel lohnen auf jeden Fall.

FKK-Strände

Als FKK-Strand ausgewiesen ist die Strandzone von **Charco del Palo** an der Nordostküste bei Guatiza. Zudem treffen sich Nudisten vor allem an der **Playa de Puerto Muelas,** dem östlichsten der »Papageienstrände« bei Playa Blanca. »Oben ohne« ist an den vor allem von Touristen besuchten Stränden fast überall möglich; ansonsten sollte man sich mit Rücksicht auf die Einheimischen besser mit Badeanzug bzw. Bikini bekleiden.

Gefahren beim Baden

Man sollte den Atlantik wirklich nicht unterschätzen. **Gefährliche Strömungen** und **starker Wellengang** fordern Jahr für Jahr ihre Opfer!

Radfahren

Mieten von Fahrrädern

Radfahren wird auch auf Lanzarote immer beliebter. Mieten kann man Fahrräder in einigen Hotels sowie in Fahrradverleihgeschäften, die oft auch **organisierte Radwandertouren** anbieten. Ein gut ausgestattetes Fahrrad bzw. Mountainbike kostet pro Tag zwischen 10 und 30 €, Wochentarife liegen zwischen 50 und 120 €. Wer sein eigenes Rad mitnehmen möchte, muss es der Fluggesellschaft nur rechtzeitig mitteilen.

Radtouren

Bei Radtouren auf der Insel sollte man aber bedenken: Es gibt keine Radwege (lediglich an einem Radweg zwischen Playa Blanca und Femés wird gerade gebaut); auf den Pisten können spitze Lavasteine leicht die Reifen zerschneiden; bei starkem Wind und auf bergigen Straßen sind oft **Überanstrengung** die Folge; bei kaltem Wind droht Erkältungsgefahr, bei großer Hitze Sonnenstich. Die Gegend östlich vom Timanfaya-Nationalpark, zwischen Tinajo, La Santa und La Caleta, eignet sich besonders gut zum Radfahren. Hier sind keine großen Höhenunterschiede zu bewältigen – allerdings weht meist eine starke Brise! – und es gibt wenig Autoverkehr.

Wandern

Wandertouren

Lanzarote kann es in Bezug auf Wegenetz und landschaftliche Vielfalt nicht ganz mit den kanarischen Zentral- und Westinseln aufnehmen. Dennoch ziehen die bizarre Vulkanlandschaft, Aussichtspunkte und interessante Küstenpfade immer mehr Wanderer an. Zwei reizvolle Strecken sind auf S. 106 und S. 176 zu finden. **Geführte Wanderungen** werden im Gebiet des Parque Nacional de Timanfaya organisiert (► S. 122).

Ausrüstung

Längere Wanderungen sollte man nur mit einer guten Ausrüstung durchführen – festes Schuhwerk, leichte Bekleidung, die aber trotzdem vor intensiver Sonne schützt, Kopfbedeckung, im Winter auch Regenbekleidung. Einige Regionen der Insel sind **nicht ganz ungefährlich** zu begehen, da man auf dem locker geschichteten Gestein leicht umknicken kann. Immer wieder wird darauf hingewiesen, dass man sich keinesfalls allein auf den Weg machen soll, da es sehr schwierig sein kann, sich im Notfall bemerkbar zu machen.

Wegenetz

In jüngste Zeit wurden von der Inselregierung etliche Wanderwege angelegt und ausgeschildert. Hauptwandergebiet sind die Ajaches-Berge im Süden und die Täler in der Region Haría. Darüber hinaus gibt es einen Weitwanderweg (GR 131), der von Órzola im Norden auf einer Länge von 72 km über die ganze Insel bis nach Playa Blanca im Süden führt.

ADRESSEN

DRACHENFLIEGEN

Unter geübten Drachenfliegern gelten die Winde an der Steilküste des Risco de Famara als ideal.
Hier gibt es sechs Startpunkte sowie einen oberhalb von Órzola am El Embarcadero.
Weitere Startrampen finden sich am Zonzamas, bei El Cuchillo, bei Mala und in den Bergen Los Ajaches bei Femés und am Tinasoria.

GOLF

COSTA TEGUISE GOLF

Costa Teguise, Avenida del Golf
Tel. 928 59 05 12
www.lanzarote-golf.com
18-Loch-Platz

LANZAROTE GOLF

Ctra. Puerto del Carmen – Tías
Puerto del Carmen
Tel. 928 51 40 50
www.lanzarotegolfresort.com
18-Loch-Platz

GOKARTING

GRAN KARTING CLUB

Carretera LZ-2 Km 7
(an der Straße Arrecife – Tías)
Tel. 928 52 49 56
https://kartinglanzarote.com/

Sommer tgl. 11 – 22
Winter 10 – 21 Uhr

FAHRRAD FAHREN

PLANET BIKES

Hier werden gut gewartete Mountainbikes und Rennräder vermietet. Die Biker bekommen Material und Streckenpläne, auf Wunsch auch individuelle Tourenvorschläge und Guides.
Paseo Maritimo Local 5, Costa Teguise, Tel. 644 58 14 74
C. Lanzarote, Local 2, Playa Blanca, Tel. 608 23 69 26
https://planet-bikes.de

PRO BIKE LA SANTA

Eine gute Adresse für Triathleten
Calle Encarnación 14, La Santa
Tel. 928 84 01 03
www.probikelanzarote.com

RENNER BIKES

Deutsche Bikestation mit City- und Mountainbikes
Puerto del Carmen:
Centro Comercial Marítimo (Lokal 25)
Avenida de las Playas s/n
Tel. 928 51 06 12
www.mountainbike-lanzarote.com

LA GRACIOSA BIKE

Fahrradverleih auf Lanzarotes Nachbarinsel
Caleta de Sebo, Tel. 928 84 21 38

JACHTHÄFEN

... in Arrecife, Playa Blanca, Costa Teguise und in Puerto Calero.

REITEN

LANZAROTE A CABALLO

Auf dem Pferd werden einstündige Ausritte angeboten (auch für Anfänger), auf dem Dromedar 20-minütige Safaris.
Straße Yaiza – Arrecife (zwischen Macher und Uga)
Tel. 928 83 00 38
www.lanzaroteacaballo.com

STAND UP PADDLING

Für Stehpaddler werden Kurse und Touren angeboten, auch Boards können hier ausgeliehen werden. Auch Seekayaktouren und -verleih.
Hotel the Mirador Papagayo
Calle Las Palmas 5
Playa Blanca
Tel. 928 58 56 36
https://kayaklanzarote.com

TAUCHEN

ISLAND WATERSPORTS

Die Tauchschule und -Shop am Hafen befinden sich in deutscher Hand.
El Varadero 36, Marina
Puerto del Carmen
Tel. 928 51 18 80
www.divelanzarote.com

AQUATIS DIVINGCENTER

Die geführten Tauchgänge finden von Land aus statt. Es gibt ein Kursangebot für Anfänger und Fortgeschrittene.
Playa de los Cucharas
Apdo. de Correos 104
Costa Teguise
Tel. 928 59 04 07
www.divinginlanzarote.com

WIND BLUE DIVING CENTER

Von der Tauchschule werden Schnorchel- und Kajaktouren angeboten.
Calle La Tegala 20
Playa Blanca
Tel. 928 51 91 41
www.windbluesports.com

WANDERN

OLITA TREKS & BIKE

Geführte Wander- und Radtouren
C.C. Las Maretas, Local 1
Costa Teguise Tel. 928 59 21 48
www.olita-treks.com

LANZATREKK
Wandertouren mit deutschem Führer
Stephan Isenmann
Tel. 696 08 33 45
www.lanzatrekk.com

WINDSURFEN

PLAYA DE LAS CUCHARAS
Centro Comercial Las Maretas, Calle del Marrajo, Local 2
Costa Teguise
Tel. 928 59 07 31
https://lanzarotewindsurf.com

CLUB LA SANTA
Tel. 928599999
Tel. in Deutschland 0405510034
www.clublasanta.de
► S. 23

ESSEN UND TRINKEN

Eine kleine Atlantikinsel mit großer Gastro-Szene: Dank der vielen Besucher und Inselbewohner aus aller Herren Länder gibt es auf Lanzarote fast alles Kulinarische, was das Herz begehrt – kein Gast muss auf das Vertraute verzichten. Doch auch die einheimische Küche hat sich in Zeiten des Tourismusbooms weiterentwickelt.

Üppiges Essen

Der Tisch ist reich gedeckt mit erstklassigen **saisonalen und regionalen Produkten:** Fisch und Meeresfrüchte kommen frisch aus dem Meer, Napfschnecken und Clacas-Muscheln werden von den Klippen geschabt. Und nicht zu vergessen all die Früchte und das Gemüse, die mit ausgefeilten Anbaumethoden aus Lavaerde und Sand gezogen werden. Da gibt es die typische Lanzarote-Zwiebel, die jeden Salat zu einem Geschmackserlebnis macht, köstliche Wassermelonen und Tomaten, Süßkartoffeln und aus geröstetem Getreide gewonnenes Gofio-Mehl. »Linsen aus Lanzarote« gelten in ganz Spanien als Inbegriff für intensiven Geschmack. Und unter den fast 150 kanarischen Käsesorten rangieren einige aus Lanzarote ganz oben.
Veredelt werden diese Zutaten durch eine **Kochkunst,** die sich traditioneller Rezepte besinnt und diese zeitgemäß auffrischt. Man will es heute leichter, feiner und würziger, mit weniger Knoblauch, dafür mit anderen, gern auch exotischen Kräutern und Gewürzen. Viele jüngere lanzarotenische Köche sind in der Welt herumgekommen und lieben es, Fremdes mit Kanarischem zu verschmelzen. Oder sie lassen sich von den Starköchen des spanischen Festlands inspirieren. Erstaunlich ist auch, wie sich eine so kleine und obendrein karge Insel als **Wein-Region** einen Namen gemacht hat: Vor allem der traditionsreiche trockene Malvasier-Wein wird im bekannten spanischen Weinführer Peñin hoch bewertet. Mehr als ein Dutzend Bodegas gibt es auf Lanzarote, deren Tropfen Sie im Rahmen von Degustationen probieren können.

Am Mirador del Río genießt man nicht nur die Aussicht, sondern auch eine Erfrischung.

Essgewohnheiten

Während das Frühstück (»desayuno«) auf den Kanarischen Inseln keine große Rolle spielt, sind Mittagessen (»almuerzo«) und Abendessen (»cena«) oft ziemlich reichhaltige, aber **leicht bekömmliche Mahlzeiten.** Die Essenszeiten liegen normalerweise zwischen 13 und 15.30 Uhr und abends zwischen 20 und 22.30 Uhr. Man kann allerdings auf Lanzarote jederzeit speisen, allenfalls in guten oder in einfachen, abgelegenen Restaurants werden die regulären Zeiten eingehalten.

Zu Tisch auf Lanzarote

Küche

Die kanarische Küche besteht aus einfachen Gerichten, wobei **Fisch** natürlich eine besonders große Rolle spielt. Fisch- und Fleischspeisen werden häufig mit Kartoffeln und Soße serviert.

Suppen

Es gibt einige sehr gute Suppen auf der kanarischen Speisekarte: Dazu gehören neben diversen schmackhaft zubereiteten Gemüsesuppen (»potajes«) natürlich Fischsuppe (»sopa de pescado«)

oder auch der »puchero«, ein kanarischer Eintopf aus Kichererbsen, Kohl, Kürbis, Schweine- und Rindfleisch. Wer gerne Knoblauch mag, sollte eine »sopa de ajos«, eine Knoblauchsuppe, versuchen. Die »gazpacho« ist eine pikante kalte Gemüsesuppe.

Fisch

Um fangfrischen Fisch zu essen, sollte man in einfache Lokale in den Fischerorten gehen. Besonders lecker ist »vieja«, ein karpfenähnlicher Fisch. Vielfach wird zum Fisch eine scharfe Soße namens »escabeche« gereicht. Typisch kanarische Fischgerichte sind der **Sancocho canario** (▶ Baedeker Wissen, S. 228) oder »sopa de mariscos«, eine Suppe, die aus verschiedenen Meeresfrüchten gekocht wird. An Meeresfrüchten erhält man zudem »calamares a la romana« (frittierte Tintenfischringe) oder »gambas a la plancha« (gegrillte Garnelen).

Fleisch

An Fleischgerichten werden in erster Linie Schwein (»cerdo«), Lamm (»cordero«) und Kaninchen (»conejo«) serviert. Beliebt sind Gerichte mit Zicklein (»cabrito«) wie »cabrito al horno« (gebratenes Zicklein) oder auch »cabrito compuesto« (Zickleingulasch).

Desserts

Die Süßspeisen zum Nachtisch sollte man keinesfalls auslassen. Man kann in Bienmesabe (eine Creme, bestehend aus Mandeln, Ei und Zucker), »flan« (Karamellpudding) und »arroz con leche« (Milchreis) schwelgen oder schlicht ein Eis (»helado«) wählen.

Snacks

Wer nur einen kleinen Imbiss zu sich nehmen möchte, kann **Tapas** bestellen, die manchmal auch als Vorspeisen serviert werden. Unter dem Begriff versteht man kleine Salatzubereitungen, Käsestücke, Fischhäppchen, Scheiben von geräuchertem Schinken oder eine kleine Tortilla (Kartoffelomelett).
Ein **Bocadillo** ist ein belegtes Brötchen; man kann es beispielsweise mit »jamón« (Schinken) oder »queso« (Käse) bestellen.

Getränke

Zum Essen bekommt man neben den üblichen internationalen Getränken gutes Mineralwasser (»agua mineral«) mit Kohlensäure (»con gas«) oder ohne (»sin gas«). Oft wird auch Bier (»cerveza«) getrunken. Sehr gut sind die auf den Kanarischen Inseln gebrauten Biere der Brauereien **»Tropical«,** die ihren Sitz auf Gran Canaria hat, und **»Dorada«** aus Teneriffa. Ein Glas **Wein** wird ebenfalls gern zum Essen getrunken, wobei man den lanzarotenischen **Malvasier** probieren sollte (▶ S. 16).
Im Anschluss an das Essen kann man noch einen **Kaffee** zu sich nehmen. Zur Auswahl stehen ein schwarzer »café solo«, ein »café con leche« (Kaffee mit viel Milch) oder ein »café cortado« (Kaffee mit wenig Milch).

TYPISCHE GERICHTE

BAEDEKER WISSEN

Die traditionelle lanzarotenische Küche bedient sich einfacher und schmackhafter Zutaten: Fisch, Kartoffeln und Hülsenfrüchte, ein ganz besonderes Getreide und natürlich Chilis – hiermit werden rustikale und würzige Gerichte zubereitet. Aber probieren Sie selbst!

Ropa vieja: Der merkwürdige Name – er bedeutet »alte Wäsche« – erinnert an den Ursprung des Gerichts als Resteessen. Fleisch, Kartoffeln und Gemüse vom Vortag werden zusammen mit eingeweichten Kichererbsen gebraten, frei nach der Devise: Mit jedem Aufkochen verbessert sich der Geschmack! Pikant abgeschmeckt wird das sämige Gericht mit Thymian, Paprika und Wein – fertig ist ein kräftiges Hauptgericht. An der Küste wird Ropa vieja de Pulpo angeboten, in dem man das Fleisch durch gekochte Tintenfischstücke ersetzt.

Churros: Eine Renaissance feiern Churros, lange Kringel aus Brandteig, die in heißem Öl gebacken und dann spiralförmig aufgerollt und in handliche Portionen geschnitten werden. Obwohl sie zu jeder Tageszeit beliebt sind, werden sie besonders gern nachts oder am frühen Morgen verzehrt – nach einer langen Feier verleihen sie im Nu neuen Lebensgeist. Man bestreut Churros mit Zucker, Naschmäuler tunken sie jedoch am liebsten in heiße Schokolade.

Sancocho canario: Das traditonelle Sonntagsessen besteht aus gedörrtem Fisch, meist Wrackbarsch oder Kabeljau, der über Nacht eingeweicht und am Folgetag gekocht wird – so bleibt sein Fleisch zart und locker. Serviert wird es zusammen mit Kartoffeln und Süßkartoffeln, roter und grüner Mojo-Soße sowie Gemüse. Wem das Gericht zu trocken erscheint, der bestellt einfach mehr Mojo!

Mojo: Die »rote« Soße, die Mojo rojo, wird aus zerstampften Chili-Schoten mit viel Knoblauch, Olivenöl, Essig und Meersalz zubereitet. Wer die mildere, grüne Variante bevorzugt, wählt die Mojo verde, bei der frischer, klein geschnittener Koriander die Chili-Schoten ersetzt. Weitere Varianten sind die Mojo de Aguacate, mit Avocado weiter abgemildert, und die Mojo de Almendras, die man mit geriebenen Mandeln verfeinert.

Gofio: Geröstetes Mais- und Gerstengetreide, zu Mehl zermahlen, war das Grundnahrungsmittel der Insulaner – von den Ureinwohnern bis ins 20. Jh. hinein. Mit wachsendem Wohlstand als »Armeleuteessen« diskreditiert, erlebt Gofio seit einigen Jahren als Vollwertnahrungsmittel eine zweiten Frühling. Gofio wird meist als Beilage gegessen: Durch Zugabe von Fisch- oder Gemüsebrühe erhält es eine püreeähnliche Konsistenz, die mit roten Zwiebelscheiben »gelöffelt« wird.

Papas arrugadas: Extra kleine festkochende Kartoffeln, oft aus Gran Canaria oder Teneriffa importiert, werden wie Pellkartoffeln gekocht. Allerdings ist die Wassermenge viel geringer und der Salzgehalt höher. Ist alles Wasser verdampft, wird zusätzlich eine Handvoll Meersalz auf die Kartoffeln gestreut. Das Resultat sind runzelig (»arrugado«) aussehende Erdknöllchen, die in herrlich pikante Mojo-Soße getaucht werden. Papas arrugadas werden als Vorspeise oder als Beilage serviert, schmecken aber auch als einfacher Snack.

LANZAROTES LECKERBISSEN

So schmeckt Lanzarote! Der nach traditionellen Rezepten hergestellte Käse erlebte zuletzt eine Renaissance. In mehreren Käsereien auf der Insel können Sie sich selbst von seiner Vielfalt überzeugen.

In der weiten Ebene von Rubicón, aber auch rund um Femés, Teguise und Tinajo sowie in den Bergen von Los Ajaches sieht man Hirten mit ihren bunt gescheckten Ziegen. Diese weiden alles ab, was sich ihnen in den Weg stellt: Ginster, Dornlattich und Wolfsmilchgewächse – wo sie hinkommen, wächst kein Gras mehr.

Echte Handarbeit

Aus ihrer Milch wird ein Käse gewonnen, der bei internationalen Degustationen wie dem World Cheese Award mit vielen Preisen ausgezeichnet wurde. Die Herstellung verläuft nach stets gleichem **Rezept:** Die Milch wird mit dem Lab aus dem Magen eines Jungtieres versetzt, bis sie gerinnt. Anschließend wird die Molke weggeschüttet und die feste Masse mit der Hand in eine kleine runde Form gepresst. Als Untersatz und Deckel dienen Holzbrettchen, deren Rillen sich auf dem Laib als Muster abzeichnen.

Zuletzt wird der Käse mit reichlich Meersalz eingerieben, manchmal auch in Paprika oder Gofio (► Baedeker Wissen, S. 228) gewälzt – dies macht ihn würziger und verlangsamt die Austrocknung.

Je länger der Käse liegt, desto fester und würziger wird er. Nach einem Tag kommt er als **Queso fresco** auf den Tisch: als zarter, butterweicher Frischkäse, den die Inselbewohner gern als Vorspeise verzehren. Ist er vier Wochen alt, spricht man von **»semicurado«,** einem milden, leicht säuerlichen Halbgereiften, der bereits ohne Kühlung auskommt.

Hat der Käse eine Lagerzeit von sechs Monaten überschritten, heißt er **»curado«** (gereifter) oder schlicht **»viejo«** (alter). Dieser ist so hart, dass man ihn kaum schneiden kann, sein Geschmack ist wunderbar scharf – ähnlich wie von Parmesan.

Käse servieren die Insulaner in den verschiedensten Varianten.

Direkt vom Erzeuger

Zwar stehen die Käselaibe gestapelt in Supermärkten, doch es macht mehr Spaß, den Käse beim Hersteller selbst zu kaufen, wo er auch etwas günstiger ist. Da ist z. B. die winzige **Quesería**

Haupteinnahmequelle war jahrzehntelang die Ziegenhaltung..

Rubicón am Dorfpatz von Femés. Nachdem man an der alten Glocke gebimmelt hat, wird man von Señora Bienvenida begrüßt, die über 300 Ziegen besitzt und Käse aller Reifestufen zum Kosten anbietet.
In Tiagua werden Sie im Rahmen der Besichtigung des alten Guts El Patio gleichfalls mit einheimischem Ziegenkäse verköstigt. Weitere familiäre Käsereien entstehen in Tinajo – Ziegenbauern erhalten EU-Subventionen für den Erwerb von Melkmaschinen und Kühlräumen.
Professionell geht es im inselgrößten Molkereibetrieb zu. Die **Quesería El Faro** kauft Milch von Bauern auf und lässt in hygienisch einwandfreien Hallen produzieren. Auch hier wird nur Rohmilchkäse, d. h. Käse ohne Zusatz künstlicher Fermentstoffe, hergestellt. Eine Spezialität des Hauses ist der Queso ahumado, ein Räucherkäse, der seinen eigentümlichen Geschmack der Glut von Kakteenblättern verdankt – wie alle Sorten kann er im Fabrikladen gekauft werden.

ADRESSEN

QUESERÍA RUBICÓN
Plaza de San Marcial 3
Femés
Mo.–Sa. 10–20
So. bis 15 Uhr

QUESERÍA EL FARO
zwischen Teguise und Mozaga
LZ 30, bei Km 4,2
Tel. 928 52 14 08
www.queseriaelfaro.es
Mo.–Sa. 9–13 Uhr

Restaurants

Lokale Küche In den touristischen Zentren wie Puerto del Carmen, Costa Teguise oder Playa Blanca reiht sich ein Restaurant an das andere. Die spanische Küche ist dabei nicht viel häufiger vertreten als die italienische, französische oder deutsche. Selbst chinesische, argentinische, indische, libanesische oder persische Gerichte kann man auf Lanzarote essen. Mit viel Glück findet man dazwischen ein wirklich kanarisches Restaurant. Wer ohne großen Trubel **kanarische Speisen** kennenlernen möchte, isst am besten in einem kleinen Küstenort – Arrieta ist beispielsweise für ein paar gute und einfache Restaurants bekannt – oder in einem Dorf im Inselinnern. Lokale, die von der Einrichtung her etwas schlichter sind und eine kleinere Auswahl an Gerichten haben, servieren oft genau so gute Qualität wie die exklusiver aussehenden Restaurants mit umfangreicher Speisekarte. Selbst in kleineren Lokalen gibt es übrigens häufig eine mehrsprachige Speisekarte, sodass man ohne Übersetzungsschwierigkeiten wählen kann.

Öffnungszeiten Die meistens Restaurants öffnen schon am späten Vormittag und haben entweder durchgehend offen oder schließen allenfalls nachmittags für ein oder zwei Stunden. Abends geht der Betrieb mindestens bis 22 Uhr, aber auch gegen 23 Uhr bekommt man in den größeren Orten ohne Probleme noch etwas zu essen.

Trinkgeld In der Regel sind Bedienung und Mehrwertsteuer in der Rechnung inbegriffen. Dennoch ist es gang und gäbe, z. B. Hotelangestellten und Kellnern ein Trinkgeld von etwa **5 bis 10 % des Rechnungsbetrags** zu geben.

FEIERN

Auf Lanzarote wie auch auf den übrigen Kanarischen Inseln werden vor allem die Heiligenfeste aufwendig gefeiert. Die Festivitäten für die Schutzheiligen sind keine rein kirchlichen Zeremonien. Eine Messe und eine Prozession leiten das Fest meistens ein, danach aber folgt weltliches Spektakel. Und so erleben selbst die verschlafensten Dorfplätze eine Metamorphose. Sie verwandeln sich in kleine Jahrmärkte mit zahlreichen Buden, an denen man alles Mögliche zu trinken und zu essen bekommt. Neben Folklore, Tanz und Musik werden mitunter auch Vorführungen des kanarischen Ringkampfs, des Lucha Canaria, gezeigt.

In Teguise haben sich die Kinder als Teufel zum »Höllenfestival« verkleidet.

Kirchliche Feste

Der Reigen der jährlichen Kirchenfeste beginnt am Dreikönigstag (**Cabalgada de los Reyes**): Nach Einbruch der Dunkelheit ziehen am 6. Januar die Heiligen Drei Könige auf ihren Dromedaren durch Teguise und Arrecife, verteilen Bonbons und bringen – so glauben zumindest die Kleinen – die Weihnachtsgeschenke.

Die lange festlose Zeit nach Weihnachten wird mit dem **Karneval** überbrückt (▶ Baedeker Wissen, S. 234), bevor die **Semana Santa,** die »Heilige Woche« zwischen Palmsonntag und Ostersonntag, mit vielen freien Tagen zum Feiern einlädt. Die Karprozession knüpft unmittelbar an mittelalterliche Zeiten an: Durch die Straßen der Hauptstadt ziehen Männer im Büßergewand und gespenstische Inquisitionsgestalten mit verhülltem Haupt. Wiegenden Schrittes tragen sie auf ihren Schultern Heiligenfiguren, wobei sie musikalisch von hypnotischem Trommelwirbel begleitet werden.

Das nächste wichtige Kirchenfest ist Fronleichnam (**Corpus Christi**), das man vor allem in Arrecife und Haría mit aufwendigen Prozessionen begeht. Nach altem Brauch werden – da Blütenblätter rar sind – in der Nacht vorher mit eingefärbtem Salz Bilder auf die Straße »gemalt«. Am nächsten Tag schreitet die Prozession über einen bunten Teppich aus den unterschiedlichen Motiven.

Kaum ist Fronleichnam vorbei, folgt die Fiesta zu Ehren Johannes' des Täufers (**Fiesta de San Juan**). Da sie mit der Sonnenwende zusammenfällt, werden nach guter heidnischer Tradition in Haría große Lagerfeuer entzündet und eine Figur abgebrannt, die das Böse repräsentiert.

FAST WIE IN RIO!

Einmal im Jahr steht die gesamte Insel kopf. Wenn die Lanzaroteños ihren »Carnaval« feiern, werden sämtliche Konventionen vergessen und es wird ausgelassen, ja mitunter zügellos gefeiert.

Das ganze Jahre fiebert Manuel diesem einen Ereignis entgegen. Auf der Nachbarinsel Gran Canaria kauft er ausgefallene Stoffe im indischen Basar, stöbert in Krämerläden nach Strass, Perlen und Federschmuck. »Die Accessoires sind sündhaft teuer«, seufzt er, »doch was soll ich tun, der Karneval ist meine Leidenschaft!« Der 25-jährige Amateur-Designer entwirft Kostüme für die Karnevalskönigin und hat schon viele zweite und dritte Preise eingeheimst, doch das ganz große Los zog er noch nie – vielleicht schafft er es im kommenden Jahr. Der Sponsor winkt mit einer hübschen Prämie!

»Fest des Fleisches«

Sieht man, mit welcher Begeisterung sich die Lanzaroteños in ihren Carnaval stürzen, versteht man, was die Verbotsdrohungen zu Zeiten der Diktatur für sie bedeuten mussten. Obgleich Francos Geist auf dieser Insel noch keineswegs erloschen ist, sind Feste **mit keinem Tabu mehr belegt.** Vor allem beim Karneval dürfen Lanzaroteños über die Stränge schlagen; alles, was sonst verpönt ist, kommt nun ans Tageslicht. Im Rhythmus der Trommeln wiegen Samba-Girls ihre Hüften, auf dem sorgfältig frisierten Haupt wippt üppiger Federschmuck. Den entblößten Busen ziert eine Glitterblume, der glitzernde Tangaslip verhüllt das Allernotwendigste. Selbst Männer mischen eifrig mit: Auffällig viele Männer lieben es, in das Kostüm des anderen Geschlechts zu schlüpfen, verkleiden sich als Belladonna und Femme Fatale. In hochhackigen Pumps staksen sie virtuos über die Straße, pressen sich in eng anliegende Miniröcke und stellen ihr groß aufgeplustertes Dekolleté zur Schau. »¡Holá guapa! – Hallo, Hübsche!« ist die Losung des Tages. Und gilt im Rest des Jahres das Keuschheitsgebot, so ist während der Karnevalszeit sexuelle Freizügigkeit verordnet. Überdimensional große Plakate weisen darauf hin, das Kondom nicht zu vergessen: »No olvidar el preservativo!«

Volles Programm

Wer seinen Urlaub im Februar auf Lanzarote verbringt, kann sich in seinem Terminkalender vier Ereignisse vormerken. Den Auftakt zum zweiwöchigen Karneval bildet das **Fest der Murgas.** Drei Abende lang schreien sich die einheitlich gekleideten »Landratten« im Parque Islas Canarias die Seele aus dem Leib – und je frecher ihr Gesang, desto größer die Aussicht auf die Siegesprämie. Der Besucher freilich wird hier nur dann auf seine Kosten kommen, wenn er Spanisch perfekt beherrscht und deshalb Grund zum Mitlachen hat.

Dem nächsten Vergnügen stehen keine Sprachschwierigkeiten im Wege: Auf dem Programm steht die **Wahl der Reina,** der Karnevalskönigin: Junge Frauen in zentnerschweren Fantasiekostümen wetteifern um den begehrten Rang, der ihnen – so hoffen sie, da die Show im Lokalfernsehen übertragen wird – zu einer Karriere als

Während des Karnevals steppt der Bär in den Straßen.

kanarischen Model verhilft. Höhepunkt des karnevalistischen Treibens ist der **Gran Desfile de Carrozas,** der große, mehrere Kilometer lange Umzug, an dem die ganze Insel teilzunehmen scheint. Farbenprächtig ziehen die geschmückten Wagen die Küstenpromenade entlang, und es werden die unterschiedlichsten Themen inszeniert. Egal, ob es sich um das Märchen von der Meerjungfrau handelt, den neuesten Kinohit oder eine Orgie im dekadenten Rom, immer ist die Darstellung schrill, schräg und opulent. Vorneweg schreitet die Truppe der Buches, die, wie bei René Verneau nachzulesen ist, schon Ende des 19. Jh.s für Aufsehen sorgte: »Gitarrenspielende Frauen und Männer schreiten voran, in ihrem Gefolge eine singende Menschenmenge, die riesige Fischblasen schwingt: Wer ihr zu nahe kommt, kriegt klatschende Schläge zu spüren! Überall kehren sie tanzend ein und ziehen nicht eher ab, bevor man sie mit Wein und Schnaps bewirtet hat. Schlecht für den, der nicht bereit ist, dieser Pflicht nachzukommen – sein Haus wird auf den Kopf gestellt.« Abgeschlossen wird das Fest mit dem **Entierro de la sardina,** der »Beerdigung der Sardine«. Tiefste Trauer ist angesagt, denn die Zeit der Ausschweifung ist nun passé, und es gilt, sich hinter einer konformistischen Maske zu verstecken, bis der nächste Karneval kommt. Schwarzgekleidete Trauergäste schreien sich den Schmerz von der Seele, wenn am Castillo de San Gabriel die gigantische Pappsardine zu Wasser gelassen und entzündet wird.

Die **Fiestas de la Virgen del Carmen** läuten die schier nicht endenwollenden sommerlichen Festivitäten ein. Prachtvoll geschmückt, auf einem Thron aus bunten Blumen, dekoriert mit kostbarer Spitze und Brokat, verlässt die Figur der Heiligen Jungfrau die dunkle Kirche, um in einer feierlichen Prozession unter dem tiefblauen Sommerhimmel zum Hafen bzw. Strand geleitet zu werden. Dort wird sie von mit Blumen- und Lichtergirlanden geschmückten Booten erwartet, die sie hinaus aufs Meer tragen. Einige Festteilnehmer werfen Blumen und Kränze ins Wasser – zum Gedenken an die im Meer ertrunkenen Fischer und Seeleute. Und während die Jungfrau im Boot spazieren gefahren wird, stärken sich die an Land Gebliebenen mit frisch gegrillten Sardinen und Wein. Feierlicher Höhepunkt ist die Rückkehr der Heiligen in ihre Kirche ein paar Tage später, nicht selten begleitet von einem großen Feuerwerk.
Der **Virgin de los Dolores,** der »Jungfrau der Schmerzen«, wird Mitte September gedacht: Sie hat im 18. Jh. die glühende Lava vor dem Ort Mancha Blanca zum Stehen gebracht – für die glückliche Rettung dankt die Bevölkerung dafür bis heute mit einer ausgelassenen Fiesta.

Was, wann, wo?

Aktuelle Veranstaltungshinweise für Lanzarote gibt das deutschsprachige Monatsmagazin »Lanzarote 37« (www.lanzarote37.net).

FESTKALENDER

FEIERTAGE

1. Januar: Año Nuevo (Neujahr)
6. Januar: Los Reyes (Dreikönigstag)
März/April: Viernes Santo (Karfreitag)
1. Mai: Día del Trabajo (Tag der Arbeit)
30. Mai: Día de las Islas Canarias (Tag der Kanaren)
Mai/Juni: Día del Corpus (Fronleichnam)
25. Juli: Santiago Apóstol (Apostel Jakobus)
15. August: Asunción (Mariä Himmelfahrt)
12. Oktober: Día de la Hispanidad (Entdeckung Amerikas)
1. November: Todos los Santos (Allerheiligen)
6. Dezember: Día de la Constitución (Tag der Verfassung)
8. Dezember: Inmaculada Concepción (Mariä Empfängnis)
25. Dezember: Navidad (Weihnachten)

JANUAR

CABALGADA DE LOS REYES

Der Dreikönigstag ist der wichtigste Weihnachtsfeiertag auf den Kanaren.

FEBRUAR/MÄRZ

CARNAVAL

Besonders in Arrecife und Teguise wird mit Maskeraden und Umzügen Karneval gefeiert. (► S. 234).

MÄRZ/APRIL

SEMANA SANTA

Karwoche mit kirchlichen und weltlichen Feierlichkeiten, u. a. einer großen Prozession in Arrecife

MAI/JUNI

CORPUS CHRISTI

Die Fronleichnamsfeierlichkeiten begleiten in Arrecife und Haría aufwendige Prozessionen.

JUNI

FIESTA DE SAN ANTONIO

Der hl. Antonius, der Beschützer der Kinder und der Liebenden, ist der Ortsheilige von Güime (zwischen Tias und San Bartolomé), wo er am 13. Juni mit einer Fiesta gefeiert wird.

FIESTAS DE SAN JUAN

Fest am 24. Juni in Haría zu Ehren Johannes' des Täufers

JULI

FIESTA DE SAN MARCIAL DEL RUBICÓN

Um den 7. Juli finden in Femés religiöse und weltliche Veranstaltungen zu Ehren des hl. Marcial, des Inselschutzheiligen, statt.

FIESTAS DE LA VIRGEN DEL CARMEN

In fast allen Küstenorten wird am 16. Juli der Schutzheiligen der Fischer gedacht.

AUGUST

FIESTAS DE SAN GINÉS

Der Schutzheilige von Arrecife wird um den 25. August eine Woche lang gefeiert.

Aufführung einer kanarischen Folkloregruppe in Teguise

SEPTEMBER

FIESTAS DE LA VIRGEN DE LOS REMEDIOS
Das Fest für die »Jungfrau der Heilmittel« findet am 8. September in Yaiza statt.

FIESTA DE LA VIRGEN DE LOS DOLORES
Am 15. September gedenkt man der »Schmerzensreichen« in Mancha Blanca.

NOVEMBER

FIESTA DE SAN ANDRÉS
In Tao wird das Fest des Dorfheiligen am 30. November begangen.

DEZEMBER

FIESTA DE SANTA BARBARA
Das Fest der hl. Barbara wird am 4. Dezember in Máguez gefeiert.

RANCHO DE PASCUA
Heiligabend wird in Teguise nicht nur mit einer Messe und einer Prozession begangen, sondern mit einem weltlichen, fröhlichen Straßenfest.

NAVIDAD
Der 24. Dezember ist auf den Kanaren ein Arbeitstag. Abends versammelt man sich im Haus des ältesten Familienangehörigen zu einem ausgedehnten Essen.

SHOPPEN

Wenn Sie eine Schwäche für lebhafte Märkte haben, sind Sie auf dem Sonntagsmarkt in Teguise genau richtig! Außer lokalen kulinarischen Spezialitäten hat dank der touristischen Nachfrage auch kanarisches Kunsthandwerk eine Nische gefunden.

Abwechslungsreicher Spaß

Zwar sind die Kanarischen Inseln Freihandelszone, doch von einem billigen Einkaufsparadies kann nicht die Rede sein. Die Preise (▶ S. 248) entsprechen mitteleuropäischem Standard. Erheblich günstiger als im Heimatland kauft man auf den Kanaren jedoch **Tabakwaren** (auch internationale Marken). Auch die Preise für **Spirituosen** und **Parfümerieartikel** sind vergleichsweise niedrig. Zwar kann man Kameras und andere technische Geräte mitunter preiswert erstehen, doch sollte man grundsätzlich nur im Fachhandel kaufen und sich darüber hinaus sorgfältig von der Qualität überzeugen.

Einkaufszentren

Gute Einkaufsmöglichkeiten und eine große Auswahl hat man in Arrecife, Puerto del Carmen und Costa Teguise, wobei sich das Angebot in Puerto del Carmen und Costa Teguise hauptsächlich an Touristen orientiert. Die Haupteinkaufsstraße in Arrecife ist die Calle León y Castillo. Hier befinden sich das mehrstöckige Warenhaus **»Atlántida«** und das um einen Patio gebaute Einkaufszentrum **»El Mercadillo«.** Auch auf der Plaza de la Constitución und in der Avenida La Marina sowie in den angrenzenden kleineren Straßen gibt es Geschäfte aller Art.

MÄRKTE

ARRECIFE
Wochenmarkt
Parque Temático
Mi., Sa. 9–14 Uhr

COSTA TEGUISE
Kitsch und Kunstgewerbe
Trödelmarkt, Pueblo Marinero
Fr. ab 17 Uhr

HARÍA
Kunsthandwerk und Kulinarisches
Wochenmarkt
Sa. 10–14 Uhr

PLAYA BLANCA
Kunsthandwerk und Souvenirs
Wochenmarkt am Jachthafen
Mi., Sa. 9 –14 Uhr

TEGUISE
Auf dem Markt gibt es allerlei Lebensmittel und Kunsthandwerk, Kleidung und Tischwäsche und auch viel Kitsch und Tand – kurz: ein Markt zum Stöbern. Es gibt einen speziellen Buszubringerdienst zu dem Markt in Teguise, der von Costa Teguise, Puerto del Carmen und Playa Blanca aus fährt.
Großer Wochenmarkt
So. 9–14 Uhr

TINAJO
Hier findet wöchentlich ein ausgezeichneter Agrar- und Kunsthandwerksmarkt statt.
Bauernmarkt
So. 10–13 Uhr

Ein typisches Souvenir sind diese Püppchen, die es auf jedem Markt zum kaufen gibt.

Auswahl

Besonders auffällig ist das große Angebot an technischen Geräten. Elektroartikel, Schuhe und Parfums sind vergleichsweise günstig zu erstehen. **Modeartikel** werden in jeder Qualität und Preisklasse angeboten – man kann also ruhig ein Kleidungsstück weniger von zu Hause mitnehmen und dafür ein Erinnerungsstück auf Lanzarote erwerben. Weiter gibt es ein paar CD-Geschäfte mit recht umfangreichem Sortiment, darunter auch kanarische Musik – Folklore, New Age und Jazz. Sportgeschäfte findet man im Zentrum von Arrecife, und alles für den Tauchsport erhält man in der Avenida de Naos.

Souvenirs kann man am besten in den vielen Tiendas kaufen, die an die meisten Sehenswürdigkeiten angegliedert sind. Hier gibt es Bücher über Lanzarote in allen Sprachen, Fotobände, Inselweine und Folkloremusik. Stände beim Krater El Golfo verkaufen kleine Schmuckstücke mit dem Halbedelstein Olivin. Gute Textilien und Kunstgewerbe vom nahen afrikanischen Kontinent werden auf dem Sonntagsmarkt in Teguise verkauft. Auf den Märkten bekommt man generell jede Menge Kunsthandwerk, Modeschmuck und Produkte aus Olivin. Typisches Kunsthandwerk von der Insel sind Töpferwaren, Rosettenstickereien und Flechtkörbe aus Palmwedeln. Für Musikliebhaber bietet sich der Kauf einer Timple an, einer kleinen Gitarre, die ein typisches Instrument für Lanzarote ist.

ÜBERNACHTEN

Vom Fünfsternehaus bis zur familiären Pension, vom Wellness-Hotel bis zum riesigen Sportresort, dazu immer mehr All-Inclusive-Anlagen – groß ist die Vielfalt der Unterkünfte auf Lanzarote. Die meisten befinden sich in den drei weitläufigen Ferienorten Costa Teguise, Puerto del Carmen und Playa Blanca sowie im Hafenort Puerto Calero. Doch seit einigen Jahren wird man auch abseits der Küste fündig: Immer mehr kleine, individuelle Hotels laden zum »Urlaub auf dem Land« ein.

Wo wohnt man am besten?

Drei Touristenzentren

So gleichförmig Lanzarote auf den ersten Blick erscheinen mag, so unterschiedlich sind doch einzelne Regionen der Insel. Dies zu wissen, ist wichtig für die Ortswahl. Es gibt insgesamt drei große Touristenzentren, in denen man normalerweise landet, wenn man einen Pauschalurlaub bucht: Playa Blanca im Süden, Puerto del Carmen an der südlichen Ostküste und Costa Teguise an der nördlichen Ostküste.

Puerto del Carmen

Puerto del Carmen liegt **relativ zentral,** ist aber nicht jedermanns Sache: An dem langen Ortsstrand zieht sich eine Uferstraße entlang, die teilweise stark an einen Jahrmarkt erinnert mit Imbissbuden aller Art, deutschen Bierlokalen, Gastronomie aus allen Ecken der Welt, Andenkenläden etc. Hier geht es ab spätnachmittags laut und rummelig zu; wer Trubel mag, dem wird es hier auf keinen Fall langweilig werden. Tagsüber lockt hingegen der schöne flache Strand mit Sonnenliegen und -schirmen.

Playa Blanca

Playa Blanca im **Inselsüden** war lange ein eher ruhiger Küstenort, in den gern Familien mit kleinen Kindern fuhren. Wunderbare Strände sind die Papageienstrände, zu denen man aber nur mit Auto oder Schiff gelangt – für den Fußweg muss mindestens eine Stunde einkalkuliert werden. In den letzten Jahren jedoch hat sich Playa Blanca an der Küste entlang ausgebreitet und die lauteren Lokale haben auch hier Einzug gehalten. Vorteil für alle, die in Playa Blanca übernachten: Hier startet die Fähre, mit der man einen Tagesausflug nach Fuerteventura machen kann. Ansonsten ist Playa Blanca als Ausgangsort für Erkundungen von Lanzarote selbst nicht sonderlich gut geeignet.

Costa Teguise

Costa Teguise **nördlich der Inselhauptstadt Arrecife** ist ein etwas älteres Urlaubszentrum mit zum Teil recht luxuriösen Hotelanlagen. Die Strände sind klein, aber angenehm. Surfer können direkt an einem der Ortsstrände lossurfen.
Wer einen reinen Sporturlaub machen möchte, lernt ein komplett anderes Lanzarote kennen: Im Zentrum **La Santa** an der Nordküste mieten sich Sportler ein, die ansonsten meist wenig Interesse an der Insel haben (► S. 23). Hier an der Nordküste gibt es zudem einen landschaftlich grandiosen Strand, die Playa de Famara, die allerdings stets dem starken Passatwind ausgesetzt ist: Schwimmen ist wegen der starken Brandung nicht ungefährlich, Sonnenbaden kann an manchen Tagen ungemütlich sein, dafür sind Strandspaziergänge hier einzigartig. An der Steilküste über dem Strand starten geübte Drachenflieger. Eine Ferienhaussiedlung aus den 1970er-Jahren liegt etwas oberhalb des schönen Strandes bei **La Caleta.**

Alternativen

Wer etwas Besonderes sucht, mietet sich auf dem Land im **Inselinnern** ein (► Baedeker Wissen, S. 242). **Kleinere Küstenorte,** in denen es allerdings nicht allzu viele Quartiere gibt, sind Punta de Mujeres und Órzola. Und noch ein Tipp, der wegführt von Jahrmarkt, luxuriösen Hotels und lauten Lokalen: Einen ziemlich ungestörten Urlaub kann man auf der vorgelagerten Insel **La Graciosa** machen – das wiederum ist ausschließlich Ruhebedürftigen zu empfehlen.

EXKLUSIV UND ETWAS EXZENTRISCH

Ihnen sind die großen Bettenburgen, in denen man nur eine Nummer ist, ein Gräuel? Sie bevorzugen statt All-inclusive und Rundum-Animation individuelle Entdeckungstouren, sind neugierig auf Fremdes und wollen Land und Leute ganz authentisch kennenlernen? Dann sollte ein Finca-Urlaub auf Lanzarote die richtige Wahl sein.

Abseits der Ferienzentren finden sich auf Lanzarote stille Dörfer – ob nun an der Küste oder im Landesinnern. Und in fast jedem Dorf lässt sich eine besondere Unterkunft entdecken: Einstige Sommerfrischen lanzarotenischer Großgrundbesitzer, Bauerngehöfte und traditionelle Anwesen wurden in kleine Hotels verwandelt.

Herrschaftlich im Süden

Das im Südwesten gelegene **Yaiza** ist in weiße Farbe getaucht, die Mauern sind streng symmetrisch angelegt, die Pflanzen effektvoll platziert. Die asketische Ästhetik vor dem Hintergrund dunkler Feuerberge trug ihm schon mehrfach den Titel »schönstes Dorf Spaniens« ein. So erstaunt es nicht, dass hier gleich mehrere Unterkünfte entstanden – allesamt exklusiv und etwas exzentrisch.

Am Südrand des Orts liegt die **Casona de Yaiza** (►S. 172). Nach außen hin präsentiert sich das holzverkleidete Herrenhaus zurückhaltend elegant. Seine Schönheit enthüllt sich vor allem demjenigen, der sich hier einquartiert. Die Räume, die sich rings um einen begrünten Patio gruppieren, sind mit Antiquitäten eingerichtet, pastellfarbene Fresken geben dem Ganzen eine frische Note. Schön ist auch der rustikale Frühstücksraum mit seinen dicken Natursteinmauern, der sich dank Kerzenschein abends in ein stimmungsvolles Restaurant verwandelt. Clou des Hau-

Rustikal gemütlich präsentiert sich das Restaurant der Casona de Yaiza.

ses ist aber die unterirdische Zisterne, die in eine Kapelle samt Galerie verwandelt wurde: Die geschwungenen, weiß getünchten Gänge strahlen einen besonderen Zauber aus.

Wer Yaiza in Richtung Nationalpark verlässt, stößt auf das Restaurant Bodega de Santiago und gleich daneben die **Casa de Hilario** (► S. 172). Benannt ist die 200-jährige Finca nach dem Eremiten Hilario, der jahrzehntelang in der unwirtlichen Landschaft der Vulkane lebte. Seinen Namen trägt auch der Islote de Hilario, an dem alle Urlauber zur Bustour durch die Montañas del Fuego starten. Auf einem »islote«, einem »Inselchen«, umflossen von erstarrter Lava, steht auch das Hotel.

Das traditionelle Anwesen betritt man durch eine Halle, die einen Vorgeschmack auf alles Weitere gibt: Ölgemälde in zarten Pastellfarben zeigen exotische Gestalten in anmutiger Pose. Der frühere Besitzer des Hauses, ein Brite, der viel Zeit im Fernen Osten verbracht hatte, wollte offenbar die Exotik Asiens auch auf der Feuerinsel nicht missen. So ließ er sich sein Schlafzimmer, die heutige Nr. 4, mit japanischen Ansichten ausmalen. Dies wiederum inspirierte José Ignacio Amigo, der das Haus 2007 übernahm, dem gesamten Haus einen asiatischen Touch zu verleihen. So setzt sich der Reigen der Geishas und Samurai im Kaminsaal fort, von dem man über Lavafelder auf die Montañas del Fuego schaut. Bei schönem Wetter treffen sich die Hotelgäste im Pool-Garten oder auf der romantischen Terrasse.

Alternativ im Norden

Der Norden Lanzarotes hält andere Landschaften bereit. Vom Passat befeuchtet, ist er – zumindest im Winter – mit einem grünen Flaum überzogen. An terrassierten Bergflanken wachsen Obst und Gemüse und an Steilhängen Pflanzen, die es nur auf Lanzarote gibt. Und in Küstennähe sieht man Kaktusfelder, so weit das Auge reicht. Unterkünfte mit einer besonders schönen Atmosphäre, ideale Orte der Entspannung, findet man in Mala. Dort hat sich Familie Himmelsbach beim Bau ihrer Anlage **Lotus del Mar** (► S. 86) von César Manriques Architektur inspirieren lassen. Farbe und Symmetrie der strahlend weißen, kubusförmigen Häuser stehen in scharfem Kontrast zur schwarzen und wilden Lavaküste. Dabei hat jedes Haus seinen eigenen, unverwechselbaren Charakter, egal ob Finca oder romantische Casita, komfortables Apartment oder familienfreundliche Wohnung. Die Innenausstattung lässt derweil nichts vermissen. Zu den Finessen einiger Wohnungen gehören runde, mit Mosaiken ausgelegte Bäder. Sie sind mit Dachöffnungen versehen, durch die das Licht von Sonne und Mond ins Innere fällt. Alle Wohneinheiten haben eine oder gar mehrere Sonnenterrassen, im Garten wachsen einheimische Pflanzen wie Balsam-Wolfsmilch, Mittagsblumen oder Aloe Vera. Wer spirituellen Tiefgang sucht, kann zudem das Seminarhaus Namasté als »Ort der Begegnung und des Austausches« besuchen. Und auf Wunsch bietet David Himmelsbach auch Massagen an.

Wer durch den Barranco de Tabayesco auf den gut 650 m hohen Kamm des Famara-Massivs hinauf- und dann über Serpentinen hinabfährt, landet im Bilderbuchdorf Haría. Hier wie auch in El Golfo, La Caleta de Famara und Tinajo sind weitere Unterkünfte abseits der großen Ferienzentren zu entdecken – Infos hierzu stehen im Kapitel »Reiseziele von A bis Z«.

Die meisten Urlauber buchen ihre Unterkunft pauschal zusammen mit dem Flug, was normalerweise am günstigsten ist. Für Individualreisende stehen einige **Hotels,** ein paar **Pensionen** und viele **Apartment- und Bungalowanlagen** zur Verfügung, letztere in den Touristenzentren Puerto del Carmen, Costa Teguise und Playa Blanca.

Pauschal und individuell

Generell gibt es auf Lanzarote nur wenige einfache Pensionen oder Hotels, ebenfalls nur sehr wenige **Privatzimmer.** Letztere sind in der Regel auch den offiziellen Stellen nicht bekannt. Um sich privat einzumieten, erkundigt man sich am besten vor Ort in Restaurants oder Cafés. Einige Privatunterkünfte werden beispielsweise in Arrieta und Órzola vermietet.

Privatunterkünfte

Wie auf den anderen Kanaren versucht man seit einiger Zeit unter dem Stichwort »Turismo Rural« den **Tourismus auf dem Land** zu fördern. Alte und verfallene Fincas, Bauern- und Herrenhäuser werden mit staatlichen Zuschüssen restauriert und in angenehme Ferienunterkünfte umgewandelt. Derartige Unterkünfte können mittlerweile bereits bei verschiedenen großen Reiseveranstaltern gebucht werden. Außerdem ist eine Direktbuchung möglich unter www.fincaselection.de.

Turismo Rural

Es gibt nur einen offiziell ausgewiesenen Campingplatz, der einfach ausgestattet ist. Er befindet sich bei den Papagayo-Stränden, östlich von **Playa Blanca.** Die 250 Stellplätze für Zelte und Wohnwagen werden allerdings nur in den Sommermonaten genutzt. Reservierung nimmt man am besten über die Stadtverwaltung von Yaiza vor unter Tel. 928 17 34 52 oder 928 17 37 24

Campingplatz

Apartmentanlagen wie das Atlantis Las Lomas in Puerto del Carmen sind eine beliebte Alternative zu herkömmlichen Hotels

P

PRAKTISCHE INFOS

Wichtig, hilfreich

KURZ UND BÜNDIG

ELEKTRIZITÄT
Das Stromnetz führt 220 Volt, Zwischenstecker werden nicht benötigt.

GELD

WÄHRUNG
Spanien gehört zur Eurozone. Der Umtauschkurs für einen Schweizer Franken beträgt ca. 0,86 €.

BANKEN & GELDAUTOMATEN
Banken: Mo.–Fr. 9–14, Sa. 9–13 Uhr

SPERRNOTRUF
Unter folgender Nummer kann man bank- und Kreditkarten, Handys und Krankenkassenkarten sperren lassen.
Tel. 0049 116 116 (aus dem Ausland mit der Vorwahl 0049)

LÄNDERVORWAHLEN
nach Spanien 0034
nach Deutschland 0049
nach Österreich 0043
in die Schweiz 0041

NOTRUFE

ALLGEMEINER NOTRUF
Polizei, Feuerwehr, Ambulanz
Tel. 112

ACE-NOTRUFZENTRALE STUTTGART
Tel. 0049 711 15 30 35 36

ADAC-NOTRUFZENTRALE MÜNCHEN
Tel. 0049 89 22 22 22 (Pannenhilfe)
Tel. 0049 89 76 76 76 (Rückholdienst und Telefonarzt)

DRK-FLUGDIENST BONN
Tel. 0049 211 91 74 99 39

DEUTSCHE RETTUNGSFLUGWACHT STUTTGART
Tel. 0049 711 70 07-0

ÖAMTC-NOTRUFZENTRALE WIEN
Tel. 0043 1 20
www.oeamtc.at

SCHWEIZER RETTUNGSFLUGWACHT
Tel. 0041 3 33 33 33 33
www.rega.ch

PREISE
Einfache Mahlzeit: ab 8 €
3-Gänge-Menü: ab 12 €
Tasse Kaffee: 1,50 €
1 Glas Fruchtsaft/Bier/Wein: 2 €
Benzin, 1 l: 1,05 €

ZEIT
Auf den Kanaren gilt Westeuropäische Zeit: Mitteleuropäer müssen das ganze Jahr über bei der Ankunft ihre Uhr um eine Stunde zurückstellen.

ANREISE · REISEPLANUNG

Mit dem Flugzeug

Lanzarote wird von vielen europäischen Flughäfen aus angeflogen, u. a. auch von verschiedenen Billigfliegern. Die Flugzeit von Deutschland nach **Arrecife** beträgt etwa vier Stunden. Recht günstig sind in der Regel Pauschalangebote, bei denen man zusammen mit dem Flug ein Apartment oder einen Bungalow zumeist in einem der drei großen Touristenzentren mieten kann. Die spanische Fluggesellschaft **Iberia** bietet täglich Linienflüge über Madrid nach Arrecife und mehrmals pro Woche über Barcelona nach Arrecife an. Außerdem fliegt Iberia regelmäßig nach Gran Canaria und Teneriffa; von dort bestehen mehrmals täglich Anschlussverbindungen nach Lanzarote.

Mit dem Schiff

Wer die lange Anfahrt nicht scheut, kann einmal wöchentlich von Cádiz aus mit Fährschiffen der spanischen Schifffahrtsgesellschaft **Acciona Trasmediterránea** zu den Kanarischen Inseln übersetzen. Die Überfahrt auf der Strecke Cádiz – Arrecife dauert ca. 1,5 Tage. Die Schiffspassage kann im Internet oder über deutsche Reisebüros gebucht werden. (► Verkehr S. 264)

Der Blick in den Rückspiegel zeigt, dass man gut angekommen ist.

FLUGHAFEN UND FÄHRVERKEHR

AEROPUERTO DE LANZAROTE
Apartado de Correos 86
Costa de Guacimeta
Arrecife
Tel. 902 40 47 04 (Flughafeninfo)
www.aena.es/es/cesar-manrique-lanzarote.html

ACCIONA TRASMEDITERRÁNEA
Informationen und Buchungen
Tel. 902 45 46 45
Büro Arrecife:
José Antonio 90
Tel. 928 82 49 30
www.trasmediterranea.es

Ein- und Ausreisebestimmungen

Reisedokumente

Reisende aus Deutschland, Österreich und der Schweiz benötigen für die Einreise einen gültigen **Personalausweis oder Reisepass**. Für Kinder ist ein gesonderter Ausweis erforderlich.

Führerschein

Autofahrer müssen den nationalen **Führerschein** und den Kraftfahrzeugschein dabeihaben.

Haustiere

Wer Haustiere mitnehmen will, benötigt einen **EU-Heimtierpass** mit Angaben über Alter, Rasse und Geschlecht sowie der Kennzeichnungsnummer. Der Arzt muss im Pass die gültige Tollwutimpfung bescheinigen. Sie muss mindestens 21 Tage zurückliegen, darf aber nicht älter als zwölf Monate sein.

Einreise auf die Kanaren

Spanien gehört ebenso wie Deutschland und Österreich zur Europäischen Union. Der Warenverkehr für private Zwecke ist weitgehend zollfrei. Es gelten auch für die Einreise auf die Kanaren lediglich noch gewisse Obergrenzen (z. B. für Reisende über 17 Jahren 800 Zigaretten, 10 l Spirituosen und 90 l Wein).

Wiedereinreise nach Deutschland und Österreich

Da die Kanaren innerhalb der EU einen Sonderstatus einnehmen, gelten bei der Wiedereinreise nach Deutschland und Österreich die **Höchstmengen für den Warenverkehr** mit Nicht-EU-Ländern: Zollfrei sind Waren bis zu einem Gesamtwert von 430 €; ferner für Personen über 15 Jahre 500 g Kaffee oder 200 g Pulverkaffee und 100 g Tee oder 40 g Teeauszüge, 50 g Parfüm und 0,25 l Eau de Toilette sowie für Personen über 17 Jahre 1 l Spirituosen über 22 % oder 2 l Spirituosen unter 22 % oder 2 l Schaumwein und 2 l Wein sowie 200 Zigaretten oder 50 Zigarren oder 250 g Tabak.

Wiedereinreise in die Schweiz

Für die Schweiz gelten folgende Freimengengrenzen: 250 g Kaffee, 100 g Tee, 200 Zigaretten oder 50 Zigarren oder 250 g Tabak, 2 l Wein oder andere Getränke bis 15 % Alkoholgehalt sowie 1 l Spirituosen mit mehr als 22 % Alkoholgehalt. Souvenirs dürfen in die Schweiz bis zu einem Wert von 300 SFr zollfrei eingeführt werden.

Krankenversicherung

Gesetzliche Krankenkassen

Auch im EU-Ausland müssen die gesetzlichen Krankenkassen die Kosten für ärztliche Leistungen erstatten. Voraussetzung ist, dass dem behandelnden Arzt die **europäische Krankenversicherungskarte** vorgelegt wird. Auch mit dieser Karte müssen in vielen Fällen ein Teil der Behandlungskosten bzw. Ausgaben für spezielle Medikamente selbst gezahlt werden. Gegen Vorlage der Quittungen erstattet die Krankenkasse im Heimatland dann ggf. die Kosten.

Reisekrankenversicherung

Da die Kosten für ärztliche Behandlung und Medikamente in der Regel teilweise vom Patienten zu tragen sind und die Kosten für einen eventuellen Rücktransport von den Krankenkassen grundsätzlich nicht übernommen werden, empfiehlt sich der Abschluss einer zusätzlichen Reisekrankenversicherung.

AUSKUNFT

INTERNET

WWW.SPAIN.INFO
Website der spanischen Fremdenverkehrsbehörde

IN DEUTSCHLAND
Lietzenburgerstr. 99
D-10707 Berlin
Tel. 030 8826543

Myliusstr. 14
D-60323 Frankfurt / M.
Tel. 069 7725033

Postfach 151940
D-80051 München
Tel. 089 53074611

IN ÖSTERREICH
Walfischgasse 8/14
A-1010 Wien
Tel. 01 5129580-11
www.spain.info/de_AT

IN DER SCHWEIZ
Seefeldstrasse 19
CH-8008 Zürich
Tel. 044 2536050
www.spain.info/de_CH

DIPLOMATISCHE VERTRETUNGEN

DEUTSCHLAND
Konsulat:
Calle Albareda 3
Las Palmas Gran Canaria
Tel. 928 491880
www.las-palmas.diplo.de

Honorarkonsulat:
Calle El Varadero 30, Playa Blanca
Lanzarote
Tel. 928519231

ÖSTERREICH
Hotel Escorial
Avenida de Italia 6
Playa del Inglés, Gran Canaria
Tel. 928 76 13 50
www.bmeia.gv.at

SCHWEIZ
Urbanización Bahía Feliz
Edificio de Oficinas, Local 1
Playa de Tarajillo, Gran Canaria
Tel. 928 15 79 79
www.eda.admin.ch

INTERNET

WWW.TURISMOLANZAROTE.COM
Website des Fremdenverkehrsamtes Lanzarote mit Seheswürdigkeiten, z. B. Kultur und Natur

WWW.GOBIERNODECANARIAS.ORG
Offizielle Website der kanarischen Inselregierung: Informationen zu Tourismus, Kultur, Wirtschaft und Verkehr (auf Spanisch).

WWW.CACTLANZAROTE.COM
Unter dieser Adresse sind die von der Inselregierung unterhaltenen wichtigsten Sehenswürdigkeiten der Insel mit aktuellen Öffnungszeiten und Eintrittspreisen gelistet.

WWW.CABILDODELANZAROTE.COM
Seiten der Inselverwaltung von Lanzarote zu Wirtschaft, Politik, Kultur und aktuellen Ereignissen auf der Insel, bisher nur auf Spanisch; Links zu verschiedenen Themen.

WWW.HALLOKANARISCHEINSELN.COM
Offizielle Tourismus-Website der Kanaren mit diversen Informationen zu allen Inseln (auf Deutsch). Lanzarote wird mit einem virtuellen Rundgang vorgestellt.

WWW.LANZAROTE37.DE
Auszüge aus der in deutscher Sprache erscheinenden Inselmagazin: mit Veranstaltungen und Nachrichten.

WWW.LANZAROTE-WEB.DE
Der Anbieter vermittelt Ferienhäuser und -wohnungen sowie Fincas.

ETIKETTE

Höflich und indirekt

Wer eine Auskunft braucht oder nach dem Weg fragt, wird auf den Kanaren stets eine höfliche Antwort bekommen. Mitunter verwundert eine gewisse Unklarheit, die in der Antwort liegen kann – meist ist das ein Zeichen dafür, dass der oder die Befragte den Weg nicht kennt, einen aber nicht ohne Antwort stehen lassen möchte.

Treffen

Zu Hause trifft man sich normalerweise nicht – **Treffpunkte** für Freunde und Bekannte sind Cafés und Bars. Hier wird bei einem Kaffee alles besprochen und abgehandelt, was gerade ansteht.

Politik

Lanzarote gilt als die »politischste« der Kanarischen Inseln. In der Tat scheinen hier alle erfolgreichen Werdegänge mehr noch als anderswo davon abzuhängen, mit wem man sich zusammentut. **Inselpolitik** ist im Alltag fast immer ein Thema; auf der Straße, in Cafés und Restaurants wird mit Worten und Gesten ausgiebig diskutiert.

Ein Tisch für sich allein

Sind in einem Café alle Tische besetzt, und sei es auch nur mit einer Person, dann ist kein Platz mehr frei. Sich an einen Tisch dazuzusetzen, an dem schon ein oder zwei andere sitzen, ist nicht üblich.

Zu mehreren unterwegs

Ist man in einer kleinen Gruppe unterwegs, wird man in der Regel in den Genuss kommen, eingeladen zu werden – bevor man sich's versieht, ist die gesamte Rechnung schon von irgendjemanden beglichen worden. Im nächsten Café bezahlt ein anderer die komplette Runde. Gäste auf diese Weise einzuladen, ist **Ehrensache**. Aber auch als Gast der Insel kann man sich durchaus einmal revanchieren, allerdings ist es nicht ganz einfach, den geeigneten Zeitpunkt abzupassen und einem anderen beim Bezahlen zuvorzukommen.

GESUNDHEIT

Apotheken

Das gängige Apothekenemblem ist ein **Malteserkreuz** – Weiß auf Grün oder Grün auf Weiß. Öffnungszeiten der Apotheken (»farmacias«) sind Mo. bis Fr. 9 bis 13 und 16 bis 20 sowie Sa. 9 bis 13 Uhr. In den übrigen Zeiten übernimmt in den größeren Orten jeweils eine **Notdienstapotheke** (»farmacia de guardia«) die Arzneimittelversorgung. Die Adresse der diensthabenden Apotheke ist normalerweise an den geschlossenen Apotheken ausgehängt oder der Tageszeitung zu entnehmen. Nach 22 Uhr werden Arzneimittel jedoch nur noch auf Rezept ausgehändigt.

Medizinische Versorgung

Auf Lanzarote gibt es vor allem in Arrecife und in den Touristenzentren eine gute ärztliche Versorgung durch **Krankenhäuser** und **Privatkliniken**. In einigen privaten Kliniken arbeiten deutsche oder deutschsprachige Ärzte und medizinisches Personal. Außerdem verfügen auch fast alle kleineren Orte auf der Insel über ein **Gesundheitszentrum** (»Centro de Salud«), an das man sich wenden kann.

Krankenversicherung

Versicherte deutscher Krankenkassen haben im Krankheitsfall in Spanien Anspruch auf eine Behandlung nach den in Spanien gültigen Vorschriften. Nähere Informationen dazu ► S. 251

ÄRZTLICHE HILFE

NOTRUFE
Tel. 112

SEGURIDAD SOCIAL
Calle Pérez Galdós, Arrecife
Tel. 928 81 11 02

ROTES KREUZ (CRUZ ROJA)
Tel. 928 8 22 22 (Notfälle)
Tel. 928 8 48 66 (Infos)

DEUTSCHE ÄRZTE

CLÍNICA DR. KARL KUNZE
Facharzt für Allgemeinmedizin
Calle Tres Barrancos 18, Arrieta
Tel. 928 84 85 09
www.arzt-lanzarote.com

DR. MAGER GESUNDHEITSZENTREN
Av. de las Playas 37
Puerto del Carmen
Tel. 928 51 26 11
www.lanzamedic.com

ZAHNÄRZTE
http://www.arzt-lanzarote.de/zahnarzt.html

KRANKENHÄUSER

HOSPITAL GENERAL DE LANZAROTE
Carretera San Bartolomé
(Straße Arrecife – San Bartolomé)
Arrecife, Tel. 92 59 50 00

LESETIPPS

DuMont Bildatlas Nr. 25: Gran Canaria, Lanzarote, Fuerteventura. DuMont Reiseverlag, Ostfildern, 4. Aufl. 2022
Übersicht über die drei Kanareninseln in Wort (Rolf Goetz) und Bild (Sabine Lubenow)

DuMont Bildatlas Nr. 172: Kanarische Inseln. DuMont Reiseverlag, Ostfildern, 3. Aufl. 2022
Übersicht über die Kanarischen Inseln in Wort (Jochen Müssig) und Bild (Gerald Hänel)

Sachbücher

Fernando Gómez Aguilera: César Manrique e sus palabras. Fundación César Manrique 2009
Manriques Aussagen zur Kunst und Landschaftsgestaltung zeigen, dass der Inselgestalter auch in Worten einiges zu sagen hatte.

Silvia Volckmann: Die Zeit ist schwer zu erzählen auf der Insel. Ein literarisches Lanzarote-ABC. Konkursbuch Verlag 2011
Von »Ankunft« über »Kamel« und »Koschenille« bis »Zonzamas« stellt die Autorin Schlüsselbegriffe der Insel vor und beleuchtet sie mit literarischen Zitaten und eigenen Impressionenen.

Rolf Goetz: Flora der Kanarischen Inseln, Bergverlag Rother 2017
In dem reich bebilderten Naturführer werden die 200 schönsten Pflanzenarten der Kanarenflora vorgestellt, erstaunlich viele davon sind auch auf Lanzarote zuhause.

Unterhaltungsliteratur

Rafael Arozarena: Mararia. Konkursbuch Verlag 2009
Mit einer sehr poetischen Sprache gelingt es dem kanarischen Erzähler und Lyriker Arozarena, das Lanzarote der 1940er-Jahre heraufzubeschwören.

Michael Houellebecq: Lanzarote. DuMont Verlag 2017
»Eine Woche auf dieser Insel dürfte ganz erträglich sein« lässt das Enfant terrible der französischen Literatur seinen Ich-Erzähler sagen. In dem dünnen Band versucht sich Houellebecq auch als Fotograf, allerdings nur mit mäßigem Erfolg.

Eva Paula Pick: Lapidosa – Text von steinigen Inseln. Konkursbuch Verlag 2012
Impressionen von Lanzarote und der kleinen Insel La Graciosa: Stimmungsvoll gemalte Bilder kontrastieren mit realistisch gefärbten Kurzgeschichten.

Juli Zeh: Nullzeit. Schöffling & Co. 2012
Psycho-Thriller, der in einer Tauchbasis auf Lanzarote spielt. Nicht einmal die asketisch-kargen Insellandschaften können beruhigend wirken.

PREISE · VERGÜNSTIGUNGEN

Rabatte

Auf Lanzarote gibt es **Kombitickets** (»bonos«) für 3, 4 oder 6 wichtige Sehenswürdigkeiten, mit denen sich der Eintritt um etwa 25 % reduziert. Die Tickets sind 7 bzw. 14 Tage gültig. Man erhält sie an den jeweiligen »Centros Turísticos«: Jameos del Agua, Cueva de los Verdes, Montañas del Fuego, Mirador del Río, Jardín de Cactus und MIAC. Hier wie auch in den Museen der Insel bekommen **Kinder** bis 12 oder 14 Jahren sowie **Senioren** eine zusätzliche Preisermäßigung. Rabatte gibt es auch beim **Busfahren**: Am Busbahnhof von Arrecife und bei den Fahrern der Überlandbusse kann man die »Tarjeta BONO-BBL« kaufen, mit der man ca. 20 % des Buspreises spart.

REISEZEIT

Temperatur

Auf den Kanarischen Inseln ist es das ganze Jahr über relativ **gleich bleibend warm** und dabei immer etwas **windig.** Die jahreszeitlichen Temperaturschwankungen sind gering, sie betragen nur um die 5 °C. Im Winter liegen die durchschnittlichen Temperaturen bei etwa 19 °C, im Sommer bei angenehmen 24 °C. Ähnlich ist es mit den Wassertemperaturen: im Winter kann man bei um die 19 °C baden, im Sommer um 22 °C.

Wann auf die Insel?

Wegen des milden Klimas sind die Kanarischen Inseln besonders im Winter bei Mitteleuropäern ein sehr **beliebtes Ziel** – vor allem Reisen über Weihnachten und Ostern sollte man deswegen frühzeitig buchen!

Die **heißesten Monate** sind August und September, die **kühlsten** Dezember bis Februar. Zwischen September und Mai muss man schon mal auf einen **Regenschauer** gefasst sein, und auch in den Sommermonaten kann der Himmel stundenweise bedeckt sein.

Lanzarote ist die kargste der Kanarischen Inseln, aber sogar hier gibt es im Februar und März grüne und blühende Flächen.

SPRACHE

Verständigung

Das Personal in den größeren Hotels und Restaurants spricht meist relativ gut Deutsch oder Englisch. Nur in kleineren Orten im Landesinnern könnte es Verständigungsprobleme geben.

Aussprache

Die Vokale a, e, i, o, u werden im Spanischen kurz und offen ausgesprochen. Langvokale (wie in Boot, lieb) existieren nicht, ebenso wenig die geschlossenen e und o (Weg, groß).

SPRACHFÜHRER SPANISCH

AUF EINEN BLICK

Ja.	**Sí.**
Nein.	**No.**
Vielleicht.	**Quizás./Tal vez.**
In Ordnung!/Einverstanden!	**¡De acuerdo!/¡Está bien!**
Bitte./Danke.	**Por favor./Gracias.**
Vielen Dank.	**Muchas gracias.**

Gern geschehen.	**No hay de qué./De nada.**
Entschuldigung!	**¡Perdón!**
Wie bitte?	**¿Cómo dice/dices?**
Ich verstehe Sie/dich nicht.	**No le/la/te entiendo.**
Ich spreche nur wenig ...	**Hablo sólo un poco de ...**
Können Sie mir bitte helfen?	**¿Puede usted ayudarme, por favor?**
Ich möchte ...	**Quiero .../Quisiera ...**
Das gefällt mir (nicht).	**(No) me gusta.**
Haben Sie ...?	**¿Tiene usted ...?**
Wie viel kostet es?	**¿Cuánto cuesta?**
Wie viel Uhr ist es?	**¿Qué hora es?**

KENNENLERNEN

Guten Morgen!	**¡Buenos días!**
Guten Tag!	**¡Buenos días!/¡Buenas tardes!**
Guten Abend!	**¡Buenoas tardes!/¡Buenas noches!**
Hallo! Grüß dich!	**¡Hola!**
Ich heiße ...	**Me llamo ...**
Wie ist Ihr Name, bitte?	**¿Cómo se llama usted, por favor?**
Wie geht es Ihnen/dir?	**¿Qué tal está usted?/¿Qué tal?**
Gut, danke. Und Ihnen/dir?	**Bien, gracias. ¿Y usted/tú?**
Auf Wiedersehen!	**¡Hasta la vista!/¡Adiós!**
Tschüss!	**¡Adiós!/¡Hasta luego!**
Bis bald!	**¡Hasta pronto!**
Bis morgen!	**¡Hasta mañana!**

UNTERWEGS

links/rechts	**a la izquierda/a la derecha**
geradeaus	**todo seguido/derecho**
nah/weit	**cerca/ lejos**
Wie weit ist das?	**¿A qué distancia está?**
Ich möchte ... mieten.	**Quisiera alquilar ...**
... ein Auto	**... un coche.**
... ein Boot	**... una barca/un bote/un barco.**
Bitte, wo ist ...	**Perdón, dónde está ...**
... der Bahnhof?	**... la estación (de trenes)?**
... der Busbahnhof?	**... la estación de autobuses/ la terminal?**
... der Flughafen?	**... el aeropuerto?**

PANNE

Ich habe eine Panne.	**Tengo una avería.**
Würden Sie mir bitte einen Abschleppwagen schicken?	**¿Pueden ustedes enviarme un cochegrúa, por favor?**
Gibt es in der Nähe eine Werkstatt?	**¿Hay algún taller por aquí cerca?**
Wo ist bitte die nächste Tankstelle?	**Dónde está la estación de servicio/ a gasolinera más cercana, por fa vor?**

Ich möchte ... Liter ...	**Quisiera ... litros de ...**
... Normalbenzin.	**... gasolina normal.**
... Super./...Diesel.	**... súper./... diesel.**
... bleifrei.	**... sin plomo.**
Volltanken, bitte.	**Lleno, por favor.**

UNFALL

Hilfe!	**¡Ayuda!, ¡Socorro!**
Achtung!	**¡Atención!**
Vorsicht!	**¡Cuidado!**
Rufen Sie bitte schnell ...	**Llame enseguida ...**
... einen Krankenwagen.	**... una ambulancia.**
... die Polizei.	**... a la policía.**
... die Feuerwehr.	**... a los bomberos.**
Haben Sie einen Verbandskasten?	**¿Tiene usted un botiquín de urgencia?**
Es war meine (Ihre) Schuld.	**Ha sido por mi (su) culpa.**
Könnten Sie mir Ihren Namen und Ihre Anschrift geben?	**¿Puede usted darme su nombre y dirección?**

EINKAUFEN

Wo finde ich ...	**Por favor, dónde hay ...**
... einen Markt?	**... un mercado?**
... eine Apotheke?	**... una farmacia?**
... einen Supermarkt?	**... un supermercado?**

ARZT

Können Sie mir einen guten Arzt empfehlen?	**¿Puede usted indicarme un buen médico?**
Ich habe ...	**Tengo ...**
... Durchfall.	**... diarrea.**
... Fieber.	**... fiebre.**
... Kopfschmerzen.	**... dolor de cabeza.**
... Halsschmerzen.	**... dolor de garganta.**
... Zahnschmerzen.	**... dolor de muelas.**

ÜBERNACHTUNG

Können Sie mir bitte ... empfehlen?	**¿Podría usted recomendarme ...**
... ein Hotel	**... un hotel?**
... eine Pension	**... una pensión?**
Ich habe ein Zimmer reserviert.	**He reservado una habitación.**
Haben Sie noch ...	**¿Tienen ustedes todavía...**
... ein Einzelzimmer?	**... una habitación individual?**
... ein Doppelzimmer?	**... una habitación doble?**
... mit Dusche/Bad?	**... con ducha/baño?**
... für eine Nacht?	**... para una noche?**
... für eine Woche?	**... para una semana?**
Was kostet das Zimmer mit ...	**¿Cuánto cuesta la habitación con**

... Frühstück?	**... desayuno?**
... Halbpension?	**... media pensión?**

BANK

Wo ist hier bitte ...	**Por favor, dónde hay por aquí ...**
... eine Bank?	**... un banco?**
Ich möchte SFr in Euro wechseln.	**Quisiera cambiar francos suizos en euros.**

POST, TELEFON, INTERNET

Was kostet ...	**¿Cuánto cuesta ...**
... ein Brief ...	**... una carta ...**
... eine Postkarte ...	**... una postal ...**
nach Deutschland?	**para Alemania?**
Briefmarken	**sellos, estampillas**
Ich suche eine Prepaidkarte für mein Handy.	**Busco una tarjeta prepago para mi móvil.**
Internetanschluss	**conexión a internet**
Computer	**ordenador**
Ladegerät	**cargador**
Akku	**recargable**
Internetadresse	**dirección de internet**
E-Mail	**correo electrónico**
E-Mail-Adresse	**dirección de correo electrónico**
@-Zeichen	**arroba**

ZAHLEN

0	**cero**	18	**dieciocho**
1	**un, uno, una**	19	**diecinueve**
2	**dos**	20	**veinte**
3	**tres**	22	**veintidós**
4	**cuatro**	30	**treinta**
5	**cinco**	40	**cuarenta**
6	**seis**	50	**cincuenta**
7	**siete**	60	**sesenta**
8	**ocho**	70	**setenta**
9	**nueve**	80	**ochenta**
10	**diez**	90	**noventa**
11	**once**	100	**cien, ciento**
12	**doce**	200	**doscientos, -as**
13	**trece**	1000	**mil**
14	**catorce**	2000	**dos mil**
15	**quince**	10 000	**diez mil**
16	**dieciséis**	½	**medio**
17	**diecisiete**	¼	**un cuarto**

RESTAURANTE/RESTAURANT

Wo gibt es hier ...	**¿Dónde hay por aquí cerca ...**
... ein gutes Restaurant?	**... un buen restaurante?**
... ein nicht zu teures Restaurant?	**... un restaurante no demasiado caro?**
Könnten Sie uns bitte für heute Abend einen Tisch für vier Personen reservieren?	**¿Puede reservarnos para esta noche una mesa para cuatro personas?**
Auf Ihr Wohl!	**¡Salud!**
Die Rechnung, bitte!	**¡La cuenta, por favor!**
Hat es (Ihnen) geschmeckt?	**¿Le/Les ha gustado la comida?**
Das Essen war ausgezeichnet.	**La comida estaba excelente.**
almuerzo, comida	**Mittagessen**
botella	**Flasche**
cena	**Abendessen**
camarero/mozo	**Kellner**
cubierto	**Gedeck, Besteck**
cuchara	**Löffel**
cucharita	**Kaffeelöffel**
cuchillo	**Messer**
desayuno	**Frühstück**
lista de comida, menú	**Speisekarte**
plato	**Teller**
sacacorchos	**Korkenzieher**
tenedor	**Gabel**
taza	**Tasse**
vaso	**Glas**
ahumado	**geräuchert**
a la plancha	**gegrillt**
a punto	**medium**
bien hecho	**durchgebraten**
crudo	**roh**
empanado	**paniert**
frito	**frittiert**
hervido	**gekocht**
jugoso	**blutig**

DESAYUNO/FRÜHSTÜCK

café con leche	**Milchkaffee**
café cortado	**Espresso mit Milch**
café solo	**Espresso**
café descafeinado	**koffeinfreier Kaffee**
chocolate	**Schokolade**
churros	**im Fett gebackene Hefekringel**
factura	**süßes Stückchen**
fiambre	**Aufschnitt**
huevo tibio	**weiches Ei**
huevos fritos	**Spiegeleier**
huevos revueltos	**Rühreier**
jamón crudo/cocido	**roher/gekochter Schinken**
jugo de fruta	**Fruchtsaft**

lágrima	**Milchkaffee mit wenig Kaffee**
mantequilla	**Butter**
medialuna	**Croissant**
mermelada	**Marmelade**
miel	**Honig**
pan/bolillo/pan tostado	**Brot/Brötchen/Toast**
queso	**Käse**
té con leche/limón	**Tee mit Milch/Zitrone**

ENTRADAS, SOPAS/VORSPEISEN, SUPPEN UND EINTÖPFE

caldo	**Brühe**
cazuela	**Eintopf**
empanada	**kleine Pastete**
ensalada mixta	**gemischter Salat**
menestra	**Gemüsetopf**
puchero	**Eintopf (Fleisch mit Gemüse, Kartoffeln)**
sopa de fideos	**Nudelsuppe**
sopa de mariscos	**Meeresfrüchtesuppe**
sopa de pescado	**Fischsuppe**
sopa de verduras/sopa juliana	**Gemüsesuppe**

TAPAS

albóndigas	**Fleischbällchen**
boquerones en vinagre	**Sardellen in Essig-Knoblauch-Marinade**
calamar	**Kalamar**
caracoles	**Schnecken**
chipirones	**kleine Tintenfische**
chorizo	**Paprikawurst**
ensaladilla rusa	**russischer Salat**
jamón serrano	**getrockneter Schinken**
morcilla	**Blutwurst**
pulpo	**Tintenfisch**
tortilla de patatas	**Kartoffelomelette**

PESCADOS Y MARISCOS/FISCHE UND MEERESFRÜCHTE

atún	**Thunfisch**
besugo	**Brasse**
centolla	**Königskrabbe**
corvina	**Adlerfisch**
dorado	**Goldmakrele**
langostinos	**Riesengarnelen**
lenguado	**Seezunge**
ostras	**Austern**
pulpo	**Krake**
salmón	**Lachs**
trucha	**Forelle**

CARNE Y AVES/FLEISCH UND GEFLÜGEL

bife	**Steak**
cabrito	**Zicklein**
carne picada	**Hackfleisch**
cerdo	**Schwein**
ciervo	**Wild**
cochinillo	**Milchferkel**
chorizo	**Grillwürstchen**
chuleta	**Kotelett**
conejo	**Kaninchen**
cordero	**Lamm**
criadillas	**Hoden**
escalope	**Schnitzel**
estofado	**Schmorfleisch**
hígado	**Leber**
lechón	**Spanferkel**
lengua	**Zunge**
lomo/filete	**Lenden- oder Rückenstück**
milanesa	**paniertes Schnitzel**
mollejas	**Bries**
morcilla	**Blutwurst**
parrillada	**Grillplatte (Fleisch)**
pato	**Ente**
pavo/guajolote	**Pute**
pollo/gallina	**Huhn/Henne**
riñones	**Nieren**
res	**Rind**
ternera	**Kalb**
vacio	**Hüftsteak**

ENSALADA Y VERDURAS/SALAT UND GEMÜSE

arroz	**Reis**
guisantes	**Erbsen**
berenjenas	**Auberginen**
calabacitas	**Zucchini**
batata	**Süßkartoffel**
cebollas	**Zwiebeln**
espárragos	**Spargel**
espinaca	**Spinat**
lechuga	**Kopfsalat**
patatas	**Kartoffeln**
patatas fritas	**Pommes frites**
pepinos	**Gurken**
perejil	**Petersilie**
pimientos	**Paprikaschoten**

POSTRES, PASTELES/NACHSPEISEN, GEBACKENES

copa de helado	**Eisbecher**
crema	**Sahne**

dulces	**Süßigkeiten, Desserts**
dulce de leche	**Karamellcreme**
dulce de membrillo	**Paste aus Quittenmus**
flan	**Pudding, Creme caramel**
frutas en almíbar	**Obst in Sirup**
galletitas	**Kekse**
natillas	**Cremespeise (sahnig)**
nieve	**Fruchteis, Sorbet**
pan dulce	**Kuchen, ähnlich dem italienischen Panettone**
pastel/tarta	**Kuchen/Torte**
queso	**Käse**
tocino del cielo	**Dessert aus Eiern, Zucker, Sahne**

FRUTAS/OBST

cerezas	**Kirschen**
ciruelas	**Pflaumen**
albaricoques	**Aprikosen**
melocotón	**Pfirsich**
limón	**Zitrone**
manzana	**Apfel**
melones	**Honigmelonen**
membrillos	**Quitten**
naranjas	**Orangen**
nueces	**Nüsse**
peras	**Birnen**
plátanos	**Bananen**
sandías	**Wassermelonen**
nectarinas	**Nektarinen**
uvas	**Weintrauben**

BEBIDAS/GETRÄNKE

aguardiente	**Schnaps**
agua mineral	**Mineralwasser**
con/sin gas	**mit/ohne Kohlensäure**
cerveza	**Bier**
caña	**Glas Fassbier**
gaseosa	**weiße Limonade**
horchata	**Erdmandelmilch**
jugo/exprimido de naranja	**Orangensaft**
leche	**Milch**
manzanilla	**Kamillentee**
té	**Tee**
vino	**Wein**
blanco/tinto	**weiß/rot**
rosado	**rosé**
trocken/süß	**seco/dulce**

TELEKOMMUNIKATION · POST

Postsendungen Postkarten und Briefe sind nach Mitteleuropa normalerweise ca. fünf Tage unterwegs. Das **Porto** beträgt für Karten (»postales«) und Briefe (»cartas«) bis 20 g innerhalb Europas 1,25 €. Briefmarken (»sellos«) erhält man beim Kauf von Postkarten in Andenkenläden oder bei der Post.

Öffentliche Fernsprecher Von den öffentlichen Fernsprechern kann man mit Münzen oder Karte telefonieren. Karten (»tarjeta telefónica«) erhält man in Tabakläden, an Kiosken und bei der Post.

Mobiltelefone Handys (»móvil«) wählen sich automatisch in das entsprechende Partnernetz ein. Eine vor Ort in Supermärkten, Kiosken und Tankstellen erworbene spanische Prepaid-SIM-Karte ist günstiger.

VERKEHR

Verkehrsvorschriften Innerhalb geschlossener Ortschaften darf man 50 km/h fahren, außerhalb 90 km/h, auf Schnellstraßen 100 km/h, auf Autobahnen 120 km/h. **Vorfahrt** hat grundsätzlich das von rechts kommende Fahrzeug (Ausnahmen sind entsprechend beschildert). Im **Kreisverkehr** hat das Fahrzeug Vorfahrt, das sich bereits im Kreisel befindet. Auf gut beleuchteten Straßen (außer Schnellstraßen und Autobahnen) darf nur mit **Standlicht** gefahren werden. Beim **Überholen** und vor Kurven ist Hupen (bei Dunkelheit mit der Lichthupe) obligatorisch. Während des gesamten Überholvorgangs muss man zuerst nach links und dann wieder nach rechts blinken. **Überholverbot** besteht 100 m vor Kuppen sowie auf Straßen, die nicht auf mindestens 200 m zu überblicken sind. Die **Promillegrenze** liegt bei 0,5 ‰. Alkoholkontrollen in den Touristenzentren sind keine Seltenheit! **Abschleppen** durch Privatfahrzeuge ist verboten.

Unfälle Bei Unfällen – gleichgültig, ob man sie verschuldet hat oder nicht – kann ein Fahrzeug beschlagnahmt werden und unter Umständen erst nach einer Gerichtsverhandlung freigegeben werden; in schweren Fällen kann der Fahrer sogar inhaftiert werden. Nach einem Unfall muss man die auf der Internationalen Grünen Versicherungskarte aufgeführte spanische Versicherungsgesellschaft benachrichtigen, damit für die Stellung einer eventuell geforderten Kaution gesorgt werden kann. Über das Verhalten nach Unfällen mit Mietwagen geben die Mietunterlagen des Fahrzeuges Auskunft. Wer nach einem Unfall oder einer Panne sein Fahrzeug verlässt, muss eine **reflektierende Signalweste** anziehen.

Mietwagen

Kosten und Anbieter

Bei den internationalen Mietwagenfirmen kostet ein Wagen der unteren Kategorie pro Woche ca. 200 bis 250 € inklusive Vollkaskoversicherung und unbegrenzter Kilometerzahl. Neben den bekannten internationalen Mietwagenfirmen gibt es zahlreiche **heimische Anbieter**, die in der Regel wesentlich preisgünstiger sind. Auf Lanzarote nimmt **Cabrera Medina** dank des guten Preis-Leistungs-Verhältnisses und der bestens gewarteten Autos eine marktbeherrschende Position ein. Die Firma hat Filialen in allen Ferienorten. Ohne Aufpreis kann man den Wagen z. B. in Puerto del Carmen oder Playa Blanca abholen und am Flughafen abgeben.

Schäden

Achtung: Autovermieter weisen darauf hin, dass Schäden am Auto, die durch das Verlassen der asphaltierten Straßen entstehen, vom Mieter selbst zu tragen sind. Das ist etwa bei Ausflügen zu den abgelegeneren Stränden in der Umgebung von Playa Blanca zu bedenken.

Busverkehr

Guaguas (Busse)

Die Fahrzeiten kann man bei allen Touristeninfos erfragen. Mitunter gibt es auch im Hotel Pläne, und die Zeiten stehen unter »Guaguas« in der Tageszeitung »La Voz«. Der Plan mit allen Linien ist auch im Busbahnhof in Arrecife und im Internet einzusehen. Mit der **Tarjeta BONO BBL** fährt man ca. 20 % günstiger. Die Karte kann man am Busbahnhof oder auch beim Fahrer kaufen.

Liniennetz

Von Arrecife aus fahren 14 Linien in alle Regionen der Insel. Die Verbindung nach Puerto del Carmen und Costa Teguise ist vergleichsweise unproblematisch – hier fahren zu den Hauptzeiten Busse im Halbstundentakt oder öfter. Zwischen Arrecife und dem **Flughafen** verkehren an Wochentagen etwa zwischen 7 und 22 Uhr halbstündlich Busse, an Wochenenden etwas seltener. In kleinere Orte gelangt man mit Bussen oft nur zweimal täglich. In **Arrecife** fahren alle Busse ab der **Estación de Guaguas** in der Via Medular am Nordrand der Innenstadt. Ausnahmen sind die Busse nach Puerto del Carmen, Puerto Calero, zum Flughafen und nach Costa Teguise, die am **Intercambiador** am Westende der Playa del Reducto starten, den Busbahnhof in der Via Medular aber auch anfahren. Zum Sonntagsmarkt in Teguise gibt es einen speziellen Zubringerdienst ab Puerto del Carmen, Costa Teguise und Playa Blanca.

Fähren

Lanzarote – Fuerteventura

Bequem und schnell ist der Schiffstransfer zwischen Playa Blanca (Lanzarote) und Corralejo (Fuerteventura). Die Überfahrtsdauer beträgt 20 – 40 Minuten. Auf dieser Strecke pendeln tagsüber **in fast stündlichem Turnus** Fähren der Lineas Fred. Olsen und der Gesellschaft Naviera Armas hin und her. Fuerteventura kann von Lanzarote aus also in einem Tagesausflug besucht werden. Der Preis für Hin- und Rückfahrt beträgt pro Person ca. 55 €.

Lanzarote – La Graciosa

Zur Insel La Graciosa im Nordosten Lanzarotes fahren ab Órzola kleine Personenfähren, die von **Lineas Marítimas Romero** sowie vom **Biosfera Express** betrieben werden. Abfahrtszeiten ab Órzola täglich zwischen 8 und 18.30 (im Sommer 19.30 Uhr) alle 1 bis 2 Stunden und ab La Graciosa täglich zwischen 7 und 17.30 (im Sommer 18.30 Uhr) ebenfalls alle 1 bis 2 Stunden.

VERKEHR

MIETWAGEN

AVIS
Tel. 0180 6 21 77 02
www.avis.de

CABRERA MEDINA
Tel. 928 82 29 00
www.cabreramedina.com

EUROPCAR
Tel. 040 52018 8000
(in Deutschland)
www.europcar.de

HERTZ
Tel. 0180 33 35 35
(in Deutschland)
www.hertz.de

AUTOMOBILKLUBS

ADAC
Tel. 0180 22 22 22
www.adac.de

ÖAMTC
Tel. 0043 1 2 51 20 00
www.oeamtc.at

TCS
Tel. 0041 224 17 22 20
www.tcs.ch

BUS

ARRECIFE BUS
Tel. 928 81 15 22
www.arrecifebus.com

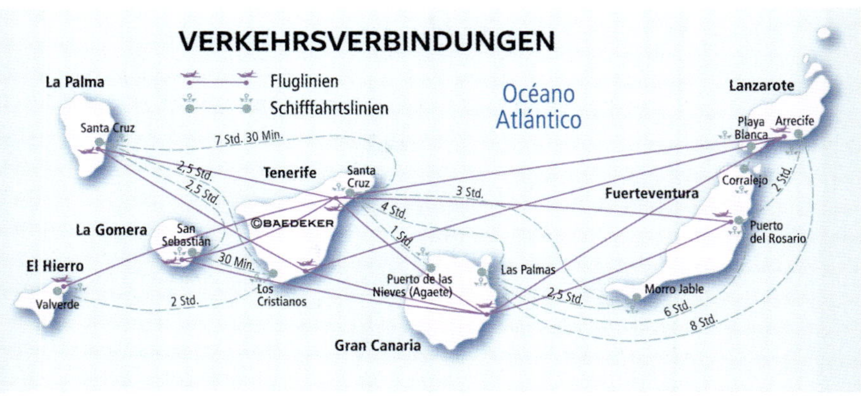

REEDEREIEN

ACCIONA TRASMEDITERRÁNEA
Tel. 902 45 46 45
www.trasmediterranea.es

NAVIERA ARMAS
Tel. 902 45 65 00
www.navieraarmas.com

LÍNEAS FRED. OLSEN
Tel. 902 10 01 07
www.fredolsen.es

LÍNEAS MARÍTIMAS ROMERO
Tel. 928 59 61 07
www.lineasromero.com

BIOSFERA EXPRESS
Tel. 928 84 25 85
www.biosferaexpress.com

FLUGGESELLSCHAFTEN

BINTER CANARIAS
Tel. 902 39 13 92
www.bintercanarias.com

TAXIS

ARRECIFE
Tel. 928 80 31 04

COSTA TEGUISE
Tel. 928 59 08 63

PUERTO DEL CARMEN
Tel. 928 52 42 20

PLAYA BLANCA
Tel. 928 83 01 63

YAIZA
Tel. 928 52 42 22

REGISTER

A

B

C

D

E

F

G

H

I

J

K

L

M

N

BILDNACHWEIS

Bildagentur Huber/Pietro Canali 2, 29, 80
Bildagentur Huber/R. Schmid 230
DUMONT Bildarchiv 79 (oben)
Dumont Bildarchiv/Gerald Hänel U7, 12, 15 (2x), 16, 18, 19, 22 (unten), 43, 49, 59, 79 (unten), 103, 133, 161, 176, 180, 217, 226
Dumont Bildarchiv/Sabine Lubenow 7, 8, 20, 35, 179, 198, 228, 229, 235, 247
DuMont Bildarchiv/Widmann 22 (oben)
Jason deCaires Taylor/Museo Atlántico Lanzarote 24, 27 (2x)
Glow Images 242
mauritius images/age fotostock/Jesús Nicolàs Sánchez 3 (unten), 233
mauritius images/cultura 203
mauritius images/Chromorange/ Manfred Dietsch 189
mauritius images/ib/Otto Stadler 244
mauritius images/imageBROKER/ Markus Lange 69
mauritius images/imageBROKER/ Martin Siepmann 166, 239
mauritius images/imageBROKER/ Michael Rucker 40 (unten), 237
mauritius images/Jose Fuste Raga 173
mauritius images/MIKEL BILBAO GO-ROSTIAGA- TRAVELS/Alamy 96
mauritius images/robertharding/ Marco Simoni 111
mauritius images/Roger Lee/Alamy 105
mauritius images/Winfried Wisniewski 231
mauritius images/Zoonar GmbH/ Alamy 94
Rolf Goetz 52 (unten), 83
laif/Eid 192
picture-alliance/dpa 211, 214
shutterstock/aaabbbccc 121, 249
shutterstock/aaltair 30
shutterstock/alexilena 134
shutterstock/barmalini 90
shutterstock/Dirk Ott 124
shutterstock/Fominayaphoto 11
shutterstock/footageclips 85
shutterstock/IndustryAndTravel 40 (oben)
shutterstock/JackCo 219
shutterstock/Joanna Zaleska 52 (oben)
shutterstock/leoks 115
shutterstock/MaraZe 67
shutterstock/Pawel Kazmierczak 112, 139
shutterstock/PawelKusek 163
shutterstock/pio3 5, 57, 108
shutterstock/Robert Schneider 171
shutterstock/Russell Tur 3 (oben), 161
shutterstock/Simone Giachello 116
White Star 212
Titelbild: Mauritius Images /image-BROKER / Markus Lange

César Manrique, © VG Bildkunst, 2018: 8, 11, 35, 43, 59, 83, 161, 163, 173, 176, 226

VERZEICHNIS DER KARTEN UND GRAFIKEN

IMPRESSUM

Ausstattung:
84 Abbildungen, 23 Karten und Grafiken, eine große Reisekarte

Text:
Rolf Goetz, Dr. Eva Missler

Bearbeitung:
Baedeker-Redaktion
(Christian Lamping, Lisa Spägele)

Kartografie:
Christoph Gallus, Hohberg,
Klaus-Peter Lawall, Unterensingen,
MAIRDUMONT Ostfildern
(Reisekarte)

3D-Illustrationen:
jangled nerves, Stuttgart

Infografiken:
Golden Section Graphics GmbH, Berlin

Gestalterisches Konzept:
RUPA GbR, München

Chefredaktion:
Rainer Eisenschmid,
Baedeker Ostfildern

11. Auflage 2022

Anzeigenvermarktung:
MAIRDUMONT MEDIA
Tel. 0049 711 4502 333
Fax 0049 711 4502 1012
media@mairdumont.com
http://media.mairdumont.com

Trotz aller Sorgfalt von Redaktion und Autoren zeigt die Erfahrung, dass Fehler und Änderungen nach Drucklegung nicht ausgeschlossen werden können. Dafür kann der Verlag leider keine Haftung übernehmen. Infolge der Corona-Pandemie kann es darüber hinaus zu kurzfristigen Geschäftsschließungen und anderen Änderungen vor Ort gekommen sein.
Kritik, Berichtigungen und Verbesserungsvorschläge sind jederzeit willkommen. Schreiben Sie uns, mailen Sie oder rufen Sie an:

Baedeker-Redaktion
Postfach 3162, D-73751 Ostfildern
Tel. 0711 4502-262, www.baedeker.com
baedeker@mairdumont.com

Printed in Poland

BAEDEKER VERLAGSPROGRAMM

Viele Baedeker-Titel sind als E-Book erhältlich.

A
Ägypten
Algarve
Allgäu
Amsterdam
Andalusien
Australien

B
Bali
Baltikum
Barcelona
Belgien
Berlin · Potsdam
Bodensee
Böhmen
Bretagne
Brüssel
Budapest
Burgund

C
China

D
Dänemark
Deutsche Nordseeküste
Deutschland
Dresden
Dubai · VAE

E
Elba
Elsass · Vogesen
England

F
Finnland
Florenz
Florida
Frankreich
Fuerteventura

G
Gardasee
Golf von Neapel
Gomera
Gran Canaria
Griechenland

H
Hamburg
Harz
Hongkong · Macao

I
Indien
Irland
Island
Israel · Palästina

BAEDEKER
F
FLORIDA

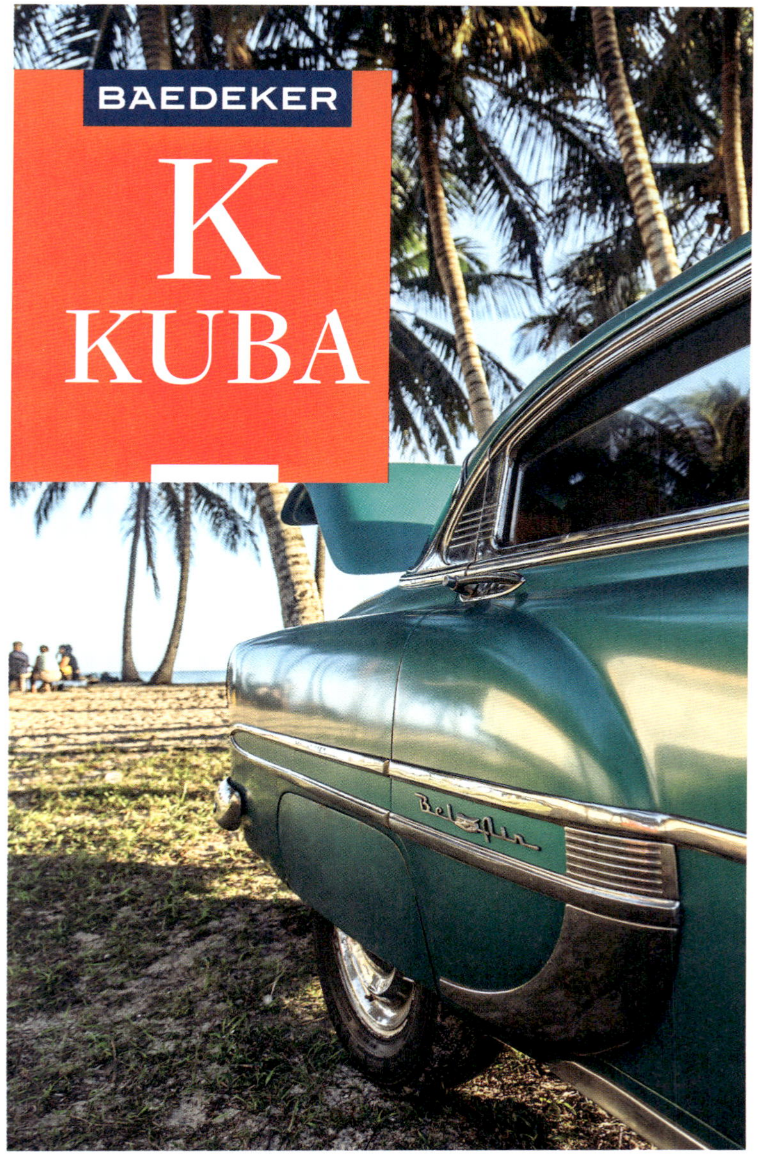
BAEDEKER
K
KUBA

Istanbul
Istrien · Kvarner Bucht
Italien

J
Japan

K
Kalifornien
Kanada · Osten
Kanada · Westen
Kanalinseln
Kapstadt · Garden Route
Kopenhagen
Korfu · Ionische Inseln
Korsika
Kos
Kreta
Kroatische Adriaküste · Dalmatien
Kuba

L
La Palma
Lanzarote
Lissabon
London

M
Madeira
Madrid
Mallorca
Malta · Gozo · Comino
Marrokko
Mecklenburg-Vorpommern
Menorca
Mexiko
München

N
Namibia
Neuseeland
New York
Niederlande
Norwegen

O
Oberbayern
Österreich

P
Paris
Polen
Polnische Ostseeküste · Danzing · Masuren
Portugal
Prag
Provence · Côte d'Azur

R
Rhodos
Rom
Rügen · Hiddensee
Rumänien

S
Sachsen
Salzburger Land
Sankt Petersburg
Sardinien
Schottland
Schwarzwald
Schweden
Schweiz
Sizilien
Skandinavien
Slowenien
Spanien
Sri Lanka
Südafrika
Südengland
Südschweden · Stockholm
Südtirol
Sylt

T
Teneriffa
Thailand
Thüringen
Toskana

U
USA
USA · Nordosten
USA · Südwesten
Usedom

V
Venedig
Vietnam

W
Wien

Z
Zypern

Meine persönlichen Notizen

Meine persönlichen Notizen

Meine persönlichen Notizen

Meine persönlichen Notizen

Meine persönlichen Notizen

Meine persönlichen Notizen

10 km
© BAEDEKER

OCÉANO

ATLÁNTICO